山东省泰山学者、孔子研究院特聘专家温海明教授项目

中华优秀传统文化

大家之谈 第一辑

温海明 赵薇 主编

国家出版基金项目

中华优秀传统文化大家谈
—第一辑—
温海明 赵薇 主编

当代视野下的中国文化

余敦康 著

"自强不息""厚德载物",用这八个字来表现中国文化的精神,再恰当不过了。一部中国文化史表现为由阳刚与阴柔的变奏所谱写的光辉乐章,并且凝结成为一种积淀深厚的民族精神,既勤芳勇敢又仁爱善良。

山东城市出版传媒集团·济南出版社

图书在版编目(CIP)数据

当代视野下的中国文化/余敦康著. —济南：
济南出版社，2020.1
(中华优秀传统文化大家谈/温海明，赵薇主编. 第一辑)
ISBN 978-7-5488-3842-5

Ⅰ.①当… Ⅱ.①余… Ⅲ.①中华文化—研究
Ⅳ.①K203

中国版本图书馆 CIP 数据核字(2019)第 276750 号

图书策划	杨　峰
出 版 人	崔　刚
责任编辑	范玉峰　董傲囡
装帧设计	侯文英

出版发行	济南出版社
地　　址	山东省济南市二环南路 1 号(250002)
编辑热线	0531-82803191
发行热线	0531-86131728　86922073　86131701
印　　刷	山东临沂新华印刷物流集团有限责任公司
版　　次	2020 年 1 月第 1 版
印　　次	2020 年 3 月第 1 次印刷
成品尺寸	170mm×240mm　16 开
印　　张	14.25
字　　数	215 千字
印　　数	1—3000 册
定　　价	39.00 元

(济南版图书，如有印装错误，请与出版社联系调换。联系电话:0531-86131736)

出版前言

"文化是一个国家、一个民族的灵魂。文化兴国运兴,文化强民族强。"党的十九大报告强调,中国特色社会主义文化源自中华民族五千多年文明历史所孕育的中华优秀传统文化,要加强对中华优秀传统文化的研究阐释与普及教育。中共中央办公厅、国务院办公厅印发的《关于实施中华优秀传统文化传承发展工程的意见》,明确要求加强中华文化研究阐释工作,深入研究阐释中华文化的历史渊源、发展脉络、基本走向,着力构建有中国底蕴、中国特色的思想体系、学术体系和话语体系。深入研究和阐发中华优秀传统文化,彰显中华文化魅力,坚定文化自信,成为摆在每一个从事文化研究和出版传播者面前的重要课题。

当前,对中华优秀传统文化的研究阐释正形成一股全国热潮,涌现出一大批有影响力的专家学者。他们从不同视角深研中国传统文化,汲取精华,关照现实,展望未来,取得丰硕研究成果。系统地挖掘整理他们的研究成果,集中展示他们的学术观点,有助于推动中华优秀传统文化研究的纵深发展。

为此,我们精心策划了《中华优秀传统文化大家谈》项目,搭建中华优秀传统文化研究平台,集中介绍国内名家学者关于中华优秀传统文化研究的核心思想、观点,较为系统、全面地反映当前中国传统文化研究尤其是儒学研究的整体状况和发展趋势,以期推动学术交流,服务学术创新,同时使广大读者能够了解、感受、领略中华优秀传统文化的深邃内涵和精神魅力。名为"大家谈",意在汇聚名家、大家,选取的作品均为当代中华传统文化研究的名家名作;同时也有"众人谈"之意,意在百家争鸣,繁荣学术研究。

  却顾所来径,苍苍横翠微。项目从策划到出版,皆赖专家学者们的学术热情与鼎力支持。对此,我们深为感佩,并衷心感谢!同时也希望更多学界大家加入我们的行列,使更多高水平、高质量的研究成果能够与广大读者见面。

《中华优秀传统文化大家谈》项目组

2019 年 12 月

目录

上篇　中国传统文化研究

十三经：中国文化主体意识的象征／3

诠释学是哲学和哲学史的唯一的进路／5

我们这个时代需要体系性的哲学／14

用现实眼光看儒学复兴问题／48

明体达用

　　——儒学研究中的两个层面／50

关于儒教的研究／57

当代视野下的中国文化／59

宗教的文化内涵与社会功能／65

《周易》与中国传统文化的关系／70

先秦诸子哲学对宗教传统的继承与转化／80

下篇　易学思想研究

易学与中国政治文化／97

易学与中国伦理思想／108

《周易》的太和思想／119

《周易》的决策智慧 / 128

《周易》的智慧在于"和谐" / 133

朱熹的易学思想 / 139

程颐的经世外王之学 / 153

中国哲学对理解的探索与王弼的解释学 / 171

论《易传》和老子辩证法思想的异同 / 186

为天地立心

——张载的宇宙论思想 / 198

上篇 中国传统文化研究

十三经：中国文化主体意识的象征

华夏文明也是发展到现代的一大文明体系，拥有自己的"十三经"。但在追求现代化变革的进程中，我们却将它当作精神枷锁，刻意要芟夷之、摒弃之。近百年来的中国思想界，可能是出于追求现代化的热忱，也可能只是为了论证现实变革的合理性，总之在不断地强化这样一种观念：传统与现代化是对立的，现代化代表着进步的历史方向，而传统则与之相反，代表着保守和落后。在此观念支配下，十三经的经典地位受到来自各方面的"攻掠"。从"打倒孔家店"到"文化大革命"，攻掠经典的悲喜剧不断上演，并在攻掠中造就了各式各样的新权威，有力者固然得其大，无势者亦能获其小，而十三经的思想文化价值，则不断地滑落、消解。于是乎，经典似乎真的成了一堆精神灰烬——其中的历史记述是可疑的，伦理教诲是落后的，政治法则更是荒谬甚至反动的；作为文献，也只是在解析成若干片段之后才有价值，供学者们考据、论析。

同样是传统经典，在现代社会的遭遇竟然如此不同，不免令人感慨。是由于中国的现代化要求很特别，以至必须与传统割离并且对立起来？还是由于十三经本身存在特别的缺陷，根本不能适应现代化的要求？中国思想界总有许多灰蒙蒙的问题，无法索解。

毋庸置疑，所谓中国现代化，不是凭空建构一个符合现代性要求的中国社会，而是对中国传统社会及文明形态进行变革。正如其他文明形态的现代化变革一样，中国的现代化也必然是一方面要面向具有世界普遍意义的社会发展模式，另一方面又有其特殊要求。对于普遍模式和特殊要求，在 20 世纪曾出现过措辞各不相同的解释，但无论如何，既然我们努力追求的目标是中国的现代化，就不能不首先明确中国文化主体意识，将其作为驾驭普遍模式和特殊要求的核心观念，否则，所谓变革就会丧失相应的文化支持和引导，以至盘曲颠踬，要走许多弯路。从某种意义上说，明确文化主体意识，可以为普遍模式和特殊要求提供一个连接点，提供一种衡量的尺度，以免裂为两橛，奢谈普遍模式时流于不切实际的幻想，强调特殊要求又沦落为权力垄断的口实。20世纪的历史已经证明，要使中国的现代化进程在健康的道路上发展，就不能割离自身的文化传统，相反，对于传统不仅要正面面对，而且要发掘传统资源以明确文化主体意识，作为推进现代化变革的原动力。在这点上，中国与其他民族一样，并不特别。而所谓明确文化主体意识，固然包括思想文化建设的诸多方面，但其基本象征，必然是经受过历史洗礼的传统经典。

如果我们将十三经作为中国文化主体意识的基本象征，那么在适应现代化要求方面，它们并不存在特别的缺陷。现代化的最终结果也许是世界性的，但走向现代化的道路却必然带有民族文化的特性，它要求树立文化主体意识，而十三经正符合这种要求。在中国历史上，十三经所包括的经典，曾成为民族凝聚、文化认同的强大动力。先秦百家争鸣，道术为天下裂，《庄子·天下篇》缅怀古人之道体大全，概括为"《诗》以道志，《书》以道事，《礼》以道行，《乐》以道和，《易》以道阴阳，《春秋》以道名分"。正是这些经典，引发了广泛的文化认同，维护了华夏民族这个文化共同体。汉代对经历过长期离乱的中国社会进行整合，其精神的、文化的依据，也是这些经典，并通过经典诠释，使文化共同体产生更深的有机联系。自此以后，经学作为中国思想文化的主干，对于民族凝聚和文化认同，始终发挥着不可取代的主导作用。

当然，十三经虽阅历千古，凝结了前人的经验和智慧，但不是包治百病的灵丹妙药，不能为解决现代社会的各种问题提供现成的答案。对于我们来说，它可以成为精神支柱，激发起民族精神；也可以成为智慧向导，启发我们解决现实问题的睿智。但这一切都需要我们结合现代社会的发展，对传统经典重新作出诠释。认真说来，传统经典对于现代社会有无价值，能否成为华夏民族文化主体意识的象征，关键不在于经典本身，而在于现代人对经典的理解。

（原载于《光明日报》2001年6月21日）

诠释学是哲学和哲学史的唯一的进路

很荣幸能到历史所思想史研究室来做讲演。讲经典诠释，我是班门弄斧。不过，我也很想跟大家讲一讲真话，谈一谈几十年来我在经典诠释方面的探索和感到的困惑——说不上有什么体会或心得。

本来按照我的研究思路，做完玄学研究以后，就是要研究易学史。在易学史方面，从先秦、两汉、魏晋到宋代，我都写了。因吕大吉要我参加一个课题，无法推托，结果花了三四年时间，我的研究一下从中间打断了。我的课题是中国宗教和中国哲学的关系、中国宗教和中国伦理的关系，这就涉及大家现在热烈讨论的关于"中国哲学的合法性"问题。一定要从源头上来看中国哲学，现在有人说中国哲学史不应该叫中国哲学史，而应叫中国思想史，或者说中国没有哲学。几十年来我一直反对用西方的模式来看待中国古代文献，所以就追本溯源，写了一篇《夏商周三代宗教》，在《中国哲学》上一次发表出来。我写这篇文章的目的不是搞三代宗教，而是探索中国哲学的源头。后来我又写了一些文章来和西方哲学的源头比，和印度哲学的源头比。中国哲学本身有一个源头，我用《尚书》《诗经》这些原典来做解释，实际上就是姜广辉所谓的"经学今诠"，重新解释这些经典。后来写了《春秋思想史论》，分两期在《新哲学》上发表出来，在《文史哲》上也发表了一篇相关的文章。我的目的是搞一个用中国本土的语言，用中国的话语系统，写中国在春秋战国时期"哲学的突破"，和希腊、印度相比，具有一种三足鼎立的"合法性"的地位。

后来我写了一个序言，发了点感慨。我现在七十多了，回顾走过的道路，这一辈子不断地画逗号，始终不能画一个句号。这里涉及这样一个问题，就是有关哲学和哲学史、思想和思想史的问题。我问我自己，我搞的是哲学还是哲学史呢？搞了一辈子，无非搞的是哲学史，没有搞哲学。搞思想也是，我们搞的是思想史，不是搞思想。就我来说，我没有哲学，我没有思想。人生的悲哀就在这个地方啊！这个悲哀不是从现在开始的。我是20世纪50年代的大学生，50年代对我们的教育就是你绝对不要狂妄地想做个哲学家，你只能做一个哲学史工作者、宣传家。我们那个时候，如果谁想在班上做哲学上的发展，一个个都被批了。我们现在可以对自己做一个定位。我反复考虑了，我一辈子一直画逗号，不断地画逗号，无非是做一个哲学史家，还不一定做得成哲学史家。

我们现在从学理上说，一个哲学家，他如果离开了哲学史，绝对不能成为哲学家的，因为哲学是个历史发展的过程。你已经进入了历史发展的过程，到了这个时候，你得把前面的东西读一遍，想一遍，你标新立异，完全反对前人也可以，但是你所有的东西都是通过诠释得来的。一旦你自己搞出一个哲学体系，成了一个哲学家，马上你就变成了哲学史上的某一个人物。比如黑格尔，他写了《哲学史讲演录》，那是个哲学史家了，可是他背后有个精神现象学的理论在里头，他就成了哲学家了。这二者是交叉的，哲学史和哲学二者之间绝对不能画出个界限。不然有很多人写了哲学史，就是成不了一个哲学家。那只能怪他——他是"照着讲"，而不是"接着讲"。离开了哲学史来讲是不行的。比如你讲朱熹，讲的就不一定是那么回事。照着讲也还很难，这是个诠释学的问题——离开了诠释学，照着讲也会讲歪了。诠释学是哲学和哲学史的唯一的进路，这是一个普遍规律。不管古今中外，只要你搞哲学，必然是诠释学。搞哲学史是诠释学，搞哲学也是诠释学。

现在有种看法，认为诠释学好像西方才有，中国没有。汤一介说要建立中国的诠释学，还要你来建立？中国的经典诠释学从先秦就有了，还要再建立吗？所以这种说法本身就不对。中国有中国的诠释学，西方有西方的诠释学，印度有印度的诠释学。每个宗教，如伊斯兰教也有伊斯兰教的诠释学。这是古今中外的普遍规律，诠释学是唯一的进路，逃避不了的。可是，诠释学为什么现在好像突然从西方引进来就时兴了，伽达默尔、海德格尔、利柯、哈贝马斯等等，很新鲜，好像中国根本就没有。我认为这是搞错了。搞中国哲学的人崇洋媚外的思想比搞西方哲学的人还要更多一点。

西方的诠释学在西方的文化语境中产生，它有它的文化理路，这个理路在我看来，就是在西方科学主义与人文主义、历史主义与实证主义两极对抗的时候激发出来的。从17世纪以来，科学主义占了上风，实证主义占了上风，就有一批人来反弹，要维护人文的神圣地位和独特性，就有了诠释学。其实，科学主义、实证主义是不是诠释而来的？找找根源，可以一直找到古希腊，它也是通过诠释而来的。如果离开了古代的诠释、经典的诠释，没有这个依据，它的科学主义、实证主义是没法成立的。所以，这两派，不管是哪个主义，都是通过诠释而来的。由于西方文化语境逼出诠释学来，诠释学就向哲学的路径发展，这样一来，西方的诠释学——伽达默尔的诠释学——就跟中国古代的经典诠释学不是一回事了。

而我们古代的诠释，都是一个人先有了自己的诠释思想，然后转化为对某个经典作品的诠释，朱熹的诠释、陆象山的诠释、王夫之的诠释，所有的诠释，每一个诠释家、经学家都有诠释思想，只是有时候没有写出来。汤一介要建立中国的诠释学，无非是想中国有这个学问，和西方平起平坐。中国的诠释学这个提法本身就不行，因为离开了中国的语境。诠释学在西方语境之下是作为一个哲学，维护人文主义和历史主义。关于人文和历史的东西，必须有自己主客合一的理解，不能仅把它当作一个对象来研究。

在中国，有些人把诠释学的方向给搞歪了。比如说洪汉鼎，我们是"难友"，熟得很，他搞诠释学，抓住伽达默尔做文章，很好，可是走着走着，就想把它引进中国，在中国建立一个伽达默尔的分店，有没有必要？伽达默尔诠释了什么？看看《真理与方法》，什么也没有诠释。他们争论的不是咱们这个诠释的争论，那是哲学之争。中国的诠释学不是哲学之争，"六经注我，我注六经"，没有涉及哲学问题，但是诠释经典的思想都在他的作品之中，这是可以看出来的。

在中国的语境之下，诠释学实际上是21世纪的世纪之交才提出来的。以前傅伟勋、成中英提了，我没有什么感想，现在我连本体诠释学是怎么回事都不清楚，用本体诠释学诠释出了什么？傅伟勋讲"创造的诠释"，分了四五个层次，搞不清，也没有诠释任何东西。诠释学得诠释出内容来才行。台湾的黄俊杰也有同样的问题，中国古代确有诠释学，他把这些作为一个客观的东西来进行学术研究，有什么类型，与西方做比较，他分了三个类型，有的从心路历程里面找体验，如孔子说了一句话对我有体验；有的从政治方面找，经世致用的；有的从里面找护教的、宗教激进主义的。这样一来也可以写很多书，不仅把中国对《孟子》的诠释，还把朝鲜、日本、越南、东亚对《孟子》的诠释都做了。也不是说没有成绩，但是我不做这个，没用！写得再好，有黄俊杰的自我吗？为什么要做？

我从20世纪80年代就开始利用诠释学，但那个时候还不太懂，伽达默尔的东西我还不太知道。但是中国的东西我熟。我几十年的学术经历着重这两方面的诠释：一个是玄学，一个是《周易》。我诠释玄学就碰到一个问题：《老子》《庄子》《周易》《论语》，所有的玄学家都围绕着这四部书，可是在魏晋的时候居然就诠释出不同的内容来，何晏和王弼不一样，嵇康、阮籍更是不一样，郭象又不一样。都是那几本经典，为什么不一样，最后是个什么问题？是诠释学的问题，还是价值取向的问题？既然不一样，那么哪个好、哪个坏？哪个高、哪个低？我们作为后人，如何来判断？以《庄子》为例，嵇康、阮籍诠释《庄子》，说"越名教而任自然"，率性而为，以为这才是真庄子。你说他有没有道理？肯定有道理。可是到了郭象那里就不一样，名教和自然要合而为一，自然就是名教，名教就是自然。郭象诠释得有根有据，也很对。那我就问个问题，诠释的目的究竟何在？嵇康、阮籍和郭象诠释《庄子》难道就是为了庄子吗？诠释是不是能够得到本义、真义？诠释是一个开放性的东西，得到的各种结果又根据什么来判断它的高下优劣？

这些问题我一直在困惑中。拿《周易》来说，我首先研究的是王弼的义理派。对王弼义理派的东西我非常佩服，义理那么好，可是难道我就是义理派吗？我何必跟着王弼义理派走到底呢？象数派又如何？我又花了好几年时间研究象数，发现象数也有一定的道理。那为什么一部《周易》有的是象数，有的是义理？而且象数、义理中间，根据《四库全书》说的是两派六宗，派别很多，究竟我们现在以何为准？怎么判断高下优劣？我为什么研究它？这些问题我都想不清。于是我就想我还是做学问吧。做学问做到现在，七十多岁了，始终是跟着别人在跑，悲哀。当我做一种历史的诠释的时候，我相信我说别人的东西可以依稀仿佛，没有太走样。但我要不要有自己的价值关怀和文化理念呢？

我做学问的时候最反感顾颉刚那一套，把古代经典的文化理念、价值关怀，都给否定掉了，完全用科学实证主义的思想来搞人文。如果像顾颉刚那样搞下去，经书都要扔到垃圾堆里去。从那时候开始，整个20世纪都对经典不重视。从五四以来到如今这一百年的时间，是中国经学史上最暗淡的时期。不要以为这是学术现代化的问题。五四以前，你们找一找，有乾嘉学派的，好多经学家，这都不用说了。那些都是经学家，而且他们都在经学史上占有不朽的地位。不管是古文经学还是今文经学家，太多了！那么，五四以来有没有呢？顾颉刚？周予同？《论语》没有解释，《孟子》没有解释，《大学》《中庸》没有解释，《周易》也没有解释，用白话一解，一注，那根本就不是那么回事了。所以我们现代在经学方面是一片空白。

可是你们说的跟他们完全不一样了。从五四以来的一百年历史来看，这既是颠覆性的，也是建构性的，重新树立了经学的权威。儒学是什么？是"意义的信仰"——这是姜广辉说的。这就不是站在现代人的角度去说三道四，不是用某一个标准来衡量是唯物还是唯心，而是一种对话。诠释就是对话，就是理解。我觉得你们的基本预设是好的。什么预设呢？就是一个民族，一个伟大的民族，她必有自己的经典，而经典的形成也就是那个文化的形成。这个东西带有原创性，带有开放性，可以允许各种不同的解释，它根据时代的需要不断地发展，绝对不是固定的。经学思想史按照我的理解，应该确立这么一个远大的目标，经学就是中华民族从远古一直到近代的精神现象学、精神发展史，精神由开辟、发展，到壮大，支持着我们这个伟大的民族，这是精神的支柱。至于写法，不必太学问化。你们写的是经学思想史，为什么是经学思想史呢？经典固然是古代所形成的，一个字的考证可以写上万字，那是学究，书呆子，没用的。经学思想史就是要写出中华民族的精神现象学、精神发展史。我们和经典的关系，是我们要经典，不是经典要我们。这一点很重要。我们这些不肖子孙，经典要我们来干什么？而我们却需要经典，我们为什么需要经典呢？就是为了我们的未来。现在要寻找中国人在西方强势文化的冲击之下失去的自我，而这个任务就由你们历史所思想史室来承担。一个民族到现在都不敢有自我，这是非常可怕的一件事！

你们研究的古代这些大人物，他们绝对不是经学史家，而是经学家。

古代的经学家和经学史家，重要的区别就在于：经学家有自我，经学史家恰恰经常把自我给忘了。我们现在没有自我，我的悲哀在这个地方。我都七十多岁了，还没有自我，你们年轻，绝对可以找出自我的。《论语》《孟子》《大学》《中庸》《老子》《庄子》，通过我的诠释，体现我的关怀，体现我的理解，使我整个人走进去。虽然是《老子》，或者是《庄子》，但其中老子、庄子和我心有灵犀，合而为一，这才是真正的自我。我不是孤立的我，我把老子的生命融入我的生命中去了。

我从来不敢批判古人，我的文章里面哪一个我都没有批判，都是崇拜、佩服或尊敬，都是从这个角度来写的。可是我总是问我自己，我理解了你对我有什么好处？为什么我要理解你？王弼和我有什么关系？郭象和我有什么关系？如果没有关系，那我是为了什么？我感觉，中国的学者和西方的不一样，不敢找自我，不敢提出问题。悲哀！你能够通过经典的解释做一个经学家，那你在经学史上就有你的名字。都要写自己的经典诠释。你们研究的那些古人都是经学家，绝对不是经学史家，都是有自我的。我搞了一辈子就没有自我，写了很多文章，别人说不错，有点道理，可是是别人的。要有个"我"，不容易！古人说要立德、立功、立言。立德不用说——我们都是"缺德"之人，立功也谈不上，知识分子要立言，立言是立自己的一家之言，而不是别人之言。

经学家往往"借他人酒杯，浇自家块垒"。有人说，康有为不该写《孟子微》《中庸注》《礼运注》，因为好些都说歪了，不合原义。我现在读一读，确实的，康有为不合原义，可是康有为为什么写这个，什么时候写的？他在戊戌变法以后逃到国外去了，不能做别的事，就写《孟子微》《中庸注》《礼运注》，他的良苦用心你不知道，这才是用心所在，还是值得读的。你写的东西不合原义也没关系，什么叫原义？为什么要把原义搞出来？原义有什么用？为什么总在原义上争来争去？假问题！所以何必拘泥于个别字句去争论所谓原义呢？什么叫歪曲，什么叫不歪曲？一部《四书》，朱熹研究了以后，王夫之还研究，戴震又研究了个《孟子字义疏证》，你说哪个对？你们这些在座的哪个敢拍胸脯，我也写个《大学新解》《论语新解》《孟子新解》？

别的我不敢说，至少通过易学研究，我敢说这句话，古文经学是学院派的,今文经学是政治哲学。今文经学永远站在时代的前列,哪怕杀头,他也要做。他考虑的是现实的问题,经典如何如何,他不管,可以编造,甚至可以搞成谶纬。谶纬是迷信,但其中也有它的时代精神。古文经学的兴起,最重要的背景是党锢之祸,郑玄、何休、荀爽等,有一大批人,汉代不让谈政治,没有办法,只好钻到学院派里搞哲学。郑玄搞三礼,和今文经学比,没有什么大用。京房的易学是今文经学,从易学本身来说,和原义根本不合,可是京房利用他的易学在汉元帝时进行政治改革,结果被杀头了,他是政治家。我们一定要注意这一点:是以经典的本义为标准,还是以经学家本人的价值取向与时代课题为标准?真正的经学家应该是时代的代言人,这是最重要的。我总是佩服别人,因为我没有自我,我不是时代的代言人。过去的经学家都有自我,虎虎有生气。

就宋代的易学讲,我一直研究到朱熹,不同的价值取向有不同的做法。比如欧阳修、司马光、邵雍、苏东坡,各有各的价值取向。我的取向是什么呢?有些人我佩服,但是我做不来,有些人我既不佩服也不想做,有些人和我的性情相投。我佩服的人有两个:一个是邵雍,他有一个安乐窝,在安乐窝里头研究他的《周易》。我佩服他不是他学问做得好,就佩服他有个安乐窝,我到现在一辈子都没有安乐窝。还有苏东坡,我喜欢他。通过研究《东坡易传》,我才真正认识了苏东坡这个人。以前只知道他多么潇洒、旷达,其实他也有内在的苦闷,内在的矛盾不能解决。他把这些都集中写在《东坡易传》里了,通过它我才知道《易传》居然有这么丰富的内涵。

《中庸》中也有丰富的内涵,比如我们读《中庸》"天命之谓性,率性之谓道,修道之谓教"那三句话。我想问大家,你们对这三句话有没有自己的解释?"天命之谓性"这句话在先秦是没有问题的,两汉不太关注,也不把它当问题。可是我确实发现唐代的人读不懂这三句话,特别是"天命之谓性",刘禹锡读不懂,柳宗元读不懂,李翱读不懂,韩愈是不是读懂了?难说。为什么?因为当时受到佛教的冲击,儒学打了败仗,儒学没有形而上学,没有心性之学,就读不懂"天命之谓性"。刘禹锡公开说了,要把《中庸》读懂,必须读佛教般若学,读《金刚经》。到了宋代的时候,张载本来想要去经世致用,但范仲淹说劝他读《中庸》,张载读了一二十年没有读懂，出入佛老数十年，后来反求于《六经》而得之。找出一个真正的自我，就这么艰难。我佩服古时候的人，他们有这个意图，有这个愿望。唯独我们现在喜欢找一个依附的对象，我依附于你，我就得到一种安全感，就是没有自己的寻求。有些人找到康德，有些人找到黑格尔，好像找到以后可以不要自我。我看了法兰克福学派的弗洛姆写的《逃避自由》，给你自由，你还逃避它。弗洛姆用逃避自由来解释为什么希特勒能够在德国得势。当时德国已经推翻了帝制，实行了民主，魏玛共和。魏玛共和给予德国人一些自由，德国人不要，而要逃避，非得找一个希特勒。我们中国人也是这样，一百多年来，逃避自由，但是有些人要找。我经常要引用王国维的两句话，"可爱者不可信，可信者不可爱"，这是一个真正的中国学者碰到的矛盾。中国人对自己的传统难道不爱吗？绝对有一种油然而生的爱心。但是中国的传统拿到世界的格局中间，拿理性的标准来衡量，不可信。它有合理性吗？老子的"道可道，非常道"，孔子的"学而时习之"，这些和现代化格格不入，不可信。中国的知识分子就在这两个矛盾中不断地摇摆。

少数西方汉学家对中国文化保持一种敬爱之心，但是我们中国人对自己的民族文化采取的却是那么一种态度，什么虚伪、荒诞、烦琐、反动等等，用这些词来批判传统文化，而且还是精英分子说的话。那个时代已经成为过去，我们对我们的前辈是尊重的。但是我们要与时俱进，现在是21世纪了，我们为什么要搞经典诠释学？为什么要读经？因为经就是我。从经典里面找到自我，在这个过程中，我和经典构成一个"视界的融合"。如果我能够体现某种时代精神，那我在经学史上就留下了我的名字。现在经学史上不会有我的名字了，你们大概会有。我的意思是不要做经学史家，应该立志去做经学家。一个民族的经典不会太多，中国是五经，西方是圣经。应该抱一种神圣的态度去对待经典，但问题是要切合现代，进行一种转化。所有的经典都必须要转化，现代转化。古人的东西现代人读不懂，需要我们转化，让现代人也能够把它当作经典。

我现在对我自己真是很不满意。我最集中精力研究的一个是玄学，一个是《周易》。最近北大把我过去写的关于玄学的文字收集起来，出了一本《魏晋玄学史》。还有一本《内圣与外王的贯通——北宋易学的现代诠释》，是易学的诠释，也是个有关诠释的问题。我尽量用诠释学让自己和古人对话，和你们走的是一条路。虽然是一条路，但见仁见智可以不同。研究到后来，我内心发牢骚：为什么总是诠释别人？你自己怎么办？你有你自己吗？我现在来日无多了，究竟做什么事？本来想要顺着我的《夏商周三代宗教》《春秋思想史论》还有关于战国时期诠释传统来搞一个先秦哲学，建立中国哲学的合法地位。可是我现在不做了，也做不好。要解释儒家、道家、法家、墨家等，必须从历史上解释，要找很多材料。后来我想了一个事，还有点意思——《周易六十四卦今解》，就是六十四卦"余"解。古人的一概不管，《周易》注我，我注《周易》，不做任何的考证，你也不要说我这么说有没有来历，完全用现在中学生都能看懂的语言把它解释出来。解释出来以后有没有市场，有没有销路，我试验了一下，结果市场行情还不错。我的《乾卦解读》在台湾发表了，一个乾卦讲了一万三千字，我征求别人的意见，他们认为有现代性、现代色彩，让人有飞龙在天的感觉。现在只是一个乾卦，等六十四卦都解释出来以后，我在经学史至少在易学史上可以书上一笔。

我们现在应该做这样的事，我深有体会。现在是 21 世纪，中国和过去大不一样了。社会上的人们对于自己的文化、自己的传统，对于怎样做一个中国人，有一种内在的需要。我们要把传统解释得人人听得懂，鼓舞他们。不要做学究，特别不要做经学史家，去说别人的话，要把"我"带进去。这种解释绝对是多元的，一部经典可以有不同的解释，每个人可以有每个人不同的解释，只要你的解释能在社会上发挥应有的效益，那么人生在世也就没有枉来一次。那就不是画逗号，是画句号了。

（原载于《北京青年政治学院学报》2005 年第 2 期，本文是作者 2005 年 3 月应邀至中国社会科学院历史所思想史研究室发表的演讲，由郑任钊根据录音整理，发表时文字上略有调整。）

我们这个时代需要体系性的哲学

一、 哲学要有分析时代的问题

干春松（北京大学哲学系教授）：余老师，前一些日子（2014年冬）我们在北航开会，开一个儒家宪政的会。我发了个言，杜维明先生也去了。我说对于当下中国的现实而言，"文化中国"或"波士顿儒家"这种问题，对于改变儒学的处境而言不是很重要。因为儒学只有在中国内部有其生长点，才可能有其真正的世界价值。

余敦康：对。

干春松：杜先生听了之后，有些生气。说我毫无问题意识。陈明，是这么说的吧？毫无问题意识。还有一个什么话来着？

陈明（首都师范大学哲学系教授）：毫无现实感。

干春松：对，毫无现实感。

余敦康：杜维明就是提倡波士顿儒学，很得意的。他是这样一个意思：我能把儒学扩展到世界了，波士顿都有儒学，不一定是说儒学是中国的，而是普世性的——他觉得很得意。陈明你是怎么看"文化中国"之类的问题的呢？

陈明：今天主要是干老师采访。我们三个认为，他是讲康有为嘛，讲一个国家在晚清后怎么建立一个共和国，然后就讲康有为提了一个儒教的问题和一个宪政的问题，实际上是并行的。康有为实际上是有两个思路，一个是为了维护这个国家的完整性应该有一个改良。然后，就讲到了新的国家是一个政治共同体，在一种政治法律的意义上大家应该成为一个整体。

文化作为一个价值的基础是有意义的。但是，不能把文化的意义放太大了。比如说，他在人民代表大会堂开会，这个时候苗族的代表来了，是作为共和国的公民，而不仅仅是作为一个苗族文化的使者出席这个会议，他的话语是公民话语，而不是文化话语。换句话说，对文化的话语要做一个限定，并且这个共同体有一个建构，大家都是一个共和国的，因此要分享一个共同的文化价值。这个时候，国家应该有所作为，比如说像法兰西的建立，法兰西民族是经过一个国族来建构的。但是，要成为一个法兰西民族，就像美国要成为美利坚民族的时候，要把印第安人、亚裔人、盎格鲁－撒克逊人等等之间的差异抹平，要做一个限制的，这个时候国家应该有所作为。

实际上，干老师主要的意思是说，国家在政治层面也应该有所作为。反过来，又说到杜维明的文化中国和中国文化的含义，文化中国是中国文化的成功和魅力的一个投影、一个延伸的产品。中国文化在过去向周边有辐射力，辐射到朝鲜、日本、越南，是因为你在中原这个地方有一个好的成果。那么，现在他讲的这个问题就是说，我们在这个核心作辐射源、策源地，也应该有一个建设和建构，这才是根本，本立而道生，这个本才是更重要的。如果没有中国文化，何来文化中国？简单说就是这样子。

余敦康：哪个重要？

陈明："文化中国"那些东西，用文化去做这些事情。这里面实际上包含比较复杂的一系列的问题，杜先生对它的复杂性还是没有想到。实际上，我想余老师肯定也会这样认为。但实际上，这些问题是一个政治共同体的问题，它不是一个文化能解决的问题。很简单，我们看主张"台独"的那些人，他的语言、他的神灵、他的习俗都很中国。这说明什么？说明光靠文化不足以维持一个政治共同体，政治共同体必然有别的东西。就像美国的南北战争一样，好像是废奴战争，但实际上是统一战争。就是作为一个政治共同体的联邦、政治共同体的共和国，是没有退出权力的。南方就说我不跟你玩了，你搞你的（但林肯他们就是不允许）。说明政治共同体实际上是不可能被文化共同体替代的，不能把文化的意义过于夸大。文化意义上的儒家能做什么在我这里已经讲得非常充分了，就是说它能做什么、不能做什么、它们之间关系是什么。杜维明根本就没想到这里，我们跟干老师经常讨论这些问题。

实际上，康有为也是用儒教、立宪去维持这个国家基本的疆域、架构。我们不仅要追问中国性是什么，我们更要知道今天的中国性该如何去表述。蒋庆也是这样啊。这里面很复杂，因为我跟余老师有很多的交流，我说反余敦康就是这个意思。因为上次是跟卢国龙在这里讨论，卢国龙和唐文明都是这个意思。我们追问中国性，说就是儒教，但汉族性不等于中国性，中国儒教文化不能垄断中国，不是中国和中国性的同义词。中国性是多元的、复杂的、开放的，既要融会传统，也要融入现代性，这才是中国。

所以，杜维明在这方面只是看到文化中国。所谓的文明国家、文化国家都是有很大的误区的。文明、文化是不足以维持一个国家的。政治法律，就是国家政治的一个控制，这实际上是一个特别重要的认同。当然，我们如果建立了这个东西，那又是另一个问题，怎么能够使他心悦诚服，又是另一个问题，这光靠儒家是不行的，还要民主制度、共和制度、立宪。我们是共和国，分享什么？我们不能分享过去，不能分享文化价值，不能分享神灵，对不对？没有分享利益，那你怎么整合起来？所以，这要靠什么？靠一个自由民主的制度、人权、宪法认同，然后要文化建设。文化建设绝对不意味着让他去读四书五经，不是的，所以，对这个事情的复杂性要有充分的认识。

余敦康：这几十年来，或者五四以来，问题慢慢就集中了，现在就问这个问题："什么叫文化？"说不清的。一定要了解儒家的文化，或者是中国的文化是什么。80年代的时候，杜维明对中国很新鲜的，猛地问他一句话："什么叫儒学？"这个他说不出来，什么是儒学他不知道。他不知道，牟宗三知道吗？也不知道。什么叫儒学、儒学的文化是什么？一直到现在都说不清。封建意识形态是三纲五常，也就是封建专制主义，就把儒学这个文化定义在这个地方定死了。所以，80年代文化讨论的时候，庞朴说了一句很好的话："把传统文化、文化传统这两个概念分开。"传统文化很多，但是外延太广，有民族性的精华、有封建性的糟粕，内容很多。可是，文化传统就是一个，这一个是什么东西就有不同的看法。文化传统在中国原始的概念里面，就是叫道统。五四以来，道统是什么？不存在。民国以来，真正的儒学就没有了，道统就崩溃了。顾颉刚反复地说：我搞"古史辨"的，就是不要道统，把道统推开。

所以，文化是什么东西？现在问题逐渐集中了，集中到现在这个社会。这个社会是什么东西呢？儒家文化不是像马克思以前说的那样，仅仅是封建意识形态，不是这个东西，更不是王权，也不是封建专制主义，不是这些东西。中国的文化要复兴，这是一个很广义的东西，儒学恰恰在这个地方起了很大的作用，成为中国的一个凝聚力了。所以，问题是文化是什么东西？到现在这个时候，问题已经很集中了。干春松你可以搞个体系出来。你们这个年龄的人应该搞体系，到了这个时候，拿不出一个体系来，真是让人感到脸红啊。

确实是这样，每个时代有体系，这是制造体系的时候。五四以前，中国根本没体系的，西方的文化一出现，中国是一败涂地。在民国末期五四的时候，把西学引进来了。西学那个年代还是各"异"的年代，一直"各"到什么时候呢？"各"到20世纪30年代，就是搞体系的时候，很多体系出来了，有胡适的、有冯友兰的、有熊十力的、有梁漱溟的，慢慢地搞体系，那是30年代的时候。可是，一到1949年，完了，不能搞体系了，体系只有一个，马克思主义。马克思主义把所有的体系都罢免掉了。那么，一直搞到什么时候呢？搞到现在，搞到现在才是搞体系了。你们现在应当搞体系，我们是不行了。可是这些重要的问题还是要有一个系统性的思考：什么是文化、什么是中国的凝聚力、什么是中国梦。在这个时候，中国还拿不出一个体系出来，那中国就完了。

我还特别关心李泽厚。李泽厚是搞体系的人，搞到现在，我不知道李泽厚搞出体系来了没有？

陈明：那是你的标准啊，我们也没有体系的标准，你刚才说搞体系是有标准的，胡适有体系、冯友兰有体系。你觉得李泽厚有没有体系？我觉得李泽厚肯定要比胡适的成体系得多啊，这个肯定是的。如果说胡适有体系，李泽厚肯定有体系啊。

余敦康：他是什么体系？

陈明：那你说胡适是什么体系？

余敦康：实用主义啊。

陈明：实用主义也不是他的啊，不能这样说。你如果说这个的话，你说胡适的关于中国哲学是怎么论述的，关于文化是怎么样的？体系是对于主论题有一个一以贯之的论述，应该这样讲。

干春松：我觉得胡适还是有体系的。首先，他有个方法，叫实证和实用主义的方法，就是大家讲的小心求证的方法。文化价值观是主张充分世界化，他用了一个词，不是全盘西化，全盘西化是陈序经的那个话。胡适是叫充分世界化，其实是一样的，有点类似的。接下来的目标，是文化的一个目标，是充分世界化，他认为中国的这个文化不太行。就是他有文化的目标、有建立这个文化的方法。所以，这个还可以说是一个有体系的。但是，如果这么来讲呢，李泽厚应该也有这种体系的倾向，比如说他的方法，其实是马克思主义加一些实用主义。但是，他有一个文化的目标，他以前不太愿意强调自己是新儒家，现在他越来越愿意被人称为新儒家，也就是儒学四期。我看上海译文出他那四本书，他是有意识的"西体中用"，是他那个方法的一个概括式的名词。"儒学四期"是他的一个目标。他要建一个目标，建立在文化、心理基础上的一个新的文化。

但是，李泽厚体系的一个问题就是，他不像胡适那样纯粹。因为他是历史唯物主义和情感主义的混合，就是说那两个东西杂糅在一起以后，你会发现很麻烦。其实，我个人倾向认为，他是一个比较"西"的人，尽管他现在想儒学四期，但因为他讲西体，他还是认为生活方式这些——他不是讲工具嘛，生产工具、生产方式、生活方式——他认为中国基本上是西化了。只是我们这些社会心理的积淀，有一些情感上的东西，还有一些儒家的积淀。

陈明：他跟胡适，实际上是一个脉络。

干春松：对，他是那个脉络。所以，他要把康有为弄成自由主义的源头。

余敦康：这个都是昙花一现，在20世纪的中国都是昙花一现。李泽厚在北大念书的时候比我高一班，他的条件比我好，他有些观点很好，而且在思想界里面，他起了很大的作用。

干春松：对，我们都受过他的许多观点的影响。

余敦康："文革"以后、80年代以后，那是中国进入一个新时代了，思想界有哪些能够真正引导潮流的、引导中国的潮流？一个都没有。实践是检验真理的标准，这个那个的都没有，80年代、90年代，一直到现在都没有，中国没有哲学家。有些人拼命地在搞，你把中国和外国来比一比、和世界来比一比，我就谈这个问题。现在拼命地想抬高戴震，可是戴震是什么人？他和康德是同一年生的，1724年生的。他活得当然没有像康德到80岁，可是他考虑的问题，他不是个世界哲学家，是中国清朝那个时候的问题，是不是？

干春松：对。

余敦康：戴震这个问题不起作用的。所以，和康德来比的话，就差一大截。我们呢？拿中国的哲学家和世界的哲学家来比一比，差得太远了。是不是？差得太远了。李泽厚最得意的一句话：要康德不要黑格尔，你知道是什么意思吗？我们那个时候把黑格尔抬得很高，黑格尔是辩证法，康德是个不可知论者。可是，康德有一个产生哥白尼革命、提高一个主体性的问题。恰恰在那个时候，中国没有主体性。哲学应该有主体性，从康德以后有主体性的哲学很重要，纯粹要理性，要理性批判，是不是？这些我们都不知道啊，李泽厚出版了解读康德的著作《批判哲学的批判》，一下子他就有名了。他的出名是建立在我们的无知上头，我也是说这些，他也是说这些，他解释西方的东西，他首先知道这一条，真不了起。

陈明：这是李泽厚在一次西方哲学年会上提出来的。

余敦康：你说它应该成体系吗？没有。"实践是检验真理唯一的标准"这句话马克思早就说了，你读马列头一天就应该知道这句话。可是，那个时候长期受意识形态影响，思维模式最难扭转。

干春松：我们这次访谈还有一个目的是通过你了解现代中国哲学。不管有没有取得巨大的成就，这个历史反正是大家都过来了，需要梳理一下。

那就从你个人的经历出发，你在北大上学，你觉得冯友兰是你思想上的老师吗？

余敦康：是我老师，我是说了很多冯友兰的好话。张岱年和我更密切，许多杂志和报纸老是让我写关于张岱年的文章，我就是写不出来，我不是反对，写不出来。张岱年的文章我都看过，我和张岱年结识得最早，张岱年也说不上是一个哲学家，所以，现在没人说了。看了好多人说马一浮，我一本书都没看。马一浮怎么也算不上一个哲学家。

干春松：最近也写了篇小文章，讨论马一浮的经学和哲学观，觉得他在方法论上并不能自圆其说。马一浮提出"六艺该摄一切学术",他认为六艺可以把诸子也"该摄"了,把西方哲学也"该摄"了。

余敦康:脱离时代。

干春松:我用的是"独白"这个词,虽然说他的提法反对学科化和哲学化的倾向,自有其意义,但是没有说理。

余敦康:哲学问题脱离时代,就不行。现在应该重新来考虑这个问题了,首先的一个问题不是纯粹的哲学问题,就是我们这个时代的问题。美国以后怎么样?中国以后又怎么样?这才是个问题,中国以后怎么样?中国能不能在世界上成立一个G20?中国的核心价值观在哪里,能不能够和美国并驾齐驱?

前年开了一个尼山论坛,你知道吧?

干春松:我知道有这个论坛。

余敦康:尼山论坛就是世界文明对话,我们中国许多学者都去了,就说中国文化是什么?怎么能够和世界对话?说半天,东一个说法、西一个说法,最后吴健民有个说法是,我不知道,说不清楚、讲不明白,中国文化究竟是什么东西?实际上,一百年来,我们中国不知道中国文化是什么。文化是什么东西?我们中国这一代人都不知道,很可怕。一百年都不知道的话,那我们活到现在,作为一个中国人不知道,怎么能参加世界文明对话呢?没有中国的声音了。这样的话,我才关心这个问题。现在大家看到中国的经济起飞了,超过日本了,和美国并驾齐驱了,提出了"中国模式"。中国模式就是说,中国为什么能够经济起飞,能够在三十年的改革开放中把外国三百年走的路赶上来了。1900年、2000年,一百年天壤之别,是不是?1900年是八国联军,2000年是中国已经赶上了,开博鳌论坛了。那究竟中国人是一定有个中国模式在中间,但中国的哲学家没有哪一个能够回答出中国模式是什么的问题,北京大学的一些学者就研究,我们来做,国际关系学院的几个教授来做。

干春松:你和潘维他们做?

余敦康:你知道潘维?中国模式是什么东西?美国是另外一个模式,中国是这样的模式。我觉得,中国的哲学家应该回答这些问题,不是说是不是宗教,是不是这个那个的问题,不是这个问题。这个问题回答不出来不行，我们中国模式很了不起。现在看电视，中国人、华人跑到非洲去投资，大家就会比较，中国人的投资和经济模式是否和一百年前的那些殖民者一样。经济活动如果没有价值认同的支持，就会出现许多问题。

陈明： 余老师，那你认为什么原因，我反过来问你，你说中国人没有中国认同，最重要的是什么原因？

余敦康： 中国人一百年来，不知道中国的文化是什么。

陈明： 这和文化有什么关系？这和政治制度有关系。像你这样的人也打成右派，你本来能够建立体系的人，结果打成了右派，这是制度原因，这和文化有什么关系呢？孔孟的书也都在。你刚才讲中国人没有认同，不知道自己是什么文化。我就想问你，制度和文化到底是什么关系？中国人没有认同，和文化有什么关系？和制度有什么关系？我想听听您这方面的理解。这是一个很重要的问题，在录音嘛，我们开会也会讨论。你的意思到底是什么？

余敦康： 要讲就太多了，不要说了。这个问题不要说了，我不要跟你一块儿谈这个问题。

干春松： 接余老师的那个话，余老师说一百年来我们不知道文化是什么，我倒是有一个这样的想法。我还是回到庞朴先生那个概念，就是"中国文化"和"文化中国"那个概念区分，"中国文化"包括所有东西在那里面；"文化中国"呢，庞朴先生其实是想把那些批中国文化的人，从那里摘出来。我的意思是，我们现在来了解中国文化——中国文化那么大的一个范围——是说跟我们这个时代所需要的，或者说我们应该总结出来的中国文化是什么。就是说，这个东西要有根据，但是更重要的是我们现代人对这个文化的理解。比如说，朱熹到了宋代，他要对儒学有一个新的理解，或者对文化有一个新的理解，他会有一个天理这样的一套东西包括对经典重新整理的这样一个过程，然后确定这是朱熹眼里的，或者说代表那个理学家时代的儒学的概念。那么，对于我们现在这个时代，按理说应该是余老师和李泽厚他们那一代人面对那个问题，提出一个体系性的想法，因为当时政治的原因，或者说被打成右派的原因，或者说因为意识形态的原因，这样的系统性理论并没有建立起来。不过，现在应该没有借口了，现在这些压力其实都没有了，事实上每个人都在自由创造，我个人认为是这样，但是，依然没有能做出一个带有体系性的，又能代表我们这个时代的来回应这个问题的这样一套文化的定义，您说的"对文化是什么不知道"，我想您是不是这个意思？就是说，不知道文化是什么，现在的人很难根据我们现在所处的时代，对于我们的文化做出我们符合时代需要的解释。

余敦康：是。现在是面临一种困惑，但这也是一个好时机，我的感觉，很多人都想利用自己的思考来解决现在的问题，我们中国现在的问题是什么。

干春松：对。

余敦康：这个问题是什么呢？每个人的看法都不一样，有很多派，有自由主义的、有新左的，还有这个那个的，还有传统保守主义的。但是，你要解释问题的本身。

最近我看《光明日报》的报道，江西办了个国学院。

干春松：南昌大学。

余敦康：对，是南昌大学。办一个国学院，国学院的一个院长写了一篇文章，很有水平的一篇文章，就是《正学之门》，他就是用文言写的，回顾了中国整个传统文化的走势，说中国的文化，就是正学没有提倡出来，很多走歪了。《光明日报》有这篇文章，后来王中江打电话问我对《正学之门》这篇文章有什么看法？我说，我还没看呢。他说你看看，后来我就把那文章找来看了，我也没有回答他。看了以后，就和我看马一浮的文章的感觉是一样的，脱离时代。我说，这种脱离时代的文章，解决不了现在的问题。这种脱离时代的文章和现在提倡国学有关系，现在国学很热，你们在人大更清楚。

干春松：他在国学院。

陈壁生（中国人民大学国学院教授）：我就在国学院。

干春松：纪宝成还做国学院院长。

余敦康：心是好的，我很赞赏他，就是我们研究得不够，什么是国学不知道。我是很支持人大的，国学搞不清楚不是人大的问题，是整个中国的问题，二十多年来没有搞清楚是什么东西。国际儒联的滕文生怎么说？他说警惕当下国学被搞乱了，国学热开始的时候说国学不能救中国，这也是一种说法。什么叫国学？我们为什么提国学，是怎么回事？中国社会科学院开了两次大型的国学会议，头一次是纪宝成、袁行霈、卢钟锋、方克立四个人讲。第二次就是我，还有楼宇烈、李存山。让我去讲的话，我就说回顾一下头一次讲的那四个人，纪宝成是办国学院的，可是袁行霈说"国学不能救中国"，他说过这句话。方克立说"国学应该是一分为二地看"。特别是卢钟锋，基本是反国学的，认为国学在五四以来没有起到好的作用。中国社会科学院开一个全国性的会，居然对国学有这样几种不同的看法。总而言之，国学不知道怎么搞。

事实上，最早是20世纪90年代，搞国学，由季羡林他们北大提倡的，《国学在燕园悄然升起》。

干春松：似乎是《人民日报》发的那篇文章？

余敦康：对，发了那篇文章。可是马上呢，社会科学院院长胡绳说"不能搞复古主义，改革开放不能搞复古主义"。我就跟胡绳针锋相对，我也接上一篇文章——他是接上《哲学研究》的一篇文章。

干春松：就是李登贵的那篇文章。

余敦康：你知道这个过程？

干春松：我知道这个过程。当时我在哲学所工作，李登贵是《哲学研究》的编辑。

余敦康：我也接上一篇文章，我接上谁的文章呢？罗荣渠，后来去世了。

干春松：北大的著名历史学家。

余敦康：《西方现代化》。我接上这篇文章，和胡绳针锋相对。一直到21世纪，国学才慢慢起来了，这个过程很复杂。社会主义国家为什么要提倡国学、国学在中国究竟起什么作用？中国的文化认同究竟是什么？有没有一个文化认同？我们不是说没有文化认同，有国人认同。认同是很坏，反对改革开放，是这么个认同。《北京日报》就有那篇文章，苏双碧，知道吗？

干春松：我知道，曾经《求是》副总编，搞历史的。

余敦康：搞历史，很厉害，人都很好。他维护吴晗，写了很多正义的文章，胡绳坚决反对国学，认为阻碍改革开放的。国学是不是阻碍改革开放呢？有。比如说，现在还提倡二十四孝，搞这些名堂，但这和国学不相干的。我们为什么学国学,国学是什么样子?没有一个哲学家说出来分析,现在要一个什么样思想来指导中国呢?没有。用马列主义来指导中国,马和列一直分开的,马克思和列宁不一样啊,是不是?我们现在有些人把两者分开了,有些人又把它合起来了。究竟马和列是一起,还是不是一起,甚至分开、不能分开?儒学在这个中间起了什么作用,中国文化为什么接触了马列?这是大问题。前段时间,我看了一本书,叫作《倒转红轮》,你知不知道这本书?

干春松:我知道,这是金雁的书。

余敦康:很奇怪。十月革命是一个与俄罗斯文化相背离的过程,可是,苏联解体以后,红轮要倒转,倒转到一个什么地步呢?倒转了别尔嘉耶夫,你知道吗?

干春松:别尔嘉耶夫,我知道,就是白银时期俄罗斯一个很有名的思想家。

余敦康:对。

干春松:有点民粹主义的那个……

余敦康:和民粹主义不一样。我们上大学的时候,就批评这个人。现在我才知道,那个时候对他不屑一顾的。列宁把这个人驱逐出境的,驱逐到西方去了,后来在西方死掉了。苏联解体以后,把别尔嘉耶夫的书拿来,在俄罗斯重印,那个情况就和我们中国回归古典有点类似。但是,那个东西解决不了俄罗斯现在的问题,普京又不是这个思想,那个是现在这个问题。那么,回过头来看中国,中国现在这个社会思潮是怎么回事?纪宝成有眼光,提倡国学,可是国学是什么东西、怎么样用国学来解决现在中国面临的一个困境?困境在哪里?中国哲学家一个也没有出来发言,混乱了,这是个大问题。哲学家没有一个总结,这是一个中心的问题。

干春松:我倒是觉得可能,也有可能有一些回答,大家听不到,大家听不到的原因就是这个回答没有能够打动很多人的心。另外一方面,这个问题的确太复杂,没有能力来回答。就是说,现在还没有出现一个……

余敦康:不是,现在已经有回答的迹象了。很多年轻人,比如像你们这一代人,已经是开始回答了。

干春松:等陈壁生他们成长起来,就有可能系统地来回应。

余敦康：他们还是后一代，他们还年轻一点。可是，必须要回答，不回答不行，不回答真的解决不了。关键是要把国学和中国模式等思考变成中国哲学层面上的问题，清华的方朝晖关心这些问题，方朝晖一直想回答，也没有说出来。稍微大一点岁数的人，比如说杨国荣，还有一些人，都没有回答。

干春松：余老师，其实这个事情有时候也有很大的一个错位。现在这个时代就是这样，打个比方，真有一个康德在我们这个时代活着，他想搞一个哥白尼式的革命，可能他口号喊半天，可能就是没人听见。

余敦康：我告诉你，所有的这些东西都是新气象，应该鼓励。你可以不同意他，他能够这么想，而且写出书来，很自豪，这本身就不错。说明这个问题对我们现在已经迫在眉睫，需要新的哲学家出来解答这个问题。关于中国的历史怎么样，过去我知道了，有一个历史学家，叫……

陈壁生：雷海宗。

余敦康：对，雷海宗。他就说了："中国历史以淝水之战为分界线，淝水之战以前是中国文化自身的发展，淝水之战以后和其他的民族打交道，从唐以后就不一样了。"他有这样一个历史观。这些说法都有，还有老一辈的钱穆，可是这些人都不行了，在我们年轻的那个时候都把新史学派打倒了。范文澜、吕振羽、翦伯赞，把这些人都打倒了，说这些人都是胡说八道。新史学派一个中国的历史问题也没有解决，而且说了很多错误的话。现在重新来看，究竟中国的历史怎么回事？搞不清楚。像余英时就写文章，说郭沫若的文章都是抄的钱穆的。

干春松：我知道他写的那篇文章。

余敦康：余英时写的是，郭沫若抄的钱穆的。郭沫若没有学问，他也不是搞历史的。总而言之，对于中国的历史、对于中国的哲学、对于中国的文化，在中西对撞的过程中，我们中国到现在没有哲学有效的回应，所以出不了哲学家。

干春松：首先是超大规模国家的这个问题，就是说，治理这么大的一个国家，和那些像瑞士、智利的小国不是一回事，"治大国若烹小鲜"嘛，大国和小国折腾一下，所产生的后果都是不一样的。

余敦康：中国古时候老早就有一个天下的概念，西方没有，西方后来发展出一个民族国家的概念，没有一个天下的概念。天下和帝国相仿，我们中国是一个天下的概念。天下这个概念，是和中国特殊的环境，和中国的文化也有关系，和制度也有关系，有了文化才有这个制度，制度离开了文化不能够形成制度的。这个天下的概念，根源在哪儿呢？

干春松：会思想的人，往往是最倒霉的人。就说像您这种在大学期间就爱思考的人，在大学被打成右派了，就没有了发展自己想法的可能。而且，后来有一种大家习惯性地压制自己，避免跟别人有不一样的观点，对吧？

余敦康：对。有些论点，但不是一个人的问题。

干春松：一个时代的问题？

余敦康：对，一个时代，或者几代人的问题。现在是好时候了。你们现在确实太好了，不怕说大话，眼高。就是怕眼不高。

陈壁生：但是，我们现在这个社会有一个比以前很不好的地方，现在无论是谁说的话都没什么人关注。

余敦康：我们那个时候，假使说你有一点自己的想法，马上挨批了。很反动，就挨批了。一批判，把这个知识分子的雄心壮志都批倒了。那么，现在提倡国学，从小学、训诂、文字学、音韵学，从这个地方入手，这就不是哲学了，搞文字学还可以。现在这个行业的人还讲我是懂国学的，国学一定要认字、音韵、文字、训诂。你们是不老，不是最后不认老，是我就不让学生做这个事。你搞文字学，你别跟我学，哲学可不是这样搞的。那是在乾嘉时候，清朝的政策错了——也是文化的问题。

二、 自己的学术经历

余敦康：清朝那个时候，搞文字狱搞得不行。民国清初的时候，正是一个文化的正途，按照中国的发展，主要是三大家：顾、王、黄，黄宗羲、顾炎武、王夫之，这才是一个中国文化的正途。可是，一到了清朝以后完了，那时候搞文字狱，大家都去搞训诂了，中国的文化一下子后退几百年。这个钱穆倒说得很对。可是，搞清史的人，马克思主义的史学家，像人大的戴逸先生就不一定这么看，是不是？错了。钱穆倒看得很对，清人为了控制汉人所推行的文化政策，拉了中国文化后腿，确实是这样。比如说，黄宗羲《明夷待访录》写得多好啊，那是中国的正统啊。

陈壁生：我们现在对搞国学，也确实感觉到，大家都没有一个基本统一的意见。现在国内有很多学校办了国学院，但是教学计划跟研究目标都很混乱。

余敦康：是的，没有关系的，有人坚持这个很好。过去清华那个时候搞国学院是培养了一大批的人才，我们很多老师是清华毕业的，这样搞就行了。可是，我们做学生时搞都不能搞。

杨澜洁：余老师，您说您做学生时搞都不能搞的那个时候，那就是您被打成右派的前后吗？

余敦康：是。但不是我一个人，整个一代人。

杨澜洁：因为我们之前问过一次张世英，他说他1953年的时候也开始讲《联共党史》，他说好像北大学生打成右派的人数还是比较少的，是吧？

余敦康：学生很多啊。

杨澜洁：您是作为学生的身份？

余敦康：学生，我那时候是研究生，刚刚研一，研究生读了一年。

杨澜洁：那时候，刚从武汉大学过来？

余敦康：不，我是北大毕业的。

干春松：在武大读了两年，是吧？

余敦康：读了一年。

杨澜洁：读了一年，就院系调整来北大了？

余敦康：对，院系调整。1951年进大学，1951年到1952年在武大，1952年就在北大了。

干春松：打成右派是五几年？

余敦康：1957年。

杨澜洁：那跟冯先生，或者作冯先生的学生的经历有关系吗？

余敦康：那时候，冯先生这一辈人，都不能讲自己的学问，根本不能讲，1952年也不能讲，那个时候都是思想改造。思想改造就是学马列，实际上，学马列不是学马列，而是学日丹诺夫。你知道不知道？他主张一部哲学史就是唯物论和唯心论斗争的历史，是唯物论战胜唯心论的历史，就是这两句话，把几千年中外古今的哲学史都概括了。日丹诺夫是斯大林管意识形态的一个头，所有的教师都一块儿学这个东西，在系里面就请苏联专家讲，没有自己独立的东西，老师都不能讲课的。那个时候，北大有好多全国领先的教师，比如说熊伟是海德格尔专家，而张世英是黑格尔专家，都不能讲，那时候搞思想改造。哲学系培养学生的目标是什么啊？是有文化的劳动者，你知道这个词吗？

杨澜洁：知道。

余敦康：上山下乡、参加劳动、向工农兵学习。那个时候有一些学者就提出不同意见，说花这么多钱培养大学生，将来去种田。冯友兰就说，要确立一个对立面，写了这么一本书。确立一个对立面，引起大学生的批判，果然大学生批判他。这样一直到了"文革"，更加发展到极致，整个从1949年到粉碎"四人帮"，到1978年，这中间整整30年，没有文科，历史系还好一点，哲学系遭殃是最大的。没人学习西方的哲学，主要学《联共党史》，我们自己看书知道一点点东西。

杨澜洁：那为什么把您打成右派？因为您跟着冯先生学习，把您和他视为一派呢，还是说您写了文章和反对的意见？

余敦康：这个不知道，那个问题说来话长，但是这个问题也说不清。1957年那个时候，很多人都在思考这样的问题。就是说，新中国成立以后，我们应该走什么道路？正好那个时候呢，苏联和东欧有许多问题，那都是很厉害的，一下子在这些学生中引起很大的震动，引起大家思考：究竟中国应该走什么路？这样就被打成了右派，政治问题。

陈壁生：那您就属于被引蛇出洞的。

余敦康：对，那个问题太复杂了，这个问题你们就不知道了。

干春松：但是，我后来看钱理群老师写的一篇文章里面，比较多地介绍了您那时候的一些情况，三封信还是几封信？

余敦康：那很经典啊，把我和谢冕打成右派，他是中文系的学生，我是哲学系的学生。当时在一些年轻人中，他们和章伯钧那样属于民主党派的人不一样，民主党派那些人是有权力，我们这些学生根本一点问题都没有，可是完全是五四运动对大家的影响，主要是自由主义的思想占主流，基本上是自由主义的东西，讨论民主、自由、人才这些问题，都是一些实际的感受，这是很大的问题。有了反右运动，才有后来的"大跃进"；有后来的"大跃进"，才有后来的"文革"，这样一连串的事情过来了。

干春松：但是，您的私信怎么会被我知道，好像是您跟武汉的一个同学，您私下跟张守正写的信，怎么大家会都知道呢？

余敦康：我在北大，我同班同学在武汉当助教。我在北大，把北大的情况用信件的形式写给同学。比如说，你在武大，我就写给你。他看了很高兴，他就把我这个信在武汉大学用大字报发表了，在武汉大学就起了个煽风点火的作用，我就成了煽风点火的人了。后来，他被打成右派以后，上面问这些信是怎么来呢？他交代说是北大的余敦康给的，这下就追到我了，我就成了右派了，是这么回事。

干春松：哦，是这样的。

余敦康：他也不是故意的，我们之间的私人通信而已。好像是一个记者报道了北大整个的情况。他看了特别高兴，睡不着觉了，赶紧写大字报在武汉大学发表了。四封信很长，都发表了。后来，他打成右派以后，这些信在武汉大学就成了一个右派的罪证，印在武汉大学罪证的书上面，作为资料保存了。我都不知道，过了几十年，后来武汉大学找出来，说这是你余敦康当年写的信，把这信寄给我，我一看，原来是那个时候写的那四封信。给了钱理群一看，这是一个文本口述历史的。

干春松：对，后来我们还是通过钱理群的一个什么关于谭天荣的文章里引用而知道的。您现在手里还有那四封信吗？

余敦康：有，不在这里，我还有。那时候写得很有才气。年轻人都是有思想的。那个时候是中国一个很好的民主的高潮，五四运动的那个潮流一直在学生中间。

干春松：不过那次貌似民主高潮的大鸣大放运动对知识分子的摧残还是比较厉害的。

余敦康：那当然。

干春松：几乎能想问题的人，基本上都被搞定了，是吧？

余敦康：对。

干春松：总共是 80 万还是多少万，你想，即使是现在这个教育水准，能想问题的人也不会超过 80 万，更何况是 20 世纪 50 年代。

余敦康："文革"期间，所有的那些东西都是1957年那些东西的回光返照，问题到现在还没有解决。

干春松：其实，毛泽东发动"文革"，某种程度上也是想解决民意怎么上传的问题，他认为形成了一批当权派，这导致上下沟通不畅。

余敦康：对"文革"有各种看法，现在还没有一个结论。

干春松：因为材料不齐，看不到很多材料。

余敦康：不是不齐，也有个人观点问题。不过，一般的看法，还是党的决议，是这么说的，不是"文革"以后有个决议吗？没有反右，就没有"大跃进"。"大跃进"以后，来了一个大会，开始反彭德怀，彭德怀这个事情和反右也有一定关系，最后就来了"文革"。"文革"以后，发现在中国这条路走不通了、不行了，不停止"文革"，共产党就崩溃了。"文革"以后，十一届三中全会以后，走了这么一条道路以后，才有了今天。就是说，反右是很重要的一件事，这不是一般的事情，不是个人的问题。

干春松：个人命运在这个大的格局下，有的时候显得不那么突出了。比如说，我们单从余老师的历史来讲，那段历史对您的人生经历是很特别的。

余敦康：对，个人是不那么突出的，还能够挺过来。可是，问题还在，这个问题是中国整个历史的一个发展。

三、儒家宗教化和儒家宪政

干春松：您觉得儒家宗教化的问题不重要，那您觉得"儒宪"的问题重要吗？觉得儒家宪政的那个问题重要吗？

余敦康：可以宪政。所有的自由主义的东西都是自发的，不是哪一个设计的。是不是？

干春松：嗯。

余敦康：自发的，除了你本民族的文化之外，自然而然挖掘产生的一种自由主义。所以的话，自由主义的这个东西，宪政自由，可以从本身的文化中间自然地发展起来。黄宗羲的《明夷待访录》，那就是一个自发的自由主义的思想，宪政、议会，学校可以议会，他是总结了明朝灭亡的一种教训，从这个儒家的思想里面自然而然地发展出这么一个自由主义，还有自由、民主、人权都可以。比如说，严复他翻译西方的东西，那是大家，翻译自由这个词就很琢磨，究竟这个自由应该怎么翻？不是为所欲为的这个自由，自由按照西方正确的定义应该是群体和个体的权力和界限，群己的权界，这个定义才是最重要的，就这一个自由。自由以不侵害别人为前提，是不是？我自由，应该让别人也有自己的权利。西方的自由是慢慢地斗争，是这么一个东西，他就翻译成自由，自由是这么一回事。

中国不应该这么落后，有了清朝才落后。1840年鸦片战争的时候，林则徐、魏源，他们就知道不学习西方是不行的。特别是魏源写的《海国图志》，睁开眼睛看世界的嘛，为什么不让中国人睁开眼睛看世界呢？因为清朝的闭关锁国。结果，《海国图志》一写出来以后，这个书传到日本，日本把它当圣经啊，日本也不知道外国的情况。可是，明治维新是1868年，比鸦片战争早28年。结果，28年后，他就发展起来了，甲午战争的结果就是不同发展道路的试金石。中国搞了洋务运动，洋务运动不行，清朝的架子太大，结果中国一下子落后，完全是怪罪于清朝，不是怪罪于中国的文化。这个问题应该从这个角度来看，有一些人专门研究这些问题，把责任怪罪于自己的文化。特别是袁伟时，你们知道吗？

陈壁生：知道，因为我是中山大学毕业的。

余敦康：我以为你跟袁伟时是好朋友。我也很崇敬他，他就说这些话，袁伟时很爱国。

陈壁生：您同意他的观点吗？

余敦康：我同意他的观点，他很好。

干春松：袁老师可能都不知道，余老师会同意他的观点。

陈壁生：对。

干春松：袁老师现在的观点也有很大的争议。大家认为他对晚清有一些分析还是过于简略了。

陈壁生：对。

干春松：但是，您认为他指出的大方向是不错的，是吧？

余敦康：这不是一个具体的观点，得全面地看问题，也不能说他都对，也不能说他不对。

干春松：您觉得儒家一定是可以走宪政的道路，因为可以从自己的文化传统里自发地生长出来？

余敦康：问题是离开了儒家不行，不是儒家一家，道家也有。离开了这些文化，本土的文化没有的话，你完全从外国搬一个东西来，搬不了的。所以，把国学搞清楚，什么叫国学？搞清楚了，我们的民族就有文化认同了，就自信了。

干春松：但是，现在有的人会这么说，比如说，因为民主和自由这些比较经典的理论都是从西方来的。所以，不是像您那样看，首先我们自身文化里面有这些因素，像黄宗羲。另外认为，我们如果拒绝引进这些思想的话，那你就是拒绝搞宪政。

余敦康：从道家来说，庄子写了两篇文章，一个叫《逍遥游》、一个叫《齐物论》。清末的时候，刘师培、章太炎、严复说，中国早就有民主自由了，《逍遥游》就是自由，《齐物论》就是民主。看看《逍遥游》《齐物论》，再看看民主自由，这个是完全相通的。特别是严复，我刚才说了群己权界，自由就是解决之道，翻译得很好啊。你把这个东西否定以后怎么行？由于经常的解释，一种保守、一种顽固，就激发了中国人一种积极思潮，就搞到中国的文化头上，搞错了对象，对象搞错了。

洋务运动就和日本的明治维新思想一样的，都是要应对西方的冲击。结果，中国失败了，日本倒成功了。什么原因？满汉之分太厉害了，把中国整体的"利益共同体"就扼杀了。

陈壁生：最近我看袁伟时老师好像挺讨厌儒家宪政的，因为我们最近有几个老师在谈儒家宪政。

余敦康：他和我有矛盾、有争论。在哪儿、是什么时候呢？是那一年开冯友兰的会，在冯友兰的家乡南阳开的，我也去了，袁伟时也去了。我跟他说：你对冯友兰的看法不对，冯友兰很保守，能够为中国指出一条正确的道路，冯友兰搞得最好，比梁漱溟还高啊。他说，我不信。我就和他争，争是开玩笑的，我们是年龄差不多的，他争不过认输了。结果，他对冯友兰的看法改变了，对国学的看法也改变了，他不是一般那样反国学，而是反对某一些人提倡的国学不对。比如说，二十四孝，就跪在地上磕头，这些是什么国学。还有，人民大学搞国学岂能从小学入手。乱七八糟的各种"国学",有京剧,特别是考证《红楼梦》、红学专家,这些可以算国学,但不是国学的本质。我不是否定红学,但搞国学不能没有一个方向、没有一个头绪。

现在,我的意思是说,对于我们老一辈的人都要尊敬,也不评论。就是我们自己要搞自我创造,我现在搞什么,比如说干春松现在你搞什么,你要自己搞才行。现在回答问题浑然不一样,可以超过他们,但是他们也不愿意说。比如说,我不太同意张岱年的,我半个字也不说,对不对?还有同辈人也不说,就是我自己有一个希望,能够写出自己满意的一本书,死也死得瞑目,那就活得有意义了。你们现在要写那么一本书,你看,周敦颐一本书写了二百多个字,《太极图说》就够了。

干春松:往往越是重要的人物,可以不写很多。

余敦康:和时代有密切的关系。可是,现在很好,应该有很大的胸怀。

干春松:我知道您一直有期待,就是希望应该有一些更大的胸怀来处理现在文化的问题,这个我是同意的,就是应该要撇开那些枝枝节节的问题,有一个大的思路。当然,那个也不能偏废啊,因为那个大的思路要建立在仔细研究的基础上,但是不能埋头拉车不抬头看路。

余敦康:你当时提出个很好的思想,制度性的问题,儒学制度化的问题。儒学制度化的问题从什么时候开始呢?从汉代就开始了。我反复思考这个问题。汉代如果不搞儒学制度化,可能就没有汉人、没有汉族、没有中国的文化,那就是乱七八糟。很多文化灭亡都是没有可持续发展,埃及的文化、巴比伦文化、波斯文化、玛雅文化都完了。中国的文化到了秦朝那个时候,从战国以后到秦朝,已经没有了,到了汉代的时候制度化了,延续了几千年。或者制度化不能够来一个与时俱进,就和印度一样,印度这个佛教的文化就不能够与时俱进。中国的文化不断地起起伏伏,儒家的文化也是起起伏伏。到了清朝,清朝也不是必然要灭亡的,可以通过一个制度的修改延续下来的。实际上,特别是魏源,还有徐继畬、郭嵩焘这些人,都已经在做这个事,就是清朝阻碍这个改革。所以说,从儒学到宪政有什么不可能呢?完全有可能的,只要有那个智慧,就有这个可能性。把儒学定为专制主义是错的,儒学不是专制主义,这是中国人自找的。这一点,袁伟时写了好多文章说儒学与专制的关系。其实制度是一回事,儒学本身是另外一回事，不能把它看成是一个固定的联系，不是这样子的。

　　清朝灭亡变成了民国，在民国以后如何能够根据中国的现状，能够来一个自力更生，参照另外一个文化转化其实也是有可能的。可是那个路断了，从"五四"以后一直到1979年，这几十年乱七八糟。但是，没关系的，可以"倒转红轮"嘛。是不是？可以的。现在应该把中国和"五四"来比较，可以看看别的国家他们是怎么搞的。但是，你别搞只搞小学的问题，一定要和时代合拍。现在和时代合拍有很现实的问题，中国和美国怎么打交道，打交道不能够对抗，中国和美国打交道，对日本好对付，菲律宾也好对付，这个大的问题解决不了不行。可是，这个大的问题在哪里？不是文化问题，是意识形态的问题，把这个文化搞成了民族主义的文化可不行，搞个天下的文化倒好。我就反复在考虑，中国这个文化在世界的文化中绝对要独树一帜。美国哈佛大学的一位教授叫张光直。

　　干春松： 人类学家、考古学家。

　　余敦康：（他）说中国文化最典型，西方文化不典型。中国文化怎么典型呢？它是连续性的，西方文化是断裂的。这个说得太对了，中国文化是个连续性的，从三皇五帝、夏商周、春秋战国、秦汉、清代到现在，这个历史全是中国，没有别的。它的连续性在哪里？张光直没有回答，可是有些人慢慢地回答，这个回答、那个回答。这里要回答的问题，要个哲学家来，你们来回答这个问题，为什么中国有这个连续性？为什么西方的文化断裂了？希腊文化断裂了、玛雅文化早就没有了、埃及文化没有了、巴比伦文化也没有了，是不是？美国文化才三百年，我们是五千年，那能比吗？我们目前应该找不断裂的原因在哪里。

　　干春松： 当然，有的时候是这样，余老师，我觉得您说的那个问题可能也呈现出一个困境。就是说，您太注重材料，往往不敢下一个大的结论。但是，这个大的结论有时候还真不能拘泥于那些材料，因为你要被那些材料困住以后，你就出不来了。但是，现在的一个评价系统里面，如果材料不准确，大家又不太重视你那个东西。所以，您一开始说现在没有哲学家了，可能是跟那个学风也有一定的关系。

　　余敦康： 最好的在哪里呢？就是没有权威，每一个人都是权威。我就认为人人都是权威，没人打你、没人压你，你就有最大的资源。因为真正有权威了以后，他就把你压了，你一辈子出不了头，不行的。现在的中国是一个真正百家争鸣的时代。春秋战国那个时候，孔子没有那么大的权威，是不是？

干春松：对。

余敦康：老庄也没有，互相争鸣，各执其词。人人都有梦，每个人都有，庄子梦蝴蝶也好，蝴蝶梦庄子也好，管我是蝴蝶是庄子。我觉得要把王国维的三句话记在心上，一个人成长的过程要分三个阶段，古今以来成大学问、大事业的人，都经过三个阶段。第一个阶段是"独上高楼，望断天涯路"。站得高，看得远，什么都瞧不起，眼高手低，没有关系的，这是第一步，这是一个人做成大学问的第一步。第二步"衣带渐宽终不悔，为伊消得人憔悴"。像单相思似的，因为你要看得高啊，小打小闹的事不屑于干。考的个什么试啊？区区个小文章不算什么，要考虑人的大问题。第三步就是说……

干春松：蓦然回首。

余敦康："蓦然回首，那人却在灯火阑珊处。"要是找到了，就很好。首先是第一步，现在第二步和第三步谈不上。要独上。比如说，爱因斯坦就是独上高楼，他看到了别人所没有看到的问题。是不是？别人不知道，他看到了。比尔·盖茨就看到了大问题，他发大财了。你们看到什么问题啊？

狂气别外露，瞧不起别人不行，狂气要埋在心里，要搞"两面派"。都是有这个过程，现在既然是人人都会做梦，我这个梦还大一点。有人小打小闹的，我做个什么梦啊？我就借一笔钱，借十块钱，买点东西吃。这个梦有什么可做的？别做。是不是。

干春松：时代的呼唤，我们倒是听见了。但是，一直回应不了。

余敦康：慢慢地回应，中国人是在回应。不能把问题看死，也不能把人看死，人要变，是不是？他是个什么思想，后来人要变的。五四的时候，出了不少的人，后来很快大批人默默无闻了，一辈子没做出什么事。他二十来岁的时候能够讲讲，能够出点彩，但是不知怎么搞的，后来默默无闻。留下来的，很少能出个人，统计下来也不少。比如说，你看1949年以来的，出了些什么人啊？我是知道的，就是我的同学，高我高不了两班、低也低

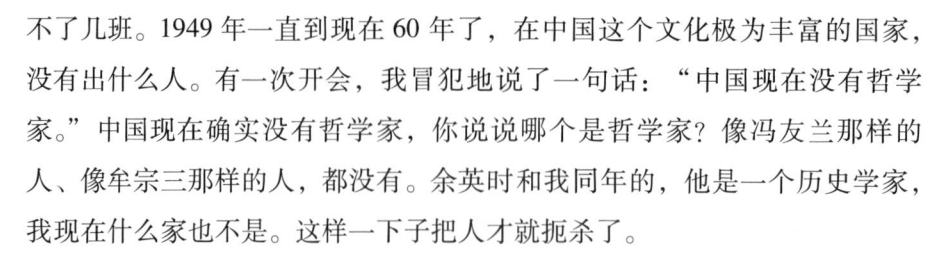

不了几班。1949年一直到现在60年了,在中国这个文化极为丰富的国家,没有出什么人。有一次开会,我冒犯地说了一句话:"中国现在没有哲学家。"中国现在确实没有哲学家,你说说哪个是哲学家?像冯友兰那样的人、像牟宗三那样的人,都没有。余英时和我同年的,他是一个历史学家,我现在什么家也不是。这样一下子把人才就扼杀了。

干春松:我看汤一介先生有一本书叫《我的哲学之路》,他前面写了一个序言,他就说他年轻的时候想都没想过当哲学家这个事情,一个是不敢想。我估计您上大学的时候,也不会敢想?

余敦康:不敢想,那是要被批的。现在出人才,就是1978年下乡以后,第一次有高考,出这个人才是现在的这一批人才,我们那一批已经过去了,不认可,你别说,真是不是人才。真正的人才是1978年以后出的这批人才。

我们这一批人,比如拿我来说,念大学是有一点学历,确实有,我们念高中是新中国成立前念的,不是新中国成立后念的。高中以后考上大学,缺乏正能量的发展,没有,都受了打击和挫折。毕业以后跟着这个时代走,比如说,是时代让你上山下乡,你就不能不上山下乡;时代要拔白旗,你就不能不拔白旗。朱光潜他们讨论美学,李泽厚就跟着一块儿来做,那个时候美学一枝独秀,很奇怪啊,李泽厚也很奇怪,我搞的美学为什么一枝独秀呢?因为别人没法搞了,文学没法搞了、哲学没法搞了、历史没法搞了,突然之间有个美学,可以写文章了,一枝独秀。独秀也没有独秀出什么玩意,然后就到了"文革"了,没有办法了。

后来的话,他又研究西学、研究康德,当时不让读康德,下放时他把康德摆在枕头底下,看那么几页纸,是这样的。一直到了改革开放,粉碎"四人帮"以后,他就写出书了。所以,我们这一代人,李泽厚的条件好。他所发挥的能量都是改革开放以后,改革开放以前没有什么了不起的,这个我知道的。包括陈先达这些人都一样,包括张立文、方立天这些人,都是改革开放以后。我也是改革开放以后才找到的自我,改革开放以前没有。原来搞什么,整个都没办法。你们看一看江西鲤鱼洲,北大清华在那里搞什么名堂,还有上海复旦怎么搞的?整个一个大摧残啊。

干春松:对,人民大学是在江西省的余江县。

余敦康:人大在哪里啊?

干春松：就是毛主席说去掉瘟疫的地方，那个余江县，大约就知道这些地方条件是很差的。你们是鲤鱼洲嘛，人大那边是血吸虫病发的地儿。

余敦康：人大还解散了。

干春松：对啊，还被解散了。这就出现了学术上的断层。我教课的时候，我也是用汤先生的书和您在北大出版社出的《魏晋玄学史》。这个不是因为在您面前说那么多，我们也没有必要，那么熟了。但是，后面的确没有说更有那种高度。像王晓毅老师，我们也还认识。也有做得不错的，也还有一些零星不错的作品，但总体没高度。

四、金岳霖、梁漱溟、冯友兰和余英时

余敦康：宋明理学的问题，搞了很多很多。一直到现在，我还觉得比不上余英时的一本书。

干春松：《朱熹的历史世界》。

余敦康：余英时的《朱熹的历史世界》这本书，他也没有什么太多的东西，就是体会一个新的思想，从历史来看朱熹。朱熹生活的时代是什么样子的，他做了哪些、哪些不够、哪些够了。可是，我们搞中国哲学，是中国哲学的外行，搞理学搞得什么名堂？60多年来，没搞出什么名堂来。主要是三派：理学派、心学派、气学派。这全是苏联哲学的模式，有个主观唯心论，有个客观唯心论，还有个唯物论嘛，唯物论是气学嘛。把张载往气学套，也不是说没有道理的。可是，老在那儿踩来踩去，踩了60年，没有一个新历史观。就像玄学，我也是试图提一个新历史观，把玄学和中国历史的发展联系起来，着重谈了理学的产生。缺乏一个大历史观，或者大哲学观，缺乏一个哲学家，我们这几十年来被那个东西把思维都锁住了，那是精神枷锁。你要思想解放，不思想解放没用。

干春松：在研究思想的时候，注意历史和社会的那个角度。我以前看您中国哲学起源的文章的时候，发现您就特别强调从"绝天地通"开始讨论思想的转变。《魏晋玄学史》的第一章也是特别强调那时候社会的思想，就是说自然和名教，那个问题是您特别重视的。我们觉得，他们基本上也是比较看重这样的方法。相对来讲，倒不是说那些概念的梳理不重要，而

是说要立乎其大，对于这个"大"方法，我觉得您跟您同一代的很多学者不太一样的地方就是，您比他们更重视历史世界的那个部分的东西。所以，我也才会注意到您对余英时那本书的肯定特别充分，在很多的地方您都提到那个很重要。所以，我觉得合法性讨论也好、什么研讨也好，我觉得最关键的问题是要注意思想和社会之间的互动，是吧？

余敦康：对。现在，余英时关注朱熹的历史世界，《朱熹的历史世界》就是说整个的宋代。北宋和南宋为什么会发生一种理学运动，我就把北宋划分在庆历，庆历是从范仲淹开始，他是根据一个什么样的问题开始的？就是宋代要重建中国的一个合法性的问题。重建合法性的问题，怎么个重建法？对我印象最深的、对我触动很大的，我记得是欧阳修写的《本论》，不知道你记得这个没有？

干春松：我看过他写的《正统论》。

余敦康：《本论》就是说，中国文化一个核心价值是什么东西？这是个根本。当然，这个根本呢，范仲淹首先提出这个问题，不过，欧阳修更注重。整个北宋到南宋这一系列的历史，余英时就说国是，中国在当时，宋代那个时候、北宋那个时候，立国之本哪里？这个立国之本的讨论从汉代已经开始了，后来贾谊、陆贾他们讨论这个问题，玄学也在讨论这个问题。唐代还没有把这个问题提到一个更高的高度，到宋代接着就讨论。一以贯之的这个东西一直到清朝。但现在究竟我们中国的立国之本是什么东西？不知道啊。可是，在古时候很清楚。所以，欧阳修的《本论》我当时读了，很重视，从《本论》这个地方来突破理学的弊病在哪里。后来，卢国龙写《宋学微言》。

干春松：我知道卢的那本书。很出色。

余敦康：我问卢国龙，为什么不写司马光呢？他把司马光给漏了。如果不写司马光是不行的。可是，到了庆历的时候，王安石变法，这个合法性的问题没有解决。所以，这个问题才是真正的哲学问题，中国的问题，而不是像冯友兰他们这些人从哲学的角度来说，理学、心学、气学，不是这些东西。冯先生说是玄学，唯物论、崇有论、无无论，从哲学的角度有道理，但不是中国的问题。中国问题是这么一个问题，余英时抓住了，我就佩服这个。就是说，你做学问首先应该从现在年轻的时候抓一个根本，这叫宗旨。黄宗羲在《明儒学案》里面首先谈，学贵有宗旨，做学问应该有个宗旨，有个核心问题，有个一以贯之的思想。万变不离其宗，一以贯之的思想先抓住，你没有这个东西，你做一辈子学问也做不出个名堂来。成一个家、成一个体系，更应该这样子。我们这几十年来，就没有这个大哲学家，就没有宗旨，抓不住中国的问题在哪里。我们那个时候，中国的问题在哪里？不用想，已经就有答案了。答案就在日丹诺夫的唯物唯心论，任先生编的《中国哲学史》就是按照这个思想来搞的，把中国哲学马列化，马列化就是日丹诺夫化。所以，整个一个四卷本的《中国哲学史》就是那个东西。

干春松：你们后来写《中国哲学发展史》的时候，其实是想突破一下的？

余敦康：我们几个人的思想都不同。

干春松：其实是不同的，是吧？

余敦康：我们几个人各有各的想法，有共识，就是不同意《中国哲学史》的写法。不同意那个说法。但是，我们自己找，都还没找出来。李泽厚也是一样，他原来也参考任先生编的那个《中国哲学史》的写法，后来他离开了。人只有离开了，才有一定的自由。离开以后，究竟怎么个写法？也没找着，很难啊。你们知道，很难。

干春松：他后来等于是三论嘛，《中国近代思想史论》《中国古代思想史论》《中国现代思想史论》。这个写法还是跟那个典型的中国哲学史的写法完全不同。

余敦康：新的，这和任先生的不一样。

干春松：我知道，首先它就不叫哲学史了，叫思想史，是吧？这个是他有意识了，肯定是有意识要区分于哲学史的写法。但是，他虽然没有写完整，但是还算是有一个古代、近代、现代这样的一个三论。我原来以为您也是有一个这样的想法，因为您从最古一直写到今天。

余敦康：想，是没写，没有这个本事。

干春松：因为北宋您也写了嘛，就是《周易》的那一本。

余敦康：对，北宋也写了，没有那个本事，这不是随随便便写的。最有名的，比如说香港劳思光。

干春松：我看过他那个四卷（本）。

余敦康：他自己想搞一套写中国哲学史。还有蔡仁厚想跟着牟宗三写，也不行，牟宗三也没搞出个名堂来，唐君毅也没搞出个名堂来，很难很难。冯友兰先生以前也写了，是不是两卷本的已经有一个体系了，没有，至少是他写出来了。问题是什么呢？不怪这些人不行，这个时代是个混乱的时代，整个一个中国、有几千年文化的中国，到了20世纪找不到自己的路，传统不行，五四又不能否定，五四反传统，传统不反也不行。反传统后哪儿去？娜拉走了以后怎么办？反传统怎么办？胡适说"走自由主义的道路"，全盘西化了。不行，要全盘俄化，走俄国人的路。那两个路，我们都走了，都走不通。现在走一个什么路呢？现在也很难说，事实也不是文化。

我原先也很感动，金岳霖，你们知道吗？金岳霖的《知识论》，我还没有完全看懂，那一套办法，我是不习惯的，这么厚的《知识论》。

干春松：我也没看完，看不来。

余敦康：看不懂，不喜欢看。可是呢，他也不满意，写那个《论道》，这个我看懂了。《知识论》看不懂，《论道》是中国的文章。他就说，西方的东西我不习惯。他搞了一辈子西方的东西，他不习惯，中国的哲学是一个道。我反复地看这个道，他是把中国、西方、印度三个来进行比较，这个比较还是比梁漱溟要高，可是那个东西是中国人应该走的路。挺好，我认真读了，读了以后，结果得出这么个结论来，这个结论很怪的，怪里怪气的。他说，哲学这个东西就是西方思想的产物。

他很悲观。最后，到了晚年的时候，他信马克思主义了。信马克思主义呢，他很左，"形式逻辑也有积极性"，这是他说的话。

干春松：对，这个我知道。

余敦康：他一辈子搞逻辑，他说形式逻辑也有积极性，因为按照马克思主义的看法，也可能得出这个结论来了。所以，他晚年一篇文章都没有写，写不出来。

干春松：因为马克思的理论，比如说从理论上讲，他似乎是解决了这个目的性和规律性的问题。因为他的规律是发展的规律，最后是一个共产主义社会和社会主义高级阶段，在揭示历史发展的规律。同时，他应该在那个时期，人得到了全面的解放。所以，理论上讲，他是一个目的性和规律性的结合，但事实上，就好像马列主义说的其他很多话，比如说集体利益、个人利益和国家利益相统一。

余敦康：这个事很难。到了20世纪，西方的一些思想产生各自的说法，基本上是在康德的这个路上走，而不是黑格尔的路上走。马克思那个时候是在黑格尔的路上走，是吧？

干春松：对。

余敦康：认识了必然就是自由，是吧？要认识，认识必然就是自由，目的也是在这个地方。不可能，人类太复杂了，理有固然，势无必至。结果，金岳霖有一段时间相当悲观的。他和冯友兰是好朋友，两个人谈到思想改造的时候，谈得抱头痛哭，你不知道这个事吧？

干春松：不知道。

余敦康：两个老头抱头痛哭，找不到一个安身立命的东西，是因为你不能解决，不想不行，想也想不通。抱头痛哭，思想改造也改造不好。真的，抱头痛哭，我倒没有看到抱头痛哭，我做学生的时候，金岳霖是系主任。

干春松：就是北大哲学系的系主任？

余敦康：对，北大的哲学系，后来他到科学院去了。不过，那个时候有一个信念，对于老知识分子，思想改造很好的老知识分子，都相信所有的哲学问题马克思主义都解决了。就是我们不懂，所以要好好地学习，要改造思想。可是呢，结论已经有了，已经解决了，只是我们不懂。

干春松：像冯友兰先生，也是那样？

余敦康：都是这样子。

干春松：也相信？那为什么会这样子呢？因为他们都是受传统影响很深的一些人，而且都了解很多传统里面的东西。

余敦康：中国的知识分子和西方不太一样，是为国为民。一是想中国要好，国家的富强、民族的复兴、汉唐盛世、三代情结，都有这个东西。有人说是颂圣情结，希望中国能够有个圣人，能够解决现实中碰到的问题。那么，当时没有解决，宋代也没有解决，清朝当然也没有解决。共产党一下子让中国人站起来了，解决这个问题了。人们相信解决了，但实际上没有解决。可是，他们那个时候相信已经解决了，很真诚的相信，不是假的，这不是假的。我们在学生时代，也为他们感动，我们也有那个想法，实际上没有解决，没有解决，不是个理论问题。

陈壁生： 王权是那种个人的感受，还是说是一个什么样的原因？其实我们在看这段历史的时候，像我这种都是已经改革开放后才出生的，在看这段历史的时候，就会比较困惑。因为我们都很佩服的那些人，比如说像冯先生那种，从理论构建来说，那肯定是比毛泽东厉害。但是，为什么他会一下子跟毛泽东就这么走了？

余敦康： 不是毛泽东，应该是看到20世纪。20世纪，半个世界都被马克思列宁主义控制了，你知道吗？这个问题是20世纪，整个的东方，包括一些……

干春松： 西方也有一部分。

余敦康： 西方也有一部分的，被控制了。马克思本来有一个史学研究，马克思一直困惑，他没有不困惑。他晚期是搞人类学的问题，是吧？

干春松： 对。

余敦康： 研究国家社会，提出一个亚细亚生产方式，他提了好多问题的。而且，你去读《资本论》会看到，整个在资本主义阶段，人类是没有自由的，一切都是必然的。人类社会的历史就是个自然史，这是马克思《资本论》里面明确这么说的，一定到了共产主义社会才能够有自由。可是，共产主义社会的自由，他又没有写出来。后面的两卷是恩格斯帮他整理的，马克思没有写完。所以，最后他还是相信答案是有的，只是没有找出来，马克思一直抱着这个想法，这是一个信念的问题，不是个科学的问题，相信上帝能够解决问题的，是不是？上帝究竟怎么解决问题，我们不知道。但是，这个解决方案是有的。我们中国1949年能够成立新中国，变了样子，发生翻天覆地的变化。十月革命以后，1918年，普列汉诺夫就认为列宁没有解决所有的问题。他写的最后的遗嘱，你们没有看吧？

陈壁生： 没有。

余敦康： 中文翻译了。遗嘱翻到后来，完全验证普列汉诺夫是对的。那么，苏联呢？究竟那个历史应该是怎么样的东西呢？我到现在也搞不懂。按照俄罗斯的说法，可是他们也矛盾，这个矛盾相当多，但是有一个信念。我们中国没有这个宗教，可能有三代情结，是不是？究竟三代情结是怎回事？你可以爱他，但是不一定信他。可爱者不可信，王国维非自杀不可，我们是不会自杀的。现在，真是要有思想家。

干春松： 我现在也有一个您刚才说的颂圣的情结，有时候想想，觉得自己太渺小了，完全想不出来问题，我也是盼着一个能把这个事情捋清楚的人。那个时候，梁漱溟说"吾曹不出如苍生何"，要为中国找条路，他也是这样的一个动机，来考虑这些问题。但是，我们有时候想，吾曹出了苍生若何？还不如让一个特牛的人来把我们的价值、合法性和什么东西都解决一下。有时候会产生这种想法，因为绝望以后产生一种颂圣的心态，希望来一个、盼哪个圣人来，把这些问题帮我们解决一下，实在是纠结得厉害。我在看那个《民主的模式》书里面特别有意思，他是比较客观地评论马克思那条路的，因为马克思写《资本论》以后，他发现如果是按照资本的逻辑，工人阶级是没有出路的，现在事实上证明，即使是福利国家，工人阶级也是没有出路，财富也是越来越集中的，这个跟使用价值那个学说有一定的相关性。

所以，马克思说，如果靠自由竞争，那弱者永远是在竞争中要被淘汰。所以，他提出一条路，就是从阶级分析的那个路来，他说被剥削阶级要获得自由，不能靠他们自己，因为他们能力差，只有靠政府的力量。所以，普列汉诺夫说，按照解放的逻辑必然会出现一个专制的东西，我觉得这很有道理，这么反过来也很有道理。但是，这样做的一个很坏的后果，因为那批人有各种问题，所以必须要有一个强大的政府。所以，积极自由、消极自由，那些问题都出来了。就是说，马克思是一个特别会思考问题的思想家，他有一套思路很严密。所以，后来苏联被迫搞了一段新经济政策，因为那套完全靠政府来的时候，你发现这社会的动力又有问题了。

我们现在说马克思的问题解决不了，资本主义那个方式，马克思已经指出你的问题了，只不过是解决的方法没有解决好。资本的逻辑是不可能自身解决自身问题的，中国现在的一个困境就是这样，邓小平要开放、要改革、要引入一些市场机制，主要是为了提高竞争力和活力、激发人的那种需求，这样的一套东西。这样一套东西是必然会出现贫富分化的，这个东西事实上是对毛泽东以前按马克思来的那个思路的否定。但是，这套东西你又不能否定掉，就是说保护弱势、保护底层的人群，这是所有人、有社会关怀的人会追求的。但是，中国现在的一个缺点是，我嘴里不承认那个，我做的是那个。所以，行动的逻辑和理论的逻辑是不一致的，原来列宁和毛是一致的。所以，大家觉得起码讲是讲得顺的，现在是讲不顺的。所以，邓小平只能讲不争论，因为这个里面是没法争论的。

当然，我觉得现在的一个困境就是说，我个人理解中国模式是，需要有一个在这里面找到平衡的东西，这个可能是中国模式的东西。但是，大家都在想这个，但不好描述这个。就是说，从理论上是不自洽的，我认识到的困难是这个。我比他们可能受马列的训练要多一点，因为我上学的时候读很多马列的书，我觉得有很多人简单地否定也不是一个办法。刚才您说冯先生，或者是金岳霖，包括李泽厚，都是天才，为什么他们会接受那套逻辑？当然，他不会完全没考虑就接受了，肯定都是考虑过。现在的问题是，我们现在遇到的困难，他们还有一个可以接受的。我们现在不能接受的是什么？因为我们裹在那里头，因为我们知道这两个东西都有问题。这就意味着，我们对中国模式需要有一个新的考虑，就是说中国能不能走出一条跟美国那种弱肉强食的资本逻辑的路，又不能简单地回到大集体，通过思想统一这样的一个方式。这个里面，其实我认为中国模式想描述这么一个中间状态的东西，就是中国特色的社会主义道路，国家资本主义、各种各样的定义都有。当然，我们现在就是，我自己的困境事实上是在这里，包括我研究康有为、研究制度的那个问题，其实背后是有一些年轻时候受到理论训练的东西在里面。

我认为，福利社会肯定是解决不了这些的，因为社会的问题，社会比你想象得复杂。所以，我又缺乏一个在这样复杂的社会里面提炼出一些问题的能力。马克思提炼出一些问题，比如剩余价值、唯物史观，哈耶克提炼出来的那些问题，但是我没有这个才能。所以，我们想上高楼还上不去，爬半截，发现没有力气了。现在的难处，对个人来讲的难处是在这里，有时候也不能说完全没有看到问题，或者说你局部看到了问题，但是你找不出一个东西来、找不出一个理论的模型来分析这个社会、分析中国的一个出路。

余敦康：这很难。五四的时候，忽然之间，梁漱溟脱颖而出，其实他没有什么学问的。把他请到北大去讲，他没有什么学问。偶然的因素，把他推广出来，社会需要有文化保守主义的代表，他一下子把中国的问题提了一个《东西方文化及其哲学》，一下子提到这个范围来看。其实，他对中国研究得不多，印度就是中国的佛教（的来源）。

干春松：梁漱溟有超级强大的概括能力。

余敦康：不太懂，西方更是不太懂。可是，他能够大而化之地、眼高手低地谈这个问题。《东西方文化及其哲学》，只有把中国的问题放到全世界来讨论，才能够解决。专门从中国是没法解决的，这点他是天才。是不是？

干春松：没错儿。

余敦康：五四运动的时候，中国要现代化，可是中国是个传统社会，传统向现代这个关怎么过？就是过不了。这个是中西比较，这个问题是没法解决的。梁漱溟就解决了这个问题，实际上，我看他是对的。不是中国文化不好，中国文化活法不好，不是不好，活法是对的。西方有西方的活法、印度有印度的活法、中国有中国的活法，就是说这是一个文化核心价值观的问题。是不是？

干春松：对，他用了样态。

余敦康：样态就是活法的问题。后来呢，他说了以后，这个问题当然没有解决。可是，后来雅斯贝尔斯的轴心社会理论，比较接近梁漱溟的说法。

干春松：有点像。

余敦康：雅斯贝尔斯说得不好，我是佩服金岳霖的那个说法。所以，我在文章里面，把金岳霖这个说法，三个大地区的哲学，每一个地区、每一个文化区都有它的核心价值观、都有它最高的哲学概念。中国是道，西方是逻各斯，印度是梵我一如。

干春松：就是那个如何的如？

余敦康：就是如来佛那个如。这三个不一样，可是解决的问题就是一个问题，就是天人的问题。西方解决天人的问题，一个天、一个人，看似对立的。对立的，在人这方面就是认识知识问题，他是以知识为天，他要走向一个科学主义。逻各斯是什么？这要追究逻各斯的问题。所以，这个逻各斯的问题天人各解，所以是很紧张，要探索，对不对？哲学的起因在哪里？

干春松：惊异。

余敦康：对，这是希腊的。印度，梵我一如，梵是大梵，我是神我，可以融合无界，可以长成一个样子。这是什么东西呢？这不是个知识的途径，而是信仰、情感体验的东西。所以，印度哲学走向宗教。中国呢？引用了韩愈的一句话："由是而之焉之谓道。"

干春松：这是韩愈《原道》里的话。

余敦康：对。"博爱之谓仁，行而宜之之谓义，由是而之焉之谓道"。"由是而之焉"这个道的问题，由是而之焉，这是一定和希腊的紧张是一样的，很紧张，这个道是什么啊？我还得找啊，可是我找到以后，就像印度的天人合一那个感觉，是说一种信仰，应该是里面的一个东西，这个问题就可以解决。所以，中国这个哲学，和希腊、印度不一样的就在这个地方，就是把梁漱溟的问题从哲学的角度来解决。情感和理智，希腊的哲学是情感很紧张、理智很紧张；印度的哲学情感很愉快；中国的哲学既愉快又不愉快、既紧张又不紧张，说这些问题。可是，既然这样的话，金岳霖在《论道》这个书里面，他就写了"无极而太极"，根据这个东西来建立一个哲学体系，他一本书就是讲这一句话啊。"无极而太极"，在无极的阶段，就是自然、宇宙、人类，"真善美如"四字规，真善美都是一起的，才建的如。但是，它是个自然状态，不知道。因为无极到太极的中间有一系列的过程，我们人类对这一系列的过程里面有抵触、有矛盾，真善美和假丑恶相联系，如和不如重组相联系。一直等到最后发展，是这么一个过程，这个哲学是终结了。

可是，哲学是终结呢，最后也有一个矛盾，金岳霖是有一套体系，这比梁漱溟就高了，梁漱溟提出问题来了，他是这样来改的。这样的话，他就说要从这个方面来解决这个问题，后来似乎是解决这个问题了，可是解决这个问题以后就解构。一解构，这个问题他就不能再讲了。

梁漱溟在五四那个时候，就是中、希、印，中国、希腊、印度，把印度放在前面来。金岳霖也是的，中国、希腊、印度。五四以来，我们中国一般是没有提伊斯兰。这次，易中天搞的那个大历史，头一个是西方，第二个是伊斯兰，最后是中国，把印度撇开了，把伊斯兰提上来了。最近，习近平谈了中国、美国和欧洲，就是说解决中国要把这三个方面放在一块儿来看。中国是什么？中国和另外两个大文化区是什么关系？今后朝哪个方向走？这里考虑的不是一个细节问题。可是，在我们中国现在来看，特别是有些年轻人，也有一种极端的民族主义，就是一句话，走近激进主义，"中国可以说不"这个思想，可以"不"，美国的东西，我"不"它；欧洲，我可以"不"它，把中国抬出来。所以就是说，我们中国要"七个不准"，不要谈这些玩意，这不是一个解决的方法，我们要提出一个新的看法来。新的看法应该是按照费孝通的说法来说，美人之美。

（原载于《东吴学术》2016年第1期）

用现实眼光看儒学复兴问题

80年代中期，美籍华裔学者杜维明先生来大陆讲学，倡导儒学的复兴。在当时的那种文化氛围下，怀疑反对的居多，响应赞成的甚少。到了90年代，费孝通先生游了一次孔林，引发了一片思绪，感到这个时代在呼唤着新的孔子，并且急切盼望新时代的孔子的出现（见《读书》1992年第9期《孔林片思》）。这就又把儒学复兴的问题提出来了。究竟儒学能否复兴，应否复兴，看来这不只是一个纯粹的学术问题，而且是一个与时代需要密切相关的现实问题，应该引起有识之士的高度重视，把它摆在桌面上来认真讨论一下了。

从学术的角度来说，这个问题过于复杂，涉及的方面太多，从五四以来直到现在，人们见仁见智，发表了各种各样的看法，聚讼纷纭，一时半时恐怕难以做出定论。但是，如果根据生活经验的实际感受，着眼于摆脱当代的困境，重建民族的精神，则儒学复兴既有可能也有必要的问题似乎是不证自明，可以在很大的程度上取得人们的共识，并不像学者所认为的那样，莫衷一是，难以解决。

当代中国所面临的困境确实是很多的，就精神领域而言，主要表现在两个方面。一方面，过去长期奉为圭臬的强调群体以压抑个体的思想虽已受到很大的冲击，但仍然作为一种惯性的力量，束缚着社会的生机与活力。另一方面，适应于商品经济与民主法制的新思想又未建立，社会上充斥着不顾群体而过分膨胀的私欲，以致造成种种贪婪、腐败、堕落的现象，严重地破坏了社会的凝聚力。这就是说，在当代中国，群体压抑个体，个体破坏群体，所有一切负面的精神现象都是由此而产生的。因此，当务之急应该是合理地调整群体与个体的关系，使之形成一种优化的整合。这是一种全面的思考和系统的操作的过程，要从两个方面同时着手，不可只知其一，不知其二。目前有人看到前一方面的弊端，提出用西方的个人主义来对治。有人看到后一方面的弊端，提出用某些第三世界国家所奉行的新权威主义来对治。但是，这种头痛医头、脚痛医脚的对治方法只能产生恶性循环，并不能从根本上摆脱困境。最佳的选择是把这两种设想有机地结合起来，形成一种双向的互动，使个体与群体既相互依存，又相互制约，协调一致，同步发展，实现完美的和谐。一旦这种调整取得成效，我们的民族就会重新焕发出生机，社会就会重新充满了活力，而当代中国精神也将由此喷薄而出。

在中国历史上，儒学之所以成为传统文化的主流，它所表现出来的强大的生命力，关键并不在于儒家学者的那些学术上的论证，而在于落实到人伦日用之常的现实生活层面，不断地调整各种人际关系使之趋于合理化的社会功能。儒家既反对法家采用高压的强制手段处理人际关系的做法，也不赞成道家为了维护个人的自由而逃避社会，回归自然。儒家认为，决不能把群体与个体对立起来，而应该遵循一种相对性的伦理规范，每个人都要根据人与人的相互关系来进行自我约束，这就是儒家所一贯主张的"忠恕之道"，也叫作"中"。"中"是结合两个对立的极端的最佳尺度，能够把各种人际关系处理得恰到好处。这种相对性的伦理规范可以在人与人之间建立相互信任、彼此合作的关系，使整个社会安定团结，欣欣向荣。这就是所谓"和"。因此，可以把儒学的精神简单地归结为"中和"精神。这种精神代表了中国文化的特色，本质上致力于批判和调整，在处理各种关系和事务上积累了许多成功的经验，并且凝结为一种所谓中国的智慧，这种中国的智慧在今天的实际生活中依然大量存在，作为一种文化基因，沉淀在每一个中国人的心理结构之中。当代许多成功的企业家，他们把一个死气沉沉的企业改造得充满生机与活力，其成功的诀窍往往是抓住人际关系的和谐。如果我们多关注一点当代价值的重建而少去从事学术上的争辩，则不仅可以摆脱目前价值失落的困境，而且能为儒学的复兴找到一条切实可行的途径。

（原载于《北京日报》1994年2月3日）

明体达用

——儒学研究中的两个层面

自从改革开放以来，学术界拨乱反正，排除了极"左"思潮的干扰，儒学研究也相应地取得了很大的成绩。虽然没有出现如同三四十年代的梁漱溟、熊十力、冯友兰那样的大师级的人物，但是研究的领域扩大了，探索的问题深入了，并且带有鲜明的时代特色，从总体上看，是大大超过了前人。我在这20年中跟随着时代的浪潮蹒跚地前进，曾经断断续续地写了一些文章，提出了一些看法，在内心深处却始终存在着一个极大的困惑，无法把我的一些零零碎碎的看法形成一个稍能自圆其说的系统。我所感到的困惑，简单说来，就是既不能明儒学之体，也不能达儒学之用。所谓"明体"，是就理论的把握层面而言的，所谓"达用"，是就实际的运用层面而言的。作为一个从事儒学研究的学者，如果对儒学之体缺乏全面清晰明确的把握，尽管在某些个别的问题上钻研颇深，确有所见，实际上也不过是管窥蠡测，蔽于一曲，而暗于大方。此外，儒学并不是死去了的学问，本质上是活着的文化精神，无论就正面或者负面来看，都对现实生活产生促进或者阻碍的强烈影响，如果我们缺乏现实的人文关怀，把儒学看作是古人之陈言，仅仅停留在文字典册上来研究，不去联系实际进行创造性的转化，不去探索有效的操作方法来帮助我们摆脱困境，促进现代化的事业，那么这种研究也就失去了应有的价值，根本不值得去认真从事了。正是由于我在儒学研究中既不能"明体"，又不能"达用"，长期困惑莫解，所以我一直不敢奢谈什么儒学未来发展的走向或者儒学在21世纪的复兴之类的题目。这一次，刘蔚华、王钧林两位先生约我参加笔谈，多次催逼，盛情难却，迫不得已，只好把我多年潜藏于心的困惑隐私和盘托出，向广大的学界同仁虚心求教，以启我愚蒙。

关于"明体"层面，我在80年代中期曾经围绕着"何为儒学"的问题进行了一些探索。这是一个如何对儒学做出高度的概括，下一个带有普适性的定义的问题，属于"元儒学"的范畴。之所以提出这个问题，是因为当时的文化讨论中包括我的朋友在内的许多人过分夸大儒学发展中的阶段性的断裂现象，而忽视其整体精神的延续，只注意各种表现形态上的分殊，而不顾及其本源意义上的同一，认为孔子的儒学不同于董仲舒的儒学，心性儒学不同于经世儒学，政治儒学不同于批判儒学，如此等等。就客观的历史事实而言，这种区分确凿有据，自有一定的道理；至于所谓发生了断裂现象，也是古已有之的成说，不是今人的发明。但是，如果我们只见其异而不见其同，把一部儒学史看成是各种派别、各种主张杂然并陈、相互斗争的历史，这就必然会引发出一个问题：既然如此，为什么这些纷争不已的各家各派仍然紧密联系在一起而统称之为儒学？是否存在一个儒学之体贯穿于各家各派之中而构成儒学的整体精神？把儒学与其他各家严格区别开来的本质特征究竟何在？换句话说，这个问题其实就是如何对统一完整的儒学下一个合适的定义的问题。

自五四以来，人们曾经对儒学下了各种各样的定义，比如"封建专制主义""吃人的礼教""修己治人之学""内圣外王之学""反躬修己之学""心性之学""经世济民之学""道德理想主义""人文主义""仁学""礼学""宗教"等等。在这些形形色色的定义中，"封建专制主义"和"道德理想主义"两种说法至今仍有很大的影响。前一种说法自认为继承了五四精神，站在反传统的立场，对儒学采取否定的态度；后一种说法虽然肯定了儒学的价值，但却消解了蕴含于其中的丰富的社会历史内容，把儒学简缩为极少数知识分子用来追求成圣成贤的心性修养之学，二者皆不免失之于片面。针对这种情况，我也不揣冒昧，对儒学下了一个"封建宗法主义"的定义，试图在"封建"和"宗法"这两个词上做点文章，来概括儒学的整体精神。

我所说的"封建"，指的是长达两千多年的封建社会。中国古代的各种思想，包括先秦的诸子百家以及后来的佛道二教，都是封建社会的产物，打上了"封建"的烙印，儒学也不例外，这是儒学与其他各家的共性。我所说的"宗法"，指的是产生于原始社会父系家长制时期的以血缘亲属为纽带的家族组织和价值观念，到了周代，发展成为一套系统完备的宗法制度。春秋战国时期，中国古代社会由奴隶制向封建制转变，道家、墨家、法家都反对宗法制度，唯独儒家主张以周礼为模式，重建一套适应于封建制需要的新的宗法制度。这才是儒学区别于其他各家的本质特征，也是儒学的独特的个性。儒学的这种封建宗法主义在两千多年的历史长河中，经历了不同的发展阶段，形成了不同的理论形态，比如先秦的原始儒学，两汉经学，宋明理学，清代朴学，一方面是一个动态的结构，开放的体系，不断适应不同历史时期的具体情况而变化，另一方面又是牢牢地坚持其不变的思想核心，体现了强烈的封建宗法的精神。因而儒学的发展是一种多样性的统一，也就是所谓一本而万殊，万殊而一本。

我的这个定义提出以后，有人赞成，也有人反对。反对的理由主要有两点。一点是认为这只是一个社会学的定义，而不是关于儒学本身的定义。另一点是认为我所说的"封建"是根据马克思的五种社会形态的理论模式立论的，把这种模式硬套在中国的历史上，并不适合，比如中国历史上是否存在一个奴隶社会的发展阶段是大可怀疑的，秦汉以后建立在郡县制基础上的中央集权体制也与西方中世纪的封建社会有很大的不同。对于第一点的批评，我不敢苟同，可以做一些辩解；至于第二点，则引发我长期的思考，至今未能做出积极的回应。

我认为，所谓"宗法"，本质上是一个社会学的范畴。在父系家长制时期，血缘亲属关系事实上是当时人们唯一重要的社会关系。这种关系一方面按照血缘的亲疏厚薄区分不同的等级地位，同时又以天然的骨肉感情把人们亲密地团结在一起，由此而派生出"尊尊"和"亲亲"两个既对立又统一的具有张力结构的价值原则。尊尊的原则着眼于"别异"，这是礼的本质。亲亲的原则着眼于"合同"，这是乐的本质。合同者，以爱心促使人际关系和谐融洽，结为一体，谓之曰仁。别异者，辨别上下贵贱男女亲疏之分，合乎事物之所宜，谓之曰义。因而儒学中的一套仁义礼乐的思想，只有联系到宗法性的社会结构才能找到合理的解释。由于这种宗法性的社会结构在中国历史上长期存在，所以儒学也就相应地具有顽强的生命力，一直居于主导的地位支配着中国的精神生活，历久而不衰。宋代理学把仁义礼乐提到宇宙论和本体论的高度进行哲学的论证，称之为"天地之序"与"天地之和"。序是秩序，本于尊尊的原则；和是和谐，本于亲亲的原则。照理学家看来，天地万物，社会人伦，不能没有秩序，也不能没有和谐，和谐必以秩序为前提，秩序必以和谐为依归，此二者的有机结合既是万事万物的本然的状态，也是应该随时调整奋力追求的理想目标。通过理学家的论证，儒学建构了一套完整的天人合一的文化价值理想。这套价值理想不仅是道德理想，而且是社会理想、政治理想、宇宙理想。由此看来，所谓儒学之体，就是仁义礼乐历万世而不可变者，就其发生学的意义而言，本于宗法性的社会结构，就其哲学本体论的意义而言，无非是一个"序"字与一个"和"字，因而"宗法主义"既是儒学的一个社会学的定义，也可以用来概括儒学本身的整体精神。

但是，在"宗法主义"的上面再加上一个"封建"的定语，儒学的那一套价值理想就不免打了很大的折扣，失去应有的合法性了。因为所谓"封建"，指的是一个落后的社会形态，必须打倒，用"资本主义"或"社会主义"取而代之。既然如此，尽管费尽心力证明儒学之体确有一种价值理想，这种价值理想也只能适用于古代，而不能适用于现代。学术界许多人为了摆脱这种理论上的困境，提出了一个较为圆通的说法，认为儒学既有时代性，又有民族性。就时代性而言固然是落后，应该批判，但就民族性而言，却是不能完全否定，可以继承的。这么说来，那么究竟什么是中国的民族性呢？民族性强调的是历史的延续性，时代性立足于五种社会形态的理论模式，强调的是发展阶段上的断裂性，这是两种不同的历史观，显然是很难调和的。为了从民族性的角度来论证儒学价值理想的合法性，应该有一个更加宏阔的世界史的视野，把中国的民族文化与世界上其他的民族文化进行比较，并且运用文化人类学的方法探索中国民族文化生成的特殊的途径和发展的规律，如果简单地套用五种社会形态的理论模式，削足适履，实际上也就从根本上抹杀了中国文化的民族性。从90年代开始，我主要围绕着这个问题进行探索，因为儒学不仅有一个价值之体，更重要的还有一个民族历史文化之体，如果说我对价值之体的研究是一种社会学和哲学的研究，那么对文化之体的探索则是进入文化史学的范畴了。由于我对这个问题至今仍处于困惑之中，所以80年代所提的那个"封建宗法主义"的定义也就弃而不用，不敢坚持了。

关于儒学存在的合法性的问题，自孔子创立儒学之日起，就有一个十分明确的说法。孔子自称"述而不作"，《中庸》曰："仲尼祖述尧舜，宪章文武"。这是认为，儒学合法性的根据不是宗教，不是哲学，也不是伦理，而是中国长期发展而来的历史文化。后来《大戴礼记》的《五帝德》《帝系》、《史记》中的《五帝本纪》由尧舜往上推到五帝，《周易·系辞》《白虎通·圣人》再往上推到三皇。这套由三皇、五帝、三王所构成的古史系统既是中国传统史学之所本，也是牢固地站在历史文化的立场对儒学存在的合法性的证明。唐代韩愈提出了道统说，着眼于仁与义的价值理想层面，编排了一个尧舜禹汤文武周公孔子的传授系统。到了宋代，石介在《复古制》中，着眼于礼乐制度的创作层面，加上伏羲、神农、黄帝三人，提出了十一个圣人的传授系统。张载在《正蒙·作者篇》中为儒学编排了一个新的道统，认为中国文化的创作者仅有伏羲、神农、黄帝、尧、舜、禹、汤七人。在中国文化史上，伏羲始服牛乘马，创造了畜牧业；神农始教民稼穑，创造了农业；黄帝始正名百物，在此物质文明的基础上创造了制度文明与精神文明；尧始推位，舜始封禅，尧以德，禹以功，汤始革命，进一步创造了政治文明。因此，作为中国文化的完整的体系，包括物质生产、礼乐制度、价值规范和政治运作各个层面，通过这七位圣人的创作，业已定型。虽然孔子的儒学集道统之大成，但却是遵循知礼成性的程序，好古敏求的努力，才臻于德盛仁熟之境，就其思想核心而言，乃是对这个文化体系的全面的继承。张载满怀信心地指出，这种由孔子的儒学所全面继承的文化，可以传之久远，为万世开太平。因而儒学道统的承传也就是对整个中国文化的承传。儒学道统的合法性建立在三皇、五帝、三王的古史系统之上。这套古史系统凝结了古代中国人的历史记忆，代表了古代中国人的文化自觉。历代的儒家对中国的历史文化普遍地怀有虔诚崇敬之心，无一例外，并且以斯文自任，以继往圣之绝学作为自己神圣的职责。由此看来，贯穿于历代儒学中的整体精神也在很大程度上体现了中国文化的精神。

但是，自晚清以来，西学东渐，在西方的强势文化的冲击之下，中国人逐渐地对自己的民族文化丧失了自信，就历史观而言，也发生了根本的转变。古史辨派引进了西方的科学实证主义的历史观，把中国原有的一套古史系统看作是层层累积的伪造，认为儒学的道统完全是虚构，于是包括儒学在内的整个中国文化便一起失去了存在的合法性。继之而起的新史学派用适用于西方的五种社会形态的理论模式来剪裁中国的历史，虽然能对儒学和中国文化的时代性有所说明，却无法解释其独具一格的民族性。在这长达一百多年的时段中，几乎所有关心儒学和中国文化命运的有识之士，都陷入了如同王国维所感叹的"可爱者不可信，可信者又不可爱"的深刻的矛盾之中。我一直认为，造成这种矛盾的关键，是一个历史观的问题。西方的历史观虽然自诩为科学，实质上是一种西方中心论，如果因其为科学而信之，势必会贬低中国的文化而损害中国人的感情，不可能迫使自己崇洋媚外而爱之。反过来说，中国五千多年的历史所创造的丰富灿烂的文化，虽然是中国人朝夕生活于其中而不可须臾脱离的文化存在方式，在最深的层次上与中国人的感情血肉相连，可爱之极，但是由于原有的古史系统所构成的历史观无法令人信服地证明其存在的合法性，所以可爱而不可信。关于儒学研究的困境也是由这个问题所引起的。从文化人类学的角度来看，每一个民族的远古的历史记忆是不能轻易抹杀的，社会形态可以有变化，而文化本身却自有其整体的结构和本质的特征，这是不受时代的影响，根深蒂固，万古常新的。因此，为了摆脱我们面临的困境，必须建构一个新型的历史观来证明中国的历史文化既可爱又可信。这种新型的历史观不同于西方中心论的理论模式，但也不同于古代中国屹立于世界民族之林的中国中心论，而是用一种全球意识和全球眼光来全面地审视中国的历史，目的在于促使民族文化的复兴，以自己的一套独特的话语系统参与世界性的平等的对话。归结起来，这也就是一个何为中国文化之体的问题。如果我们从事儒学研究，仅仅局限于阐明其社会学意义的本体，或者阐明其道德理想乃至其哲学思辨的本体，而不着眼于整个中国的历史文化阐明其本源性之体，那么对儒学本身也就很难取得突破性的进展。

在古代的儒学中，由体以达用，由用以明体，这是普遍的共识，因而儒学广泛地参与了当时的政治、经济、家庭、社会的全面的运作，发挥了应有的批判调整的功能，创造了广义的文化。只是到了现代，儒学的声望一落千丈，被视为现代化的阻力，弃之如敝屣，所谓"达用"当然也就无从谈起了。但是，作为一种民族的文化，一种长期积淀的文化心理和价值观念，儒学仍然在现实的生活中以一种潜藏的状态继续存在，并且影响着现代化的进程。值得注意的是，儒学的这种存在和影响并不特别表现在从事儒学研究的学院派的知识分子之中，而是表现在与儒学无缘的广大的民众之中。我对此感到困惑，相应地，虽然研究了多年的儒学，在"达用"层面，却是毫无建树。从理论的角度来看，"明体"是第一位的，只有"明体"，然后才能"达用"。但是，从现实操作的角度来看，"达用"更为重要，如果不能"达用"，也就无从"明体"。因为儒学的生命力以及进一步的发展，关键并不在于学者的理论上的阐明，而在于对现实生活所发挥的功能。在当代的中国，农村中的家庭联产承包制事实上就有儒学的影响；企业中所推行的一套有中国特色的企业管理模式，儒学的影响也是显而易见的；家庭关系以及各种人际关系中所奉行的价值观念，更是普遍地渗透着儒学的影响；至于国家的行政管理，民主法制的建设，处理国际关系的准则，随时随处也都可以找到儒学影响的蛛丝马迹。只是所有这些都处于一种所谓"集体无意识"的状态，并没有形成一种文化自觉的意识。我们这些关在书斋中做学问的学者，对这些视而不见，不去联系实际从事"达用"层面的研究，应该说是一个很大的缺陷。如果我们转换一下思路，把"明体"与"达用"有机结合起来，开发出一套应用性的儒学，是完全可以如同科技那样转化为一种生产力，促进我们的现代化的事业。

（原载于《孔子研究》1999年第3期）

关于儒教的研究

儒教的名目古已有之,但能不能算作一种宗教,在宗教所内是否应设立一个儒教研究室,这两个问题性质不同,却相互关联。如果对第一个问题做肯定的回答,则宗教所设立儒教室进行专门研究,自是理所当然。反之,如果儒教并非真正的宗教,只是指把儒家的思想用于教化之意,那么宗教所就没有必要设立儒教室。而研究儒教的人也应该另找婆家,自谋生路,或者干脆改行去从事其他什么教如佛教、道教之类的研究。这些问题过去在私下曾经有一些谈论,但没有公开提到桌面上来讨论。从私下的谈论来看,大体上都是把学术问题和机构设置的人事问题联系在一起,从而形成了以上两种不同的看法。

我个人却持有另一种看法。就学术问题而言,我不认为儒教是一种宗教,但就机构的设置而言,我认为宗教所完全有必要设立一个儒教室,儒教室也只有设在宗教所内才算找到了自己合适的地位。关于儒教能不能算作一种宗教,作为一个纯粹的学术问题,见仁见智,是可以长期争论下去的,一时半时恐怕难以做出定论,实际上也不必有什么定论。但是,儒教(或称儒学)在中国传统文化中一直居于主流地位,并且从总体上规定了包括宗教文化在内的传统文化的面貌,却是一个不争的事实,许多有识之士对这一点都达成了共识。儒教的思想基调是入世的,关注的重点在于现实世界的人伦日用之常。这种世俗性的特点对中国宗教文化的发展产生了极为深远的影响。佛教的中国化,道教与佛教抗衡之所以立于不败之地,伊斯兰教以及基督教在中国的传播、演变,都和接受儒教的影响有着十分密切的关系。如果不充分估计这种影响,忽视儒教的研究,便无从深入准确地把握中国宗教文化的特点。宗教所的研究对象虽说是世界宗教,研究的目的却主要是为了中国，即建立一个适应于中国的国情特点的宗教学的体系，找出中国的各种宗教以及一些世界性的宗教在中国这块土地上发展演变的根本规律。为了达到这个目的，加强儒教的研究，开展儒教室与其他研究室的横向联系和学术交流，就是一个重要的战略措施。因此，宗教所设立儒教室是必要的，如果认为儒教并非宗教，不值得研究，将会对为其他宗教研究提供宏观的文化背景的问题上造成损害。从另一方面来看，自魏晋南北朝以来，中国的传统文化形成了一种儒、释、道三教鼎立以至三教合流的格局，自明末以来，基督教与儒教发生了各种复杂微妙的关系，因而儒教的发展演变与其他各种宗教一直是关系密切，相互影响，相互制约，难舍难分，不可分割。如果脱离这种关系而孤立地研究儒教，必将流入肤浅片面，视野偏狭，思想僵化，不仅无法把握中国文化的全貌，也难以了解儒教的本身。因此，我认为，研究儒教的人只有置身于宗教所这样的学术环境之中，经常吸收各方面的思想营养，感受到宗教研究的气氛，耳濡目染，才能逐渐加深对儒教本质的了解，提高自己的研究水平。如果换一个其他的什么地方，大概都不大合适。

西方的一些学者常常把中国称为儒教国家，但是究竟什么叫儒教，无论是西方学者或是中国学者，谁也没有说出个所以然。随着中国国力的增强，中国的文化也走向世界，参与世界性的文化交流了。我觉得，关于儒教的研究应该提到议事日程上来并给予高度的重视。为了使这项研究取得突破性的进展，不能停留于过去的那种手工业式的操作方式，而应该组织各方面的人力从事多学科的综合研究，包括宗教学、哲学、史学、文化人类学、经济学等等。社会科学院作为全国最高的研究机构，人才济济，拥有这种综合研究的优势，承担这个任务，应该是责无旁贷的。至于是否认为开展这项研究具有迫切的必要性，则是一个见仁见智的问题了。

（原载于《世界宗教研究》1994年第4期）

当代视野下的中国文化

什么叫"当代视野下的中国文化",当代是指 21 世纪,我们这些老人刚刚跨越了 20 世纪,我们这个 20 世纪下的老人讲"当代视野下的中国文化"有一点力不从心,所以我讲一讲我自己的体会。因为我在 20 世纪生活了 70 年,我受的教育也多半在 20 世纪,50 年代初我就进大学。我充分地感受到一个中国人对中国文化的矛盾的态度,如果不了解这个历史,你就很难再讲"当代视野下的中国文化",很难讲 21 世纪的中国文化是一个什么样的前景,这是一个非常非常奇怪的事。拿全世界来说,中国人对中国自己的文化,在 20 世纪,这个矛盾的态度,可以说是所有的民族都没有的,西方没有、印度没有、日本没有,唯独中国有。自己作为一个中国人,拼命地反对中国的文化,骂中国文化,你看这是一个什么样的态度。

国人对中国文化的矛盾

就说胡适吧,他就矛盾,他自己在美国留学,学了一套美国的思想,把美国的实用主义都搬过来,全盘西化也是他提出来的,可是他自己就听从他母亲的教导,因为他父亲早死,他母亲把他培养大然后送他去留学,他母亲为他包办婚姻,为他找了一个不识字的女人,让他赶紧回来。那个时候胡适正在谈恋爱,找了一个美国人,叫威廉姆斯,很漂亮的,那个时候他认为是婚姻自由,可是他的母亲一定要他和那个张忠秀结婚,他是不愿意的,但是他还是老老实实地回来和张忠秀结婚了,因为她的母亲喜欢这个女人。一辈子生了好几个孩子,一辈子的事,所以他还是很矛盾。还有吴又陵,他虽然是打倒孔,他在家里所有的一切一切都是完全遵照孔夫子的教导，那是中国的传统，作为一个中国人他不能不这样做。他矛盾得很，所以全盘西化派的人，他理智上觉得西方的东西是好，应该是全盘西化，但作为一个中国人来说，他始终是一个中国人，丢不掉中国的文化、道德所有的那些东西。这就是20世纪所有搞中国文化的人一个不能解决的矛盾，这个矛盾像我们这一代人，不说完备了，还是存在的。

我再举一个例子，我认识一位教授，杨先生，过去清华大学的教授，后来是北京大学哲学系的主任，我的老师。他是完全按照西方的模式来搞哲学，叫分析哲学，他分析哲学已经搞得达到了国际水平，比英国人、美国人搞得还好，但是搞来搞去是西方那一套，不行他说那不是我们中国人崇尚的哲学，后来他转过来专门研究中国的哲学：他就写了另外一本书叫《论道》。这个"道"，他说：我作为一个中国人，在西方的哲学当中我是不能安身立命的。他写了一个《论道》，完全是中国式的，就是一个全盘西化派，一定要转回来认同中国的文化。可是当时这个矛盾在哪个地方呢？拿中国的学问和西方的学问来比较，究竟哪个好，哪个不好，这个问题到现在还没有解决。杨先生把中国的文化，西方文化和印度的文化结合在一起，东方的文化是差一点，西方的文化是向上的，是积极进取的，中国的文化不像西方文化说的什么政府的。他说："西方的政府是有一个限度的。"现在我看杨先生觉得他非常有高瞻远瞩，西方文化已经走到他自己的困境来了，而中国文化正在平和地高涨。当时这个问题没有解决，马上进入到抗日战争了，抗日战争是中国民族最大的劫难，中华民族已经到了最危险的时候了。北京大学、清华大学、南开大学一下子全部搬到南方去了，中国的文化南渡不是好事，凡是南渡就是由北方逃到南方去的，一个一个都灭亡了。比方说南宋，南宋不行，南北朝也不行；明朝到了南宁，从北京逃到南方，广西这些地方，也是灭亡了。那个时候北京大学的很多教授提出了问题，中国人被迫南渡是不是回不来了呢？回不来就是亡国了，他说不行，一定要回来。

另外一部分保存中国国粹的那些人也是想中国富强，所以为什么中国文化那么好，为什么中国人老是被人欺负，这是一个大问题，你说中国文化那么好，博大精深，五千年，为什么打不过日本？在20世纪全球竞争当中，中国落后了，这是事实。中国人怎么样能够帮助中国复兴呢，鲁迅当时说了，传统很好，也就是说，传统如果不能够让我们生存，不能让我们发展，再好的传统也没有用。所以文化不是一个优和劣的问题，西方文化好，不是西方文化好，而是西方文化强。有些人说中国文化不好，那不是说中国文化就是劣种，不是那个意思，是中国文化暂时还没有在这个20世纪的国际领域当中帮助中国人自己复兴。

如何看待中国文化

由于20世纪一直没有很好地解决这个问题，所以发展到"文革"，那是中国一个很大的劫难。秦始皇焚书坑儒，那是很少的人，坑了四百多人。焚的都是对秦朝不利的书，农业等很多方面的书。但是很多好书，都保留下来了。但是"文化大革命"就觉得好像是反对中国的文化中国就会好似的，但是错了，我们究竟如何来看待中国文化，我们在座的都知道，"文革"期间国内当时也有两派势力，一派势力就是接受全盘西化派的那一派，就是叫河殇派。在中央电视台播出来七八集，看起来惊心动魄。中国的文化是一个黄土的文化，而西方的文化是海洋文化，是蓝色的文化，中国的文化就是封闭保守的，以万里长城为代表的中国文化和世界隔绝了，所以中国的文化要走向世界这是最大的阻力。与此同时，北京大学汤一介先生和梁漱溟先生等等，很多先生在北京大学组建了一个中国文化书院，希望保留中国文化的种子。那个时候就提出来究竟是走河殇派，还是继承中国的传统文化呢？后来这个问题没有解决，这是80年代的事，到了90年代的时候，国内也有两派，有中国文化书院保存中国的思想掀起了一个"北学热"，北京大学季羡林先生是代表，研究"北学"不是国粹吗，这是搞什么名堂？我们中国还是回到过去，中国要走向前，要向世界前进，走向世界应该是向什么样的世界前进呢？是走欧美的道路（就是自由主义派），还是走马克思主义的道路，一直到现在，完全是中国化的马克思主义了，这里有很多的中国文化在里面。有中国的特色，什么特色？中国的国情是什么？自由主义搬过来也不行，不行在哪里呢？苏联解体是个教训，大教训，戈尔巴乔夫他把斯大林摧毁了以后，列宁新上台，一夜之间由旧的计划经济转为市场经济，什么叫自由主义，西方的，那是一个最大的经济学家，他说自由主义是自由自在地生长起来的东西，中国不适合搞计划经济，但是把市场经济搬过来行吗？全盘西化派想把这个东西搬过来结果也不行。

21世纪是中国的世纪

经过这样的艰难曲折，忽然之间就跨过20世纪了，我也糊里糊涂的就过来了，过来之后，中国崛起了，全世界都觉得中国了不起了，没有哪一个国家说中国不好，还预言2030年或者2051年就超过美国了，成为世界老大了。你拿1900年和2001年这一百年来对比，1900年是八国联军那一年，八国联军那一年旧中国就亡国了。2000年用西方的话来说这是千禧年，所以季羡林先生说21世纪就是中国的世纪，世界的文化不是东风压倒西风，就是西风压倒东方，21世纪就是东风压倒西风的时候了。由于中国国力的增强，把中国的文化一下子提到世界文化的道路，使得全世界另眼相看了，这和20世纪的时候完全不一样了。我刚才说的那些话都是我的老话，现在你们所面对的是21世纪的新话，就是面对着21世纪，东风压倒西风不一定？季羡林先生的话，我们打个小小的问号，以后再来说这个事就是说随着中国国力的增强，中国文化的地位提高了，文化优和劣的问题不存在了。过去中国最高层的精英分子，那时候精英分子一直在争论究竟是西方文化好还是中国文化好，你认为这个问题有没有争论的必要，这个问题不争论，争论是争论不出来的，这叫公说公有理，婆说婆有理，是争不出什么结论的，很简单的一个道理，中国经济起飞了，在世界上取得了非常重要的地位，能够在全世界当中举足轻重。既然中国举足轻重，那中国的文化不要问它劣不劣，因为如果一个劣的文化怎么会有这么大的力量，但是好在哪里了呢？你们知道吗，我们搞文化的人，搞了这么多年，还是说不出一二三来，所以很多有识之士就提出来。到了21世纪的时候，中国需要一个文化的自觉，每个人都知道我是中国人，有一个中国心，对中国的文化我们有一种热爱之情，因为它能够指导我们的生活方式走向世界。这是精神的力量而且还是精神的支柱，如果是过去，看到外国人，尤其西方人，总觉得比他矮一头，现在我看到外国人总觉得比他高。这就是自信的问题。当年鲁迅先生就写了一篇很好的文章，文化界的什么文章？《中国人失掉自信力了吗》，中国丧失了自信吗？没有的。在过去各种苦难的年代中国人从来都没有丧失过自信，一个民族的个体对这个文化如果丧失了自信的话，就开除了国籍——不是中国人了。

中国文化的传承

我们现在重新来读这篇文章，现在我们应该走一条什么样的道路呢？有对中国文化的热爱，再进一步在理论上、知识上升华，升华到一种信心，一定要走这么一条道路，但是两年前我在别的地方也经常讲，中国现在可以用三句话来说，有人说的，不一定是我说的，中国现在面临的什么问题呢？经济是起飞的，政治滞后了，政治改革没有到位，特别是邓小平同志百年诞辰，很多报纸都登，邓小平同志留下了没有完成的心愿，什么心愿呢，就是政治没有改革完，这个问题就留下来我们现在解决，四中全会就把这个问题提出来了，但是和经济是不配套的，是滞后的，经济起飞了，政治跟不上。还有一个大问题在哪里？文化的思路，这可是一个严重的问题，经济起飞，政治跟上去了，可是一个经济大国、政治大国却没有自己的文化，那是一个什么国家？那是中国吗？什么叫中国？中国最根本的是文化。现在很多人把文化看成唱歌跳舞，演什么昆曲叫挽救文化等等，那个是文化吗？如果把文化归结为那个文化行吗？还搞什么茶文化，酒文化，如果把文化搞成这样的名堂，那就不是文化了。文化战略的问题很重要，我们现在作为一个中国人，怎么样走向世界，面对其他的国家？

前几天看了一份报纸，说中国人跑到阿联酋去，跑到那里干什么你们知道吗？赌博。阿联酋是伊斯兰教的国家，是禁止赌博的，我们中国人哪里不能赌博，跑到那里去赌博。文化自觉现在也被提上了议事日程了，是必须要解决的问题。为什么在深圳这个地方？深圳要有这个领风气之先的观念，这个我以后还要专门写文章。150多年来一个半世纪，中国的文化推动者是广东，然后和香港都搞好了关系。康有为是广东人，孙中山也是广东人，改革开放也是从深圳开始，建立了特区，这个文化和世界的文化打开了一个窗口，中国的文化具有非常大的包容性、开放性。所以站在这个角度，回过头来我们重新审视中国的传统文化，一定要有新观念，不要在文化的优劣方面做文章，没有什么优劣的，文化本身就是力量的背景。在这个时候，我们要理直气壮地把它搬到世界格局的大潮中。

这个会议主要安排的课程有五讲，儒家的，道家的，佛教的，还有《周易》和《孙子兵法》，这五个方面包含了过去中国传统文化几千年所形成的综合的东西，是有机构成。大家必须想一想，为什么中国老是说儒、释、道三教合流呢？为什么别的国家，没有来一个合流不合流呢？基督教和伊斯兰教就没法合流，基督教中间，新教旧教不能合流，伊斯兰教的两个派不能合流，我们中国人为什么搞合流呢？就是你好我好，大家都好。这个东西是中国文化最大的特点，也是最大的优点。我们中国人是最聪明、最有智慧的，邓小平同志搞的改革开放，就是受这个影响，早在50年代周总理第一次提出来了求同存异，那个时候周总理提出求同存异到现在成为国际关系的根本。重要一点，邓小平又提出了"一国两制"，"一国两制"和求同存异好像没有什么区别，社会主义和资本主义就是求同存异，佛也好，道也好，都能够合流，合流以后就构成了一个多元化。普京现在面临车臣的问题，在中国来解决是很好解决的，他就是搞个很小名堂，不能存异，不许搞单边主义，他也不能存异了，不行的。中国能够把这个搞在一块儿，中国的文化体现在这几个方面，这个优点也是我们行政管理，行政官员包括老百姓生活在内，而且中国的文化几千年来是全世界所固有的支撑体系。五千年来，全世界找一找，伊拉克过去是巴比伦文化，现在变成伊斯兰了。印度的文化也是古老的，可是印度早在三千年前自己的文化就没有了，它是雅利安的文化。希腊文化在哪里？我们在希腊看奥运会，古希腊的文化没有了。中国文化的生命力极为顽强，而且顽强到什么程度呢？顽强到一直在海外住了多年的华人还是叫作华人。这个文化渗透到每一个中国人的生活里面，不是乡村的老太婆，制度的载体用语言说出来了，政治家就要把文化的精神用一种决策制定政策，所以中国的文化是上下左右全方位的贯彻，我们今天最后来讲一讲给大家增加信心，21世纪中国的文化复兴是不是有希望？这个希望还是有的。

（原载于《招商周刊》2004年第38期）

宗教的文化内涵与社会功能

西方新教伦理导出资本主义精神和理性的资本主义，而中国的儒教与道教为什么严重地阻碍了中国资本主义的发展？这是德国的宗教社会学家马克斯·韦伯在他的名著《新教伦理与资本主义精神》和《儒教与道教》中着重探讨的两个问题。关于第一个问题，韦伯的研究取得了举世瞩目的成就，关于第二个问题，却被人们评价为"伟大的外行"。韦伯不懂中文，只是依据一些不完全的翻译材料站在欧洲中心主义的立场来看中国，自然是雾中看花，隔了一层，免不了说出一些外行话。但是，韦伯强调宗教的文化内涵与社会功能，指出中国自明清以来之所以落后于西方，关键不在于物质条件，而在于中国的宗教缺乏一种类似于西方新教伦理的理性主义作为精神的驱动力。韦伯的这个看法具有极大的启发性，也具有极大的挑战性，不能不承认他确实是一个伟大的"外行"。

西方学术界在50年代兴起了"韦伯热"，60年代扩展到日本和东亚地区。直到80年代，中国大陆的学人才开始知道除了卡尔·马克思以外，还有一个马克斯·韦伯，但却未能形成一股"韦伯热"，特别是在宗教学界没有引起什么积极的回应。我觉得，无论从理论还是从现实的角度看，中国大陆的学人现在应该是关注一下韦伯所提出的问题，尽快地改变这种滞后的状况，去参与世界性的学术对话了。

1964年，德国海德堡举行了韦伯100周年诞辰纪念大会，会上展开了十分激烈的争论。吕大吉同志在他的新著《西方宗教学说史》中介绍说："这种争论主要围绕着两个有重大学术意义的问题，第一个问题是历史学的问题：基督新教的教义和伦理，究竟在多大程度上影响过资本主义的形成？第二个问题是社会学上的问题：对经济行为的理解，究竟应在什么情况下参照人们的宗教信仰和行为者的社会制度？在经济的人和宗教的人之间究竟有一种什么样的关系？"这两个问题实际上就是韦伯的宗教社会学在理论层面所提出的核心问题。韦伯企图搞出一套精神与物质互动的理论模式，把宗教伦理与社会经济的发展紧密联系起来，用来解释既成的历史事实。但是，韦伯的理论是不彻底的，有时由于过分地强调精神的因素而与马克思主义的唯物史观相对立，有时又由于重视物质条件的分析而与唯物史观形成了某种互补。韦伯曾经指出："我们必须消除这样一种想法，即宗教改革，作为一种历史的必然结果，或许可以从某些经济变革中推断出来。"这明显地表现出对唯物史观的不满。但是，另一方面，韦伯又指出："我们根本不打算坚持这样一种愚蠢的教条主义的论点，即资本主义精神的产生仅仅是宗教改革的某些作用的结果，或甚至认为资本主义作为一种经济制度是宗教改革的造物。""相反，我们只是希望弄清楚宗教力量是否在什么程度上影响了资本主义精神的质的形成及其在全世界的量的传播。更进一步地说，我们的资本主义文化究竟在哪些具体方面可以从宗教力量中找到解释。考虑到物质基础、社会政治组织形式和宗教改革时期流行的观念之间相互影响的极其混乱状态，我们只能从研究宗教信仰形式和实际伦理道德观念之间是否存在和在哪些方面存在相互关联开始。"（见《新教伦理与资本主义精神》）韦伯的这个着眼点与唯物史观是并不相悖的。照韦伯看来，资本主义不仅是一种经济制度，而且是一种文化体系，在这种文化体系中所贯穿的理性主义的精神，是由基督新教的禁欲主义的宗教伦理所提供的。因此，韦伯一方面高度评价新教伦理在资本主义形成过程中的作用，另一方面也充分估计到新教伦理所受到整个社会条件，特别是经济条件的影响，既反对对资本主义所做的片面的唯灵论的因果解释，也反对同样片面的唯物论解释。由于每一种解释都无法穷尽历史的真相，揭示全面的真理，所以韦伯的研究结论不尽如人意之处是很多的，1964年纪念大会上人们围绕着历史学和社会学的两个问题展开激烈的争论，自是情理中事。韦伯称他的理论为"理解的社会学"，与马克思不同，关注的不是如何改造世界，而是如何解释世界。就他对西方资本主义既成的历史事实的解释而言，他提倡学术上的"价值中立性"，通过对大量经验材料的冷静的研究，具体地指明宗教改革以前与宗教改革以后的各种宗教所起的不同的作用，而不像马克思那样，站在无产阶级革命的立场，一般地把宗教归入意识形态的范畴，看作是"人民的鸦片"，认为宗教的社会功能就是对人民的麻醉。从西方资本主义延续数百年的发展来看，基督新教所起的正面的促进作用是不可忽视的，韦伯的解释持之有故，言之成理。他所建立的一套宗教社会学的理论与方法，启发了人们的思路，开辟了一个全新的研究领域，可以帮助我们对作为一种社会文化现象的宗教去做更深入全面的思考。

韦伯的《儒教与道教》发表于1916年，正值五四运动的前夕，当时的中国尚处于前资本主义阶段。他的这部谈论中国宗教问题的著作也是对既成的历史事实的一种解释，韦伯曾经十分谦逊地指出，他不是汉学方面的行家里手，只能被迫依赖翻译文献和一些常常引起纷争的专著，因而他的研究无疑具有一种暂时的性质，是注定要被更替的。韦伯通过对当时西方业已进入资本主义而中国尚未进入资本主义两个既成的历史事实的比较研究，提出了一个带有商榷性的论点，认为中国的儒教与道教是走向现代化的严重的精神阻力。韦伯的研究到此为止，作为一个严谨的学者，他甘愿以外行自居，不想把自己降为预言家的附庸，所以也就没有为中国指示一条如何走向现代化之路。值得注意的是，韦伯的这个论点与中国五四时期的反传统的思潮有着惊人的类似。不同的是，韦伯认为他的论点有待于商榷，甚至可以被取代，而中国的那些反传统的思想家却抱有高度的确信，自以为找到了绝对的真理；韦伯并没有依据这个论点来预言中国命运的道路，而五四时期的许多人却由此而坚决主张，否定传统，全盘西化，是中国今后的必由之路。历史往往是喜欢跟人开玩笑的。二战以后，特别是60年代以后，东亚地区经济的腾飞，许许多多新的历史事实证明了韦伯的论点站不住脚，而中国的反传统的思潮虽然在整个20世纪时起时伏，持续不断，也是处于难以为继的困境。我们可以设想一下，如果韦伯能够生活到今天，他是会本着他所固有的学者的良知和诚实，对所有这些新的历史事实重新研究来进一步修正他的论点，使之更加完善的。至于我们活到现在的中国人，拥有韦伯所从未体验到的各种各样惨痛坎坷的历史经验，来重读韦伯在20世纪初所说的一番伟大的外行话，虽然不免会感到一种难以言状的苦涩，但却能从理论上和现实上激发我们做深层的思考，学习韦伯所高扬的那种理性主义的精神，来重新认识中国的过去，探索中国的未来。

就理论的层面而言，韦伯在《儒教与道教》中首先是背离了他自己所拟订的方法论的原则。前面说过，韦伯的宗教社会学是企图搞出一套精神与物质互动的理论模式，把宗教伦理与社会经济的发展紧密联系起来，因而既反对片面的唯灵论，也反对片面的唯物论（即经济决定论），韦伯的这个方法论的原则其实就是马克思主义的唯物史观所一贯主张的。由于韦伯对中国的历史情况所知不多，也由于贯彻这个原则的诸多实际的困难，结果使得韦伯在这部著作中既陷入了片面的唯物论，也陷入了片面的唯灵论。韦伯开始是用了四章的巨大篇幅分析中国的社会学的基础，只考虑到物质因素而很少考虑到精神因素，特别是没有考虑到二者之间的互动关系。韦伯涉及的方面极为广泛，包括货币制度、城市制度、农业制度、政治制度、军队组织与氏族组织等等，与其说是对中国的历史情况的一种动态的分析，不如说是以西方社会中的这些制度组织为参照系对中国所做的一种静态的比较。韦伯通过这种比较得出结论说，在西方社会中，这些制度组织产生了西方所特有的理性的企业资本主义，但在中国的社会中却不可能产生。这个看法实际上就是韦伯所一向反对的片面的唯物论。第二篇和第三篇是本书的主题。在论述儒教与道教时，韦伯又走向另一个极端，只考虑到精神因素而很少考虑到物质因素，当然也没有考虑到二者之间的互动关系。韦伯的这种论述也不是分析，而是一种比较，是拿西方的基督新教来和中国的宗教作比较，是精神与精神的比较，通过这种比较，韦伯认为，基督新教是外在的超越，中国的宗教是内在的超越，外在的超越强调征服世界，控制世界；内在的超越强调适应世界，顺从世界，因而前者改造了传统，后者则是传统主义的。此外，基督新教解除了魔幻，儒教摆脱巫术的程度则相当不彻底，道教中的神秘主义和巫术色彩与儒教相比保留得更多，韦伯由此得出了一个精神决定论的结论，认为中国社会的发展之所以落后，不能走向现代化，是由中国的儒教与道教中的种种缺陷所决定的。这明显是一种片面的唯灵论的观点了。

关于韦伯对中国宗教的研究所引发的理论问题还有很多很多，可以列出一个长长的清单，对中国的学者来说，几乎每一个问题都是一个严峻的挑战，迫使我们认真研究，做出正面的回答。这种研究不仅具有理论的意义，而且具有很大的现实意义。比如韦伯根据他的精神与物质互动的理论模式，强调由宗教观念所引起的经济伦理对塑造一种经济制度的社会精神气质的重要性，这个问题一直未能受到我们应有的重视。人们常常谈论中国的特色，但是大多只着眼于物质经济层面，很少注意精神文化层面，见物而不见人，由此也就不能正确地评价中国的各种宗教在现实生活中的作用。韦伯最担心一个社会缺乏精神气质而陷入麻木僵化，出现"专家没有灵魂，纵欲者没有心肝"的经济动物的局面。由于我们对包括宗教文化在内的精神文化的一般性的忽视，这种局面已经在中国的现实生活中不同程度地出现了。再比如，韦伯是以在西方文化背景下所产生的理性主义作为评价各种宗教社会功能的标准，韦伯并不赞成所有的宗教，仅仅推崇宗教改革以后出现的加尔文新教，认为只有加尔文新教中的禁欲伦理才符合理性主义的标准，能够促进资本主义的发展，其他的宗教则无此功能。这个论点虽然偏颇，却也有真知灼见，发人深省。在中国的历史上，没有出现类似于西方的那种宗教改革，因而在儒教与道教中确实存在着如同韦伯所指陈的种种缺陷，不能适应经济发展的需要。五四以来的反传统的思潮看到了这一点，但却开了一道错误的药方。他们不了解，一个民族的传统是无法反掉的，作为一种文化现象的宗教也不可能消灭，唯一可行的是只能走宗教改革的道路，推陈出新，进行创造性的转化。我们有了"文革"时期消灭宗教的失败的经验，虽然汲取了教训，肯定了宗教存在的合法性，但却没有从正面认识到宗教也是一种有待开发的精神资源，可以与物质资源的开发一起，共同促进现代化的进程。我觉得，我们关注韦伯所提出的问题，不是为了与韦伯争辩，意识形态的争辩早已成为历史的陈迹，即令我们把韦伯完全驳倒，也丝毫无助于我们解决所面临的许多迫切的理论问题和现实问题。我们只是想从韦伯的著作中寻找启迪，探索一种精神与物质的良性的互动，使中国能够较为顺利地走向未来。

（原载于《世界宗教文化》1995年第1期）

《周易》与中国传统文化的关系

《周易》这部书对传统文化的影响至深且巨，在中国文化史上占有极为重要的地位，人们普遍承认这是一个无可置疑的历史事实。但是，怎样来解释这个事实，如何估价它在文化史上的地位和作用，却是见仁见智，众说纷纭，存在着许多不同的看法。就主要倾向而言，有四种看法是具有代表性的：第一种看法认为，《周易》本是卜筮之书，其中所蕴含的巫术文化的智慧就是中国文化的基因，因而应从卜筮的角度来解释；第二种看法认为，虽然《周易》由卜筮演变而来，但它的宝贵之处不在卜筮，而在于卜筮里蕴含着的哲学内容。卜筮不过是它的死的躯壳，哲学才是它的本质，因而应从哲学的角度来解释；第三种看法认为，《周易》是一部讲天文历法的书，也就是一部科学著作，其中所蕴含的科学思维不仅对古代的科学产生了深刻的影响，而且与现代自然科学的基本思想相吻合，因而应从自然科学的角度来解释；第四种看法认为，《周易》是一部史学著作，其中保存了多方面的古代珍贵史料，特别是反映了殷周之际的历史变革，因而应从史学的角度来解释。

可以看出，研究者对《周易》的性质问题有什么样的看法，便会选择什么样的解释角度。为了对《周易》与传统文化的关系做出合理的说明，首先必须讨论一下这部书的性质问题。

应该承认，以上四种看法都能在《周易》的本文以及后人的论述中找到自己的根据，持之有故，言之成理，可以立一家之言。实际上，《周易》作为中外历史上的一种奇特的文化现象，性质十分复杂，巫术、哲学、科学、史学这几个层面的性质全都具有，也全都对中国文化产生过影响。如果我们尊重历史事实，按照历史演变的顺序把这些复杂的性质整合在一起，分清它们的主次本末，区别它们的正传与别传，从文化精神的生成角度来解释，而不是各执一端，以偏概全，那么我们就可以使以上四种彼此分歧的看法达成某种共识，从而较为全面地把握《周易》的性质，更好地来探索它与传统文化的关系了。

《周易》的复杂性质归根到底是由它的复杂的历史所造成的。按照传统的说法，《周易》成书的过程是"人更三圣（或四圣），世历三古"，即上古伏羲氏画八卦；中古周文王重为六十四卦，作卦辞；周公作爻辞；下古孔子作《十翼》以解经。现代多数学者认为，尽管"人更四圣"未必实有其人，"世历三古"却是大体上符合实际的。这就是承认，《周易》的成书是一个历时数千年的漫长的历史演变的过程，并非一蹴而就。既然如此，它就会在这个过程中分别受到上古、中古和下古几个不同时期的文化的影响，反映不同文化的特色，而它的性质也就会变得十分复杂，不可能是那么纯粹单一了。

据考古发掘，人类早在新石器时期晚期就利用占卜来预测吉凶了。《周易》的发生史可以追溯到这个时期，相当于传说中的伏羲时期。当时尚未发明文字，人们的思维水平极为低下，所掌握的知识也很贫乏，不仅不可能从哲学的高度去理解世界，连至上神的观念也没有产生，而普遍奉行着一种原始的巫教。龟卜、筮占以及其他一些古老的占卜形式，都是这个时期的产物。由于筮占的特点是根据蓍草排列所显示的数与形的变化来预测吉凶，所以与其他的占卜形式相比，具有一种潜在的优越性，可以通过无数次的排列，逐渐把数与形的变化推演成一个整齐有序而又稳定规范的符号体系。《周易》的那一套由六十四卦、三百八十四爻所组成的符号体系，反映了这个时期受原始思维支配的巫术文化的特色。如果说这套符号体系蕴含着某种智慧，至多只能肯定其中蕴含着一种神人交感的观念，表现了人类试图掌握客观事物因果联系的努力，除此以外，不会再有什么更高深的意义，因为处于蒙昧状态的原始人是不可能产生高深的哲学思想和科学思想的。

大约于殷周之际编纂成书的《易经》则是反映了这个时期的文化背景与思维水平，实际上是继承了原始的巫术文化传统，把它推进到一个新的发展阶段。拿《易经》来与原始的筮占相比，最显著的差别就是《易经》除了那套并无高深意义的抽象的卦爻符号以外，又增加了一套由卦辞和爻辞所组成的文字表意系统，其卦爻符号是继承了原始的筮占而来的，其文字表意系统则是一个创造性的发展。虽然这套文字表意系统的素材不过是一些筮占的记录，但是经过一番整理分类、加工改造的工作，提炼成为卦辞和爻辞而系于卦爻符号之下，就具备了多方面的功能，容纳了更大量的信息，启迪了更丰富的思路，而原始筮占的意义和性质也就从此开始逐渐变得复杂起来。

首先，《易经》用确定的文字对六十四卦题了卦名，用九六奇偶之数对三百八十四爻题了爻名，这在巫术文化的发展上是起了影响极为深远的承先启后的作用的。当时的占卜巫术，形式多种多样，所谓"筮短龟长"，龟卜受人尊重的程度又远远超过了筮占。由于《易经》给卦爻符号题了确定的卦名与爻名，不仅充分发挥了筮占的潜在的优越性，使得它的那套符号体系变得更加规范，更加稳定，在与其他占卜形式的竞争中后来居上，而且可以借助文字的提示作用，给那套符号体系赋予某种意义，引发出一种象数的思维模式。就《易经》本文而论，六十四卦的卦名尚未出现天、地、雷、风、水、火、山、泽之类的象征意义，其爻名也没有提炼出阴阳刚柔的概念。但是，由于中国象形文字的特点，其造字条例如象形、象事、象意、象声、转注、假借，本身就是以联想律与类比律的思维为基础的，人们受象形文字的启发，从八卦的卦形推演出一套卦象，如乾☰为天，坤☷为地，坎☵为水，离☲为火等等，是十分容易的，这就为尔后发展起来的象数思维模式提供了前提，而扬弃了原始筮占的那种单纯根据蓍草的排列去窥探神的意旨的幼稚低级的思维模式。

其次，《易经》凭借它的一套文字表意系统，充分反映了殷周之际人们的精神风貌，记录了当时人们所掌握的历史知识、科学知识、政治伦理知识以及哲理性的生活知识，从而扩大了《易经》内容，具有多方面的性质，这是原始筮占的那种抽象的卦爻符号所不具有的。关于殷周之际的史实，顾颉刚先生在《周易卦爻辞中的故事》一文中已做了很好的考证，指出有王亥丧牛羊于有易的故事、高宗伐鬼方的故事、帝乙归妹的故事、箕子明夷的故事、康侯用锡马蕃庶的故事等等。关于天文历法的知识，《丰卦》的"日中见斗""日中见沫"；《明夷卦》的"不明晦，初登于天，后入于地"；《复卦》的"七日来复"等等，都是明显的例证。关于政治伦理知识，如《临卦》的"知临，大君之宜，吉"；《益卦》的"有孚惠心，勿问，元吉"；《谦卦》的"谦谦君子"；《恒卦》的"不恒其德，或承之羞"等等。

关于哲理性的生活知识，如《泰卦》的"无平不陂，无往不复"。但是，从总体来看，《易经》所记录的这些知识，其意义不在于这些知识的本身，而是为了卜筮的参考，因而我们不能把它归结为一部科学著作或史学著作，而只能看作是一部卜筮之书。

第三，从《易经》的文字表意系统还可以看出，它反映了殷周之际宗教思想的变革，接受了当时发展起来的以德配天的天命神学观念，并且把这个观念与卜筮相结合，构成一个以天人之学为理论基础的巫术操作体系。在卦爻辞中，天是一个最高的概念，如《乾卦》的"飞龙在天，利见大人"；《大有卦》的"自天祐之，吉，无不利"；《大畜卦》的"何天之衢，亨"；《姤卦》的"含章，有陨自天"。这个天既有自然之天的含义，也是一个主宰人事的至上神，人们可以通过合乎道德的行为获得天的福祐，天与人相互感应。很显然，这是由原始巫术的神人交感的观念发展而来，但是，理性的成分是大大提高了，系统性的程度也更为增强了。原始巫术的神人交感的观念，其世界图式是混乱无序的万物有灵论，而以德配天的天命神学则把世界看作是一个井然有序的统一整体。因此，在这两种观念支配下的卜筮巫术，无论是就思维水平还是就文化意义而言，都是大不相同的。从原始的卜筮到《易经》的卜筮，经历了长时期的演变，中国的文化也由此而从蒙昧状态进入了文明状态，如果我们对这种文化发展阶段的性质差异视而不见，把《易经》的卜筮简单地等同于原始的卜筮，不严格区分蒙昧状态与文明状态所产生的两种不同类型的巫术文化，那是很难得出符合实际的结论的。

殷周之际宗教思想的变革使中国文化的发展产生了一次重大的转折。这种转折一方面表现在它对以往的巫术文化做了一次系统的总结，并且形成一种以天人关系为核心的整体之学；另一方面表现在它以曲折的形式反映了许多前所未有的理性内容，为后来的人文文化的发展开辟了一条通路，提供了必要的前提。我们应该把《易经》的性质问题放在这个总的文化背景中做全面的考察。

《易传》包括《十翼》，是对《易经》的一部解释性的著作，大约于战国末年经多人之手陆续写成。就其思想内容的基本性质而言，诚然是一种博大精深的哲学，与《易经》本文的那种卜筮巫术大异其趣。但是，作为一部解经之作，它又不能不把用于卜筮的卦爻符号与卦爻辞奉为神圣，力图从象数与义理方面来阐发其中的意蕴，这就使得它的哲学思想具有一种特殊的性质，形成了一种哲学思想与卜筮巫术的奇妙的结合。有人强调它的卜筮的一面，其实它的卜筮经过哲学的改造，是一种哲学化了的卜筮，与《易经》本文中的那种卜筮有很大的不同。有人强调它的哲学的一面，其实它的哲学是在卜筮的基础上建立起来的，带有相当浓厚的巫术文化的色彩，而不同于其他的那些较为纯粹的哲学。因此，如果我们把《易传》的性质简单地归结为卜筮，或者简单地归结为哲学，都是失之于偏颇，不能确切地把握它的特殊性质。

《周易》是由《易经》和《易传》两部分组成的。在经学传统中，向来是经传不分，把《周易》看作是一部完整的著作，并且追溯到上古时期的伏羲，提出了"四圣一揆"的说法，这就把《周易》的性质问题弄得更加混乱不堪。由于它具有多重结构，既包括《易经》的卦爻符号与卦爻辞，又包括《易传》的《十翼》，在内容上反映了上古、中古与下古三个不同时期的文化，容纳了卜筮、哲学、科学、史学各种复杂的成分，所以人们可以各执一端，根据自己的所见把它的复杂性质归结为某种单一的性质。后来易学研究中派别的分歧都是由此而来的。《四库全书总目》描述这种情况，归纳为两派六宗。所谓两派是指象数派与义理派。象数派分化为三宗，即汉儒的卜筮；京房、焦延寿的礼祥；陈抟、邵雍的图书。义理派也分化为三宗，即王弼的"说以老庄"；胡瑗、程颐的"阐明儒理"；李光、杨万里的"参证史事"。加起来就是两派六宗。除此以外，《四库全书总目》还指出："又《易》道广大，无所不包，旁及天文、地理、乐律、兵法、韵学、算术，以逮方外之炉火，皆可援《易》以为说，而好异者又援以入《易》，故《易》说愈繁。"[1] 所有这些派别分歧都是由对《周易》性质问题的不同看法所引起的。这种分歧在历史上早已存在，并且一直延续到当代。尽管每一个派别都对易学研究做出了贡献，扩大了易学在传统文化中的影响，但是关于《周易》性质问题的研究也由此而增加了更大的难度，因为除了需要仔细分辨它所固有的复杂性质，还需要花费气力来克服各种历史上沿袭下来的

---

[1]《四库全书总目》上册卷一，中华书局1965年版，第1页。

顽固的门户之见。

鉴于目前的研究所面临的困境，我们觉得，那些由历史所造成而又各有其合理内核的门户之见不能再重复了，有必要对它们持一种超越的态度，从广义的文化史的角度对这个问题进行新的探索。所谓广义的文化，这个概念可以通过其外延与内涵之间的逻辑关系来把握。如果其外延无所不包，广泛涉及各个文化领域，那么其内涵则必然缩小为某种本质的核心的层次。其实《四库全书总目》所说的"《易》道广大，无所不包"，早就把《周易》看作是一种广义的文化现象了，虽然它的外延广大到无所不包，而居于本质核心层次的内涵却收缩为一种很小很小的《易》道。这个《易》道就是《周易》的思想精髓或内在精神，从根本上规定了《周易》的本质属性。就《周易》所容纳的内容而言，诚然是广泛涉及卜筮、哲学、科学、史学以及其他的许多文化领域，但是，所有这些都只是文化分支而不是广义的文化。从逻辑上来看，文化分支的属性与广义文化的属性，两者是不能等同的。只有当我们从所有这些文化分支中找到了一种可以称之为《易》道的东西，才能真正看出《周易》在外延上的扩展以及在内涵上的渗透。因此，我们对《周易》的性质问题的研究可以摆脱以往的那些门户之见，而转化为一种广义的文化史的研究。如果我们结合这种在外延上无所不包的广义的文化，侧重于研究《周易》的内涵，极力弄清究竟什么叫作《易》道，把它的本质的核心的层次发掘出来，那么我们将不仅可以据此而较为准确地判定它的基本性质，使目前的各种分歧的看法获得一定程度的会通整合，而且可以加深我们对传统文化精神的理解，为中国文化史的研究提供一个新的视角。

《周易》的外延与内涵主要是通过《易传》而后确定的。《易传》反映了春秋战国时期人文主义高涨的文化背景，与《易经》所反映的那种宗教巫术的文化背景有很大的不同。在从《易经》到《易传》的长达七八百年的历史长河中，中国文化经历了一次从巫术文化到人文文化的重大的转化，走过了一段从合到分再从分到合的曲折的过程。人们称春秋战国时期为世界历史上的轴心期，西方、印度、中国这三个大的文化圈都是几乎同时在这个时期形成的。轴心期打破了古代文化数千年长期保持的宁静，使精神领域变得喧闹沸腾，众多的哲学家在这三个区域涌现，反映出人类意识的觉醒。轴心期的特点，一方面是产生了激烈的精神冲突和思想的分裂；另一方面是通过不断的讨论、争辩和相互交流，世界上所有三个区域的人类全都开始意识到整体的存在，创造了历史全景中的共同因素。这是人类历史的突破期，人类自觉地迈出走向普遍性的步伐，树立最高的追求目标，就是以轴心期为真正的起点的。（参阅雅斯贝斯：《历史的起源与目标》）如果我们把春秋战国时期的中国文化放在这种世界历史的宏观背景中来考察，它的特点和意义将会变得更加显豁。

在这个时期，西周的那种统一的无所不包的天命神学是解体了。精神领域的那种沉寂停滞的局面是打破了，诸子蜂起，百家争鸣，学术由原始的统一而走向分裂，正如《庄子·天下篇》所描述的："天下大乱，贤圣不明，道德不一，天下多得一察焉以自好。"但是，这种分裂实际上是一次意识的觉醒，思想的启蒙，文化精神的再生。尽管当时的诸子百家彼此对立，相互争辩，但是由于他们都是怀抱着伟大的理想，把整体性的存在作为自己的思考对象，所以也都对中国文化的发展做出了贡献，从不同的角度扩展了它的外延，深化了它的内涵，并且创造了许多共同因素，为下一个阶段的多样性的统一准备了条件。到了战国末年，学术融合的局面形成了，于是人们通过各种形式来总结这个时期的文化创造，有的派别性较强，比如儒家的荀子和法家的韩非子，有的派别性较弱，比如杂家的《吕氏春秋》。至于《易传》，更是自觉地顺应这种大融合的趋势，提出了"天下同归而殊途，一致而百虑"的著名命题，不仅比其他各家更为全面地总结了这个时期的文化创造，而且接上了自伏羲以至《易经》的文化源头，把上古、中古、下古的文化连接成一个完整的系列，以浓缩的形式反映了中国文化的起源、演变和发展的轨迹，特别是反映了从巫术文化向人文文化转化的轨迹。因此，由《易经》与《易传》所共同组成的《周易》，它的"世历三古"的成书史，本身就相当于一部中国文化发展史，或者相当于一部中国文化精神的生成史。如果说中国文化在轴心期产生了具有世界历史意义的第二次伟大的转折，那么在先秦典籍中，最能全面体现这次转折意义的，除了《易传》以外，再也找不出什么其他的著作来了。秦汉以后中国文化的发展往往要回到先秦来寻找精神的原动力，而找来找去，又往往归结为由《易传》所奠定的易学传统。这种情形绝不是什么历史的误会，而主要是由于《周易》的那一套八八六十四卦的符号体系以及囊括天地人三才之道的整体之学，仿佛一个巨大的海绵体，把这个时期诸子百家所创造的共同成果都吸收容纳进来，并且综合总结成为一种卷之则退藏于密的《易》道，因而理所当然地被后世公认为代表了中国文化的根本精神。

轴心期文化来与古代文化相比，最显著的差别在于前者属于立足于理性的人文文化，后者属于受原始思维支配的巫术文化，完成了一次质的飞跃。所谓质的飞跃，从哲学的角度来看，并不是简单之否定，而是一种扬弃。古代文化的某些成分通过这种扬弃而被保存下来，纳入轴心期文化之中，但是也由此而赋予了迥然不同的文化价值与文化意义。在《易经》与《易传》之间，就存在着这样一种复杂微妙的关系。因此，我们对蕴含于《周易》之中的《易》道的探索，既不能把经传等量齐观，也不能把二者彼此割裂。虽然就实际的情况而言，所谓《易》道属于轴心期的产物，如果没有诸子百家的文化创造，绝不可能积淀凝聚出一种代表中国文化根本精神的《易》道，但是，它与古代巫术文化有着一种若即若离、或隐或显的联系，也是不容否认的事实。

既然如此，那么究竟什么叫作《易》道呢？这是易学研究中的一个永恒而常新的问题。自从《周易》成书以来，在二千多年的历史中，以易学名家者盖以千百数，他们把这个问题当作最高的追求目标，都有一套自己的《易》道观。如果我们把所有这些看法都胪列出来，爬梳整理，比较分析，应该是一件饶有兴味的学术工作。为了节省篇幅，我们把这件工作留待读者自己去做，只从古人的一些有代表性的看法中归纳出三个方面的内容：第一是思维模式；第二是价值理想；第三是实用性的操作。虽然由于时代环境的不同，学派立场的差异，各个人的说法不大一样，但是在古人的心目中，都把《易》道看作是一个三位一体的完整的结构，既不能归结为单纯的思维模式，也不能归结为单纯的价值理想或者实用性的操作，必须同时包含此三者，才能把握它与其他之道相互区别的本质属性。这个《易》道是由轴心期文化创造中的共同因素积淀凝聚而成的，我们可以结合当时的文化背景对它的三方面的具体内容做一点粗略的考察。

就《易》道的思维模式而言，显然是一种统贯天人的整体思维。这种思维把世界的统一性看作是一个自明之理，着重于探索天与人、主与客、自然与社会之间的关系，以便从整体上把握其中的规律，用来指导人事，特别是政治。先秦儒、墨、道、法各家普遍利用这种思维模式来构筑自己的体系，尽管各家的基本范畴命题及思想内容的侧重点互不相同，但都毫无例外地以天人关系为主轴，视天人为一体。《易》道的特征在于利用这种思维模式构筑了一个以阴阳哲学为内容、以卦爻符号为形式的体系，从而在先秦各家中独树一帜。《说卦》所谓"立天之道曰阴与阳，立地之道曰柔与刚，立人之道曰仁与义"，这个囊括天地人的三才之道是通过六十四卦、三百八十四爻的象数关系表现出来的。形式与内容、象数与义理的奇妙的结合，这是《易》道的思维模式区别于其他各家的根本所在。

就《易》道的价值理想而言，则是追求一种以"太和"为最高目标的天与人、自然与社会的整体和谐。在先秦各家中，道家对自然的和谐仰慕钦羡，极尽赞美之能事。比如老子曾说："万物负阴而抱阳，冲气以为和。"（《老子》四十二章）庄子曾说："天地有大美而不言，四时有明法而不议，万物有成理而不说。"（《庄子·知北游》）儒家则侧重于追求社会人际关系的和谐。比如《论语·学而》："礼之用，和为贵，先王之道斯为美。"实际上，先秦各家普遍地把天人和谐作为自己的价值取向，他们一方面援引天道来论证人道，把天道的自然规律看作是人类社会的合理性的根据；另一方面又按照人道来塑造天道，把人们对合理的社会存在的主观理想投射到客观的自然规律之上，只是各家对这种整体和谐的论述，有的比较侧重于天道，有的比较侧重于人道。《周易》在《乾卦·象传》中提出了"太和"的思想，认为"乾道变化，各正性命，保合大和，乃利贞。首出庶物，万国咸宁"。这是先秦各家中对整体和谐的最完美的论述，集中体现了中国文化的最高的价值理想。

《易》道的实用性的操作层面是直接继承了原始的卜筮巫术转化而来的。在人类文化发展的蒙昧阶段，人们为了实践上的需要，迫切关心自己的行动所带来的后果，于是把某一种占卜道具奉为神灵，企图通过巫术的操作来预测吉凶，进行决策。《周易》的那一套卦爻符号体系就是巫术操作的产物。后来人类文化进入了轴心期，卦爻符号变成了表现哲学思维的工具，但是其操作层面却是完全保存下来了。人们称《周易》为"变经"，即一方面研究客观的天道、人事的变化；另一方面又联系人们的行动来研究主观的应变能力。因而《周易》也是一部"开物成务"之书，具有强烈的实践功能。就客观的变化而言，是无思无为，对人类的命运漠不关心，但就主观的应变能力而言，却是从忧患意识出发，立足于人文主义的价值理想，强调发扬自强不息的刚健精神，力图趋吉避凶，转祸为福，使客观形势朝着有利于人类目的的方向转化。《系辞》指出："是故形而上者谓之道，形而下者谓之器，化而裁之谓之变，推而行之谓之通，举而错之天下之民谓之事业。"这就是明确告诉人们，《周易》的主旨在于把对道、器、变的客观认识用于实际的生活，推而行之以成就一番事业。如果我们忽视其实用性的操作层面，是无从窥见一个完整的《易》道的。

由此可以看出，关于《易》道的研究，只有结合中国的广义的文化史进行全面的考察，而不是单纯局限于《周易》本身，才能获得一个较为准确的理解。近来人们常说《周易》为中国文化之根，意思是说中国的文化都是从《周易》这个根上生长出来的，只要懂得了《周易》，也就懂得了中国文化。其实这个说法并不准确，因为它脱离了文化史的发展，把伏羲、《易经》与《易传》所反映的三种不同的文化背景混为一谈，特别是把人文文化归结为巫术文化。应该承认，中国确有一个文化之根，但是这个文化之根是在春秋战国时期由诸子百家所共同创造的，《周易》仅仅是以其特有的形式对轴心期的文化创造进行了一次综合总结。所以我们为了消除种种误解，有必要提出一个相反的说法：如果不从宏观的角度全面了解春秋战国时期人文主义高涨的文化背景，就根本不可能懂得《周易》。汉代以后，《周易》被奉为群经之首，六艺之原，其影响广泛地扩展到哲学、政治、伦理、美学、科学各个文化层面，看来似乎可以说是一种文化之根。其实《周易》在传统文化中的地位和作用始终是保持一种张力，既有发散的一面，也有收敛的一面。如果历代的研究者不按照时代的需要对《周易》做出新的解释，不利用《周易》对当时的文化创造进行新的综合总结，它也就只能成为死去的糟粕，而不能成为活着的精华，从而对当时的文化产生影响了。至于易学的发展尚有正传与别传、主流与末流之分，继承发扬轴心期所形成的《易》道精神的固然占了主导地位，牵强附会使之流入迷信卜筮者亦复不少，如果我们不做这种区分而笼统地强调《周易》为文化之根，从而导致对传统文化精神的根本性的误解，那就对当代文化的发展大大不利了。

（原载于《哲学研究》1991 年第 9 期）

先秦诸子哲学对宗教传统的继承与转化

关于先秦诸子，司马谈《论六家要旨》分为阴阳、儒、墨、名、法、道德六家。《汉书·艺文志》在此六家的基础上增加了纵横家、杂家、农家、小说家四家，共为十家，并且指出，"诸子十家，其可观者，九家而已"，小说家没有其他九家重要。其实在这九家之中，卓然自树壁垒者只有儒、墨、道、法四家。韩非称儒、墨两家为"世之显学"，孟子曾说，"杨朱、墨翟之言盈天下，天下之言不归杨则归墨"。这四个大的学派宗旨明确，体系完整，彼此攻驳，互不相让，在当时百家争鸣的局面中扮演了主要的角色。他们的争论涉及一系列的问题，诸如天人问题、人性问题、义利问题、王霸问题、礼法问题、名实问题、古今问题等等，而所有这些问题按照《庄子·天下》篇的表述，可以归结为一个以天人整体之学为对象的"道术"问题，也就是"内圣外王之道"的问题。正是由于儒、墨、道、法四家的思想上升到整体的高度，围绕着这个核心问题提出了不同的理解，形成了不同的宗旨，各执己见，争论不休，所以派生出了一系列分枝性的问题。如果我们只见树木，不见森林，局限于在一些分支性的问题上从事牛毛茧丝的辨析，就不能提纲挈领、统宗会元，把自己的思想提升到天人整体的高度去把握他们的宗旨所在以及相互争论的实质。

《庄子·天下》篇认为，在古代的文化传统中，原来就存在着一种"古之道术"。这种道术"以天为宗，以德为本"，实际上就是发展为成熟形态的以德配天的宗教神学。古代的圣王对这种道术的理解和运用是很完备的，"配神明，醇天地，育万物，和天下，泽及百姓，明于本数，系于末度"，由内圣发而为外王，把理想落实于现实，使得万物生育，天下和睦，百姓受惠。就其"明于本数"而言，是说对根本原理的理解，就其"系于末度"

而言，是说联系实际的具体运用，前者可以称之为"明体"，后者可以称之为"达用"。因此这种道术作为古代宗教传统的核心部分是一种明体达用之学，举本统末之学，理论与实践、内圣与外王有机统一的天人整体之学，并不是立足于认知的抽象的静态的逻辑结构，也不是立足于解脱的关于彼岸极乐世界的美妙的遐想，而是"六通四辟，小大精粗，其运无乎不在"，立足于现实人生参与自然与社会的运化使之调适畅达的动态的过程。但是，随着历史发展到春秋战国时期，"天下大乱，贤圣不明，道德不一，天下多得一察焉以自好"，古代的这种合而不分的全面的道术分裂成为诸子百家的分而不合的片面的"方术"，造成了"内圣外王之道暗而不明"，"道术将为天下裂"的可悲局面。虽然如此这种从统一到分裂或者从一元到多元的演变并不意味着传统的断裂，而是表现为传统的继承与转化。因为古之道术有礼乐制度的载体，世袭史官的传承，经典文献的记载，是百家之学不能否定而必须继承的唯一的资源，只是这种继承带有各自的偏见而未得其全。当时诸子百家的一些代表性的人物，对古之道术的某一个方面有着特别的喜好，"闻其风而悦之"，以偏概全，把片面当作全面，把局部当作整体，自以为自己的理解好得无以复加，独得古人之精髓，实际上"不幸不见天地之纯，古人之大体"，既不完备也不普遍，只能算是一曲之士的片面的方术，而不是系统全面的道术。

战国时期以儒、墨、道、法为代表的诸子哲学从宗教的母体中孕育脱胎而出，形成哲学的突破，大体上是按照《庄子·天下》篇所描述的这种过程进行的。从轴心期中国、希腊、印度三个地区文化创造的史实来看，这种哲学突破宗教的形式与内容的现象是具有普遍意义的，但是由于这三个地区的原始宗教的形式及其所蕴含的积极内容各不相同，其所形成的哲学形态，无论就思维模式、核心主题和价值理想而言，都表现了各自鲜明的特色。比如希腊哲学突破的宗教形式是赫西俄德的《神谱》和荷马史诗的宗教神话，这种宗教神话通过把自然人格化以及把人神化的双重途径创造了一个多神的世界，作为一个外在的必然的力量，主宰人们的命运，其所蕴含的积极内容就是自然与人本身的问题，也就是天人问题。值得注意的是，希腊哲学突破宗教的形式把这种积极的内容转化为哲学研究的对象，在开始阶段，并没有把由天人整体所构成的世界的统一性看作是自明之理，着眼于探索二者之间的关系，而是把自然的问题与人的问题看作两个不同的领域，分开来进行研究。米利都学派的泰勒斯首先出于对自然的惊异，劈头盖脸地提出了一个万物本原的问题，他以为是水，阿那克西美尼以为是气，阿那克西曼德以为是无限，这些不同的说法都是针对着宗教神话把自然人格化的问题做出哲学的解释，从而揭开了自然哲学的序幕。爱利亚学派的巴门尼德总结了他们的探索成果，提出了存在的概念。所谓存在指的是抽象的共相，排除了个别性的一般，也就是世界统一性的本体。但是这个世界不包括人的世界，而只是局限于自然的世界。因而希腊哲学的开端，首先涌现出的是一批自然哲学家，而不是人文哲学家。后来过了若干年，涌现出了一批智者，这才由对自然的惊异转移到对人本身的惊异上来，揭开了人文哲学的序幕。他们突破了宗教神话的形式，把神还原为人，把人看作是万物的尺度，但是这种人只是停留于自然状态的感性的人，有着与生俱来的情欲而无道德意识的人。苏格拉底批判继承了智者学派的探索成果，开始从社会伦理的角度来审视人的问题，提出了道德的人和理性的人的概念，对人的本质规定进行哲学的研究。但是这种研究忽视了作为整体的自然世界，只在伦理方面寻求普遍的东西，由此而建立的哲学也就只有人学而无天学，只有人的世界而没有自然的世界。

如果说巴门尼德的哲学是蔽于天而不知人，苏格拉底的哲学则是蔽于人而不知天。柏拉图试图综合巴门尼德的天学和苏格拉底的人学，建立一种类似中国的天人整体之学，提出了理念论或者相论的哲学体系。柏拉图的这种哲学看来是囊括天人的，但是他却从另一个角度把天人整体区分成两个不同的世界，一个是由"理念"或"相"构成的抽象的世界，逻各斯的世界，另一个是由感性表象构成的具体的世界，生活的世界。只有前者才是真实的世界，体现了真善美的理想的世界，而后者则是虚幻的世界，充满了假恶丑的现实的世界，人们生活于现实的世界如同生活于不见天日的洞穴之中。按照这种区分，虽然逻各斯的世界消灭了宗教本身，取代了神的世界，但仍然像神的世界一样凌驾于生活的世界之上，作为一种理想的范型，洁净空阔，高明孤悬，使人们感到天人殊绝，引起知识论方面的紧张。因此逻各斯就成为哲学研究的核心主题，如何使个别上升到一般，具体上升到抽象，感性上升到理性，生活的世界上升到逻各斯的世界，也就成为哲学研究所追求的价值理想。由此可以看出，希腊哲学从泰勒斯开始一直发展到柏拉图，才终于形成了一个稳定的哲学形态。这个哲学形态奠定了尔后西方二千多年的哲学传统。现代英国哲学家怀特海在《过程和实在》中指出："欧洲哲学传统最稳定的一般特征，是由对柏拉图的一系列注释组成的。"与印度哲学和中国哲学相比较，希腊哲学的特色表现在思维模式上是天人二分、主客对立，在核心主题上是确定了以逻各斯作为最崇高的概念和最基本的原动力，在价值取向上是对普遍理性的逻辑结构及其主宰作用的不懈的追求。就其发生学的源头而言，这种带有地区特色的哲学形态无非是对同样带有地区特色的宗教神话的继承与转化，把由神所主宰的自然和人的世界转化为由普遍理性所主宰的世界，一个可以为人们的客观知识所把握的逻各斯的世界、哲学智慧的世界。

印度哲学突破的宗教形式是吠陀梵书和奥义书的宗教神话，这种宗教神话一方面在自然崇拜的基础上提炼出了一个至高无上的天神作为世界的主宰，称之为梵；另一方面把人的灵魂看作是可以脱离肉体而独立存在的实体，称之为神我，因而其所蕴含的积极内容同样是有关自然与人本身的问题，也就是天人问题。但是，与希腊的那种完全立足于艺术想象、充满了感性光辉而不具有任何哲学抽象的宗教神话不同，在印度的奥义书中，关于梵和神我的概念，已经突破了原始宗教的感性直观而上升到哲学抽象的层次，大体上为后来的哲学形态奠定了理论基础，展示了进一步发展的方向。

徐梵澄先生在《五十奥义书》译序中曾经指出，奥义诸书为后世诸宗派之祖。启此一枢纽，则上窥下视，莫不通畅条达，而印度文化之纲领得焉。这种体现在奥义诸书中的印度文化之纲领由两个基本观念所组成，一个是生死轮回的观念，再一个是梵我同一的观念。所谓生死轮回是根据对现象世界的体验和观察认为人生变化无常，永远在不停地迁流运转，没有一刻的安息，如同一片苦海。人在死后肉体消灭，灵魂却要转生投胎到另一个躯体复活，在三道四生中无休无止地轮回，备受煎熬。但是，在这个无常的现象世界之上还存在着一个永恒的本体世界，这就是由梵我同一的观念所展现的世界。所谓梵我同一是就天人整体的本原性的意义而言的，是世界统一性的根本原理。奥义书认为梵是超验的存在，宇宙的唯一的真实，作为万有之源，包括人在内的一切事物皆由梵而生，最后又复归于梵，因而梵即我，我即梵，由此而构成的本体世界，永恒、绝对、真实，与变化无常的虚幻的现象世界相对立。表面上看来，这种世界二重化的区分与希腊哲学相同，梵我同一的世界有似于逻各斯的世界，但是细加比较，至少可以看出三点显著的不同。首先，梵我同一是一个主客浑然不分的无差别境界，如同庄子所说的"天地与我并生，万物与我为一"，完全消除了天人物我的界限，逻各斯的世界则恰恰相反，主客二分，天人物我的界限泾渭分明，其固有的逻辑结构和本质规定作为外在的客体与主体相对立。其次，由于梵我同一作为本原性的存在消除了天人物我的界限，实际上是内在于人的一种宗教经验和精神境界，不可思议，不可言传，因而主要是一个情感皈依和直觉体验的对象，不像希腊的逻各斯那样，主要是一个外在于人的理智认识和客观探究的对象。第三，这种对象的不同说明古代的希腊和印度的哲人对何为普遍性以及何为终极实在有着不同的理解，由此而在哲学思路和价值取向上也就做出了不同的选择。希腊哲学选择了一条立足于认知活动的"道问学"之路，力求通过客观知识和逻辑推理把人的认识由感性表象提升到普遍理性的高度。印度哲学则是选择了一条立足于行为实践的"尊德性"之路，力求通过直觉智慧和内心体验亲证真如本体，使人的精神超越生死轮回得到彻底的解脱。如果说希腊人把哲学看作是对普遍理性的探究，因知识以求知识，因真理以求真理，着眼于认识的深化，印度人则把哲学看作是对梵我同一的证悟依智慧以觉迷妄因解脱而求智慧，着眼于精神的升华以复归宇宙的本原。印度人对哲学的这种看法在后来二千多年的发展中，构成了包括正统和异端在内的各宗各派的共同的信念，在总体上表现了与希腊哲学迥然不同的特色。其所以如此，就发生学的源头而言，是由于这两种不同的哲学形态产生于两种不同的地区文化的土壤和历史背景，带有与生俱来而难以磨灭的两种不同的宗教母体的胎记。

中国先秦以儒墨道法为代表的诸子哲学，与希腊和印度的哲学相比较，之所以表现出不同的特色，根本原因同样是由于文化土壤不同，历史背景不同，特别是由于其所孕育脱胎而出的原生态的宗教母体不同。德国存在主义哲学家雅斯贝斯在《历史的起源与目标》中，根据中国、印度和希腊这三个相互隔绝的地区同时涌现出众多哲学家的历史事件，提出了轴心期的理论。雅斯贝斯认为轴心期结束了几千年的古代文明，人类的精神开始觉醒，自觉地迈出走向普遍性的步伐。轴心期的哲学创造虽然是三个独立的起源，并且互不相干地平行发展，但却蕴含着历史全景中的共同因素，意识到整体的存在，追求统一的目标，从而使得世界历史获得了唯一的结构和至少持续到我们时代的统一。直至今日，人类一直靠轴心期所产生、思考和创造的一切而生存。每一次新的飞跃都回顾这一时期，并被它重燃火焰。对轴心期潜力的回忆或复兴，总是提供了精神动力，对这一开端的复归是中国、印度和西方不断发生的事情。雅斯贝斯站在人类统一目标的高度，着眼于世界历史结构共同的精神联系，把中国、印度和西方在轴心期所创造的文化及其哲学置于同等并列的地位，完全摆脱了以黑格尔为代表的西方中心论的传统偏见，毫无疑问具有极大的启发意义。按照黑格尔的观点，中国和印度东方世界没有精神的自由，奉行实体性的原则，客观的存在和主观运动之间缺少一种对峙，因而没有走进世界历史，也不可能产生真正的哲学。精神自由和主客对峙的原则是在希腊文化的土壤中产生的，只有希腊文化才是人类的精神家园，世界历史的中心，全世界只有一个唯一的哲学，这就是由柏拉图所确定的以逻各斯为中心的普遍理性的哲学。从这种普遍理性哲学的角度看，尽管在中国和印度的思想中有一些道德的教训、概念的反思、逻辑的萌芽，但是总的说来仍然属于哲学发展序列的初级阶段，算不得是真正的哲学。雅斯贝斯的轴心期理论颠覆了黑格尔的这种传统偏见，着重指出，人类精神的觉醒是在中国、印度和希腊这三个地区同时发生的，正是由于这种觉醒，所以这三个地区的文化也就同时以精神自由的原则取代了古代文明的实体性的原则开始自觉地进行历史的创造，形成哲学的突破。因此世界历史的结构并非只有西方的一元而是由包含中国、印度和西方在内的三元共同组成。全世界也并非只有一个唯一的以逻各斯为核心主题的西方哲学，同时还有着以梵我同一为核心主题的印度哲学，以天人整体的道术为核心主题的中国哲学。按照雅斯贝斯的观点，历史的目标内在地蕴含于历史的起源之中，既然世界历史的结构有着三个独立的起源并且各自对人类统一的目标和普遍的精神联系做出了卓越的贡献，那么中国、印度和西方这三个地区的哲学也就早在轴心期的起源阶段同时确定了它们在世界文化史上的合法性的地位，从而形成了一种

"天下同归而殊途，一致而百虑"的多元一体的局面。与黑格尔的那种蔑视排斥中国和印度的哲学企图以西方哲学一统天下的偏见相比，这种观点的视野更为宏阔，态度更为宽容，其立论也更为接近历史的真实。

但是，自近代以来随着历史的不平衡的发展，西方世界上升到强势地位，东方世界逐渐衰落，西方人由此而产生了一种典型的傲慢，自以为独占了全部真理，习惯于把西方的特殊性说成是世界的普遍性。黑格尔把西方哲学说成是全世界唯一普遍的哲学反映了这种傲慢的偏见，也并不是毫无根据的。在这种情况下，尽管雅斯贝斯的轴心期的理论力图摆脱西方人的偏见，提高东方世界的地位，但是中国哲学和印度哲学的合法性的危机依然存在，并没有得到真正的解决。为了从根本上克服这种危机，把东方哲学提到与西方哲学同等并列的合法性的地位，关键不在于仅仅胪列轴心期存在的种种经验事实，也不在于仅仅停留于理论层面对它们的历史意义做出大而无当的价值评估，而在于通过文化史学对它们发生的起源进行细致缜密的研究，具体指出这三个不同的文化模式和哲学形态，何以在不可取代而又难以通约的特殊性中竟然同时蕴含着人类统一的普遍性的因素。关于这个问题，雅斯贝斯本人已经明确地意识到。他强调说："真理存在于永不知晓的起源之中。从起源的高度来看，一切特殊事物都不过是起源的表现形式。"但是，恰恰在这个问题上，雅斯贝斯产生了极大的困惑，他把这三个独立起源同时发端的问题看作"永不知晓"的历史之谜，随着对实际情况研究的深入发展，谜团日益增大。如果说古代文明诞生的问题是一个令人困惑的奥秘，那么轴心期同时发端的奥秘更是令人困惑，所处的水平要深刻得多。从这个角度看，雅斯贝斯的轴心期的理论只是提出了问题，并没有解决问题，而这个问题的实质也就是如何破解发生学的奥秘，使之由"永不知晓"的隐蔽状态敞开为澄明之境的问题。我们业已指出，轴心期所形成的这三个哲学形态，其发生学的奥秘存在于三个带有地区特色的文化土壤、历史背景和宗教母体之中，只有站在文化史学的立场联系到这几个层面进行具体的研究，才有可能取得阶段性的成果，逐步逼近谜团的破解，从而较为准确地评定它们在世界文化史上鼎立而三的地位，揭示它们的实质内涵以及对人类精神的普遍联系所做出的贡献。

就中国先秦诸子哲学的起源问题而言，在古代的中国人看来，并不是什么永不知晓的奥秘，而是立足于中国自成体系的文化传统和连续性的历史记忆，从事追本溯源的探索，早就交出了答卷，破解了谜团。《庄子·天下》篇明确指出，诸子哲学起源于"古之道术"。这种"古之道术"，"其在于《诗》《书》《礼》《乐》者，邹鲁之士缙绅先生多能明之"，"其数散于天下而设于中国者，百家之学时或称而道之"。这就是认为诸子哲学都是对记载于经典文本之中的"古之道术"的各种不同的继承与转化。到了汉代，刘歆在这份答卷的基础上进一步提出了"诸子出于王官"的说法，班固把这个说法写入官方正史《汉书·艺文志》，得到后世学者一致的公认，很少有人提出异议。这种说法具体指出，"儒家者流，盖出于司徒之官"，"道家者流，盖出于史官"；"阴阳家者流，盖出于羲和之官"；"法家者流，盖出于理官"；"名家者流，盖出于礼官"；"墨家者流，盖出于清庙之守"；"纵横家者流，盖出于行人之官"；"杂家者流，盖出于议官"；"农家者流，盖出于农稷之官"；"小说家者流，盖出于稗官"。刘歆并没有对诸子究竟出于何种王官做出断然的判定，特别用了一个"盖"字，"盖"字表示的只是一种或然性，一种思想渊源上可能存在的猜想，这和《庄子·天下》篇所说的"古之道术有在于是者"、诸子"闻其风而悦之"，在思路上是完全一致的。虽然"诸子出于王官"的说法带有某种猜想的成分，有待进一步具体研究，但是从总体上看，刘歆却是断然指出，"今异家者，各推所长，穷知究虑，以明其指，虽有蔽短，合其要归，亦六经之支与流裔"。这就是认为，九流十家发生学的共同的源头就是以六经为载体的文化传统。这种说法与《庄子·天下》篇也是完全一致的。

揆之于史实，关于诸子起源问题的这两种说法，大体上是可信的。据史家研究，刘歆所提到的这些王官，由五帝三王逐渐设置，发展到周代，形成了一套完备的官制体系，是确有其事的。比如据《国语·楚语》记载，早在颛顼时代，就已经设置了"天地、神、民、类物之官，谓之五官，各司其序"。《世本》宋衷注，"黄帝之世，始立史官"。《尚书·尧典》记载，尧设立了羲和之官，历象日明星辰，敬授人时。舜命令伯禹作司空之官，平定水土；命令弃作农稷之官，播时百谷；命令契作司徒之官，敬敷五教；命令皋陶作士官，掌管五刑；命令伯夷作礼官，主持三礼；命令夔作乐官，主持乐律。《尚书·洪范》对"八政"的安排就是设置了八种王官处理国家的事务。"八政：一曰食，二曰货，三曰祀，四曰司空，五曰司徒，六曰司寇，七曰宾，八曰师。"孔颖达《正义》解释说："一曰食，教民使勤农业也。二曰货，教民使求资用也。三曰祀，教民使敬鬼神也。四曰司空之官，主空土以居民也。五曰司徒之官，教众民以礼义也。六曰司寇之官，诘治民之奸盗也。七曰宾，教民以礼待宾客，相往来也。八曰师，立师防寇贼，以安保民也。"此外还"择建立卜筮人"，设置卜筮之官以体察神意，帮助君主进行决策。

古时学在官府，这些王官世代相袭，虽然通过长期连续性的知识积累，分别掌握了各个专门领域的带有学科性质的王官之学，但却共同服务于统一的王权，作为"皇极"的有机组成部分而紧密联系为一个整体。所谓"皇极"指的是君王治理天下的大纲大法也就是无偏无党大中至正的王道。《尚书·洪范》说："会其有极，归其有极。曰皇极之敷言，是彝是训，于帝其训。"这是指出，各种设官分职服务于王权的王官之学，并非各自独立，互不相干，而是"会其有极，归其有极"，全部会归于皇极。皇极所敷陈的言论，并非人君所训，而是天帝所训，是天帝在冥冥中为人君所规定的不可违反的神圣法则。因而这种皇极大中之道一方面由各种专门的王官之学所组成，同时又在宗教神学的总的原则上对王官之学起着统率支配的作用，并且由于有着统一王权的制度上的调整安排，一直保持着合而不分的平衡稳定的状态。这种政教合一的皇极大中之道实际上就是古代所奉行的国家宗教《庄子·天下》篇把它表述为"古之道术"，同时对它的结构与功能做了精辟的概括。就其内在的结构而言，包括"明于本数"和"系于末度"两个方面。如果说"明于本数"指的是以德配天的宗教神学的总的原则，那么"系于末度"就是指的各种设官分职的王官之学，此二者组成为一个本末兼备的完整的结构，一个也不能缺少。就其外在的功能而言，主要在于规范指导王权的合理运作，使之在神圣天意的支配下得以保持政治和文化的统一。但是，春秋战国时期历史条件发生了很大的变化，天子式微，诸侯争霸，统一的王权不复存在，王官之学失去了制度上的支撑，散落于民间形成了"天子失官，学在四夷"的局面，原本存在的古之道术的完整结构分裂成为各自独立的断片，于是诸子百家依据这些思想资源，各引一端，继承转化使之由附庸蔚为大观，推演成宗旨各异的一家之言。

由此看来，《庄子·天下》篇和《汉书·艺文志》这两种关于诸子起源的说法，有着大量的史实可证，符合历史的真相，也为我们进一步的探索提供了坚实可靠的支点。

前面说过，雅斯贝斯对轴心期事实上的存在是深信不疑的，他所感到的困惑关键在于如何通过对起源问题的探索来揭示其实质内涵，何以在地区的特殊性中竟然蕴含着人类精神联系的普遍性，从而使得中国、印度、西方这三个地区的人们得以立足于自身的哲学传统参与世界性的哲学对话。他曾满怀激情地指出："从三个地区相逢之际起，它们之间就可能存在一种深刻的互相理解。在初次相遇时，他们便认识到，他们关切同样的问题。尽管相隔遥远，但他们立即相互融合在一起。当然他们并不共同信奉一种唯一的客观真理，不受这种真理束缚（这种真理只会在科学中发现，科学在方法论上是有意识的，它能迫使人们普遍赞同其命题，所以它能传遍全球而无任何改变，并有权要求全体合作），但是他们在彼此相遇中耳闻目睹了真实而绝对的真理，即历史上不同血缘的人类所实践的真理。"但是，如果对这三个地区哲学突破的实质内涵不能做出合理的界定，那么它们相遇之时的平等对话便无从谈起。特别是自15世纪以来，在西方的哲学传统中发展出了现代科学和现代技术，西方人凭借着"知识就是力量"的哲学信念，不仅征服了自然，也征服了东方世界，从而把他们在科学中发现的真理看作是一种唯一的客观真理，并且把这种真理强加于东方世界，在这种情况下，东方世界迫于无奈，丧失了自信，接受了西方人的这种带有强烈知识霸权色彩的唯一的真理观，忘掉了早在轴心期起源阶段就已经发现的"历史上不同血缘的人类所实践的真理"，这就使得它们相遇之时的平等对话缺乏现实的基础，更是无从谈起。究竟这种"人类所实践的真理"有着什么样的实质内涵，如何回到轴心期的起源把这种实质内涵揭示出来，以便在当前世界性的普遍交往中，用对话取代对抗，用融合取代冲突，为人类未来实现统一的目标找到一条切实可行的哲学思路，这是雅斯贝斯最大的关怀所在，也是他的最大的困惑所在。但是这种关怀和困惑，对中国的古代人来说，是根本不存在的。因为当时这三个地区彼此隔绝，互不相知，没有产生世界性的普遍交往，古代中国对诸子起源问题的探索不是受与异质文化相遇之时的危机所激发，而是受中国自身的文化传统陷入断裂状态的危机所激发，时代的不同，决定了危机意识的性质也不相同。从这个角度看，雅斯贝斯的关怀和困惑是在当代的历史条件下所提出的问题，他力图用世界多元化来取代西方中心论，用"历史上不同血缘的人类所实践的真理"来取代西方人在科学中发现的所谓"唯一的客观真理"，但是由于没有具体揭示轴心期文化的实质内涵，只是抽象地谈论人类的普遍性，所以一当落实到现实层面，却不能消除弱势文化与强势文化相遇之时陷入屈从依附状态的危机，构筑一个平等对话的平台。因此，古代中国关于诸子起源的说法只有地区文化的意义，而没有世界文化的意义。我们今天必须把这种说法置于当代的语境下重新审视，与印度和希腊的哲学起源进行宏观的比较，只有通过这种跨文化的比较研究，才能凸显中国哲学的特质，由分殊以见理一，在地区文化的特殊性中蕴含着人类实践真理的普遍性。

在世界文化史上，轴心期三个地区同时发生了哲学的突破，共同构成了人类精神现象学的一大奇异的景观，至于这三个地区的哲学之所以表现出不同的特色，追本溯源，关键在于其所突破的原生态的宗教母体不同。当我们站在世界历史的高度来重新审视古代中国关于诸子起源的说法，就可以看出其所说的"古之道术"和"王官之学"实际上就是中国原生态的宗教母体，其所说的"百家之学"和"九流十家"实际上就是从宗教母体中孕育脱胎而出的中国哲学，这与印度和希腊的哲学起源于宗教的情形是完全一致的。由于宗教和哲学的关系是一种"源"与"流"的关系，因而我们为了揭示这三个地区哲学的特色所在，不能局限于在"流"上做文章，而应该追溯到其发生学的源头，对这三个地区的宗教传统进行跨文化的宏观比较。

与印度和希腊相比较，中国宗教传统最大的特色表现在与王权对国家事务的全方位的管理密切相连，结为一体，带有强烈的政治性。这种宗教传统是在中国的文化土壤和历史背景下自然形成的，以颛顼"绝地天通"的宗教改革为开端，经过尧舜到夏商周三代，构成了一个连续性的发展系列，建立了一个囊括天人的宗教神学体系。在周人的传世文献中，《尚书·洪范上》对这种宗教神学体系做了最为完整的表述，为我们与印度和希腊的宗教传统进行比较研究提供了重要的依据。《洪范》开头说：

惟十有三祀，王访于箕子。王乃言曰："呜呼！箕子。惟天阴骘下民，相协厥居，我不知其彝伦攸叙。"

箕子乃言曰："我闻在昔，鲧陻洪水，汩陈其五行，帝乃震怒，不畀洪范九畴，彝伦攸斁。鲧则殛死，禹乃嗣兴，天乃锡禹洪范九畴，彝伦攸叙。"

关于"彝伦"，顾炎武在《日知录》卷二中解释说："彝伦者，天地人之常道，如下所谓五行、五事、八政、五纪、皇极、三德、稽疑、庶征、五福、六极，皆在其中，不止孟子之言人伦而已。能尽其性，以至能尽人之性，尽物之性，则可以赞天地之化育，而彝伦叙矣。"这种解释特别强调彝伦不只局限于社会人伦的秩序原则，也包括了宇宙自然的秩序原则，应该全面地理解为"天地人之常道"。这些秩序原则是天帝于冥冥之中为了保护下民使之和睦相处安居乐业而制定的，具有至高无上不得违反的神圣权威。作为一种完整的神学体系，以宗教幻想的形式凝聚了当时的中国人在物质生产、社会组织和政治运作的长期的历史实践中所发现的真理，从而赢得了全民的信仰，成为这个世界的总的理论，包罗万象的纲领。值得注意的是，这些秩序原则虽然全面完整，具有神圣权威，但却只是无人身的观念的集合，停留于纯粹客体的层面，如果没有自觉承载的主体，用来规范指导实际的行为，就不能在历史实践的过程中具体落实。孔子曾说："人能弘道，非道弘人。"《周易·系辞》也说："苟非其人，道不虚行。"按照当时天命神学和王权神授的宗教信仰，只有天子一人才是这种无人身的观念客体的唯一合法的承载主体，因而在主体与客体之间存在着一种既对立又统一的紧张关系。《尚书·召诰》说：

皇天上帝，改厥元子，兹大国殷之命。惟王受命，无疆惟休，亦无疆惟恤。呜呼！曷其奈何弗敬？

就周王受命作为唯一合法的承载主体掌握了统治权力而言，这是"无疆惟休"（无穷无尽的幸福），但是，殷鉴不远，将来是否也会像殷人那样被取消承载的资格而丧失权力，也免不了产生"无疆惟恤"的忧虑。《尚书·皋陶谟下》记载了几首乐歌，充分表现了这种幸福与忧虑矛盾交织的心态：

帝庸作歌曰："敕天之命，惟时惟几。"乃歌曰："股肱喜哉，元首起哉，百工熙哉！"皋陶拜手稽首，飏言曰："念哉！率作兴事，慎乃宪，钦哉！屡省乃成，钦哉！"乃赓载歌曰："元首明哉，股肱良哉，庶事康哉！"又歌曰："元首丛脞哉，股肱惰哉，万事堕哉！"帝拜曰："俞，往钦哉！"①

由此可以看出，中国的天命神学本质上是一种政治神学。为了谨慎地秉承天命，自觉地履行"天工人其代之"的神圣职责，国家元首必须与大臣百官通力合作，励精图治。如果元首玩忽职守，专管琐务忽略大事，大臣就会懈怠，一切事业就会荒废，从而导致政治败坏，权力丧失。

印度的吠陀梵书是赞神的乐歌和巫术咒语的汇集，其内容完全是祈祷献祭，求福禳灾，与国家事务的管理和政治权力的运作毫无关联。这是因为，印度的种姓制度把宗教和政治硬性地区分为两个不同的领域，宗教祭祀作为神圣的事务由婆罗门种姓来垄断，政治权力作为世俗的事务则由刹帝利种姓来管理，由于神圣高于世俗，所以婆罗门对政治抱着一种蔑视的态度，不去关心，也就是理所当然了。在印度的宗教传统中，奉行吠陀天启、祭祀万能、婆罗门至上三大纲领。到了公元前六至五世纪，也就是世界历史的轴心期，这三大纲领逐渐引起了人们的怀疑，兴起了一股沙门思潮，产生了哲学的突破。汤用彤先生在《印度哲学之起源》中，围绕着这种原生态的宗教母体与哲学思想的关系，归纳总结出了四条原因："①因《吠陀》神之式微而有宇宙本体之讨论；②因婆罗门之徒重形式，失精神，而有苦行绝世之反动；③因灵魂之研究，而有神我人生诸说；④因业报轮回出，而可有真我无我之辩。凡此四者亦皆互为因果，各宗于中选择损益，成一家言。"由此可以看出，印度哲学总的特色并非着眼于政治而是着眼于探讨人生解脱的究竟，追本溯源这种特色是由其孕育脱胎的宗教母体根本缺少对政治的关怀所决定的。

古代希腊存在过神授王权的阶段，宗教与政治密切相连，这一点与中国相似，而与印度不同。但是，当时爱琴海域建立的都是一些独立的小国，并且通过海外移民，分裂繁殖为数目更多的城邦，不像中国的黄河流域，形成统一的王权。各个城邦崇拜信仰的神，狭隘偏私，只保护自己的城邦而与其他的城邦相敌对，城邦与城邦之间的战争同时就是神与神之间的战

---

① 以上引文据孙星衍撰《尚书今古文注疏》，中华书局1986年版。

争，一城战败，其神亦同时战败，一城被攻下，则其神亦为囚俘，因而也不像中国这样以天神崇拜的宗教信仰为核心，形成统一的神权。在这种多元的王权和神权不相统属而彼此冲突的局面下，当然也不可能形成如同中国这样的由"古之道术"和"王官之学"所组成的宗教传统。从荷马的史诗中，我们可以大致窥见希腊宗教传统的特色。希腊的神是一些神人同形的形象，他们有七情六欲，喜怒悲欢，在道德上没有什么值得敬仰的，与人不同的只在于他们不死并具有超人的威力。关于这种宗教传统，罗素指出："在荷马诗歌中所能发现与真正宗教感情有关的，并不是奥林匹克的神们，而是连宙斯也要服从的'运命''必然'与'定数'这些冥冥的存在。运命对于整个希腊的思想起了极大的影响，而且这也许就是科学之所以能得出对于自然律的信仰的渊源之一。"罗素特别强调，在希腊的宗教传统中，占主导地位的不是神，而是连神也要服从的运命和必然这些主宰一切的神秘力量，这种分析是十分精辟的。事实上，后来进入轴心期，希腊人开始哲理探索，正是由于通过继承转化的途径，把神秘的运命和必然提炼成理性的逻各斯，从而确定了希腊哲学的主题。比如赫拉克利特断言一切都遵照命运而来，命运就是必然性。命运的本质就是那贯穿宇宙实体的逻各斯。逻各斯是一种以太的物体，是创生世界的种子，也是确定了周期的尺度。神就是永恒地流转着的火，命运就是那循着相反的途程创生万物的逻各斯。由此可以看出，希腊哲学在起源阶段之所以选择了逻各斯作为最崇高的概念和最根本的原动力，根本原因也是由其孕育脱胎而出的宗教母体所决定的。

英国学者葛瑞汉在《论道者——中国古代哲学论辩》一书中，对中国哲学和西方哲学的总体特色进行了宏观比较，认为中国先秦以儒墨道法为代表的诸子百家，"他们全部思考的是对曾经称为'天'的权威的道德和政治秩序之瓦解的回应；而且，对于他们所有人来说关键问题并不是西方哲学的所谓'真理是什么'，而是'道在哪里'的问题，这是规范国家与指导个人生活的道。从至少愿意倾听实用学说的君王们的观点看，他们是对时代变迁中如何治理国家的问题给出新的解答的人；而这个问题确实是他们的核心问题"。"在轴心时代的诸文明中，如史华慈所观察到的，唯独中国具有从目前分崩离析来反观前世兴盛的帝国与文明的意识。在其他文明中，相信存在过业已消亡的黄金时代的信念,就其存在的程度而言,这种信念是边缘性的而且经常类型不同。"诚如葛瑞汉和史华慈所言,西方哲学的核心问题是对"真理是什么"的追问,中国哲学的核心问题则是追问"道在哪里",这个道是有关如何治理国家之道,在前世兴盛的帝国曾经存在,由此而在中国人的心目中产生一种黄金时代的信念,为了在目前天命秩序瓦解的历史条件下做出有效的回应,重新找回失去了的道,具有一种以业已消亡的黄金时代为参照进行反观的强烈的意识,这是中国与轴心期其他的文明不相同的关键所在。应当承认,这两位西方学者的看法是颇有见地的,他们通过宏观比较非常准确地观察到了中国的哲学和文化意识的总体特色。至于何以形成如此这般的总体特色这就不是一个现象描述的问题,而是一个涉及发生学的深层探索的问题了。

中国的先秦诸子都怀有根深蒂固的古代情结,把古代看作是历史上的黄金时代,一种与当今天下无道的时代形成鲜明反差的天下有道的时代,儒家怀念周代,墨家怀念夏代,道家走得更远,怀念传说中的原始时代,法家虽然持有历史进化的观点,但是韩非说"上古竞于道德,中世逐于智谋,当今争于气力",也认为上古是一个风俗淳朴道德良好的时代。在这种文化意识的支配下,关于"道在哪里"的问题,实际上已经预设了答案,这就是如同《庄子·天下》篇和《汉书·艺文志》所说,存在于由"古之道术"和"王官之学"所组成的宗教传统之中。关于这种宗教传统的实质内涵及其产生哲学突破的具体途径,我们已经在《夏商周三代宗教》和《春秋思想史论》两项专题研究中做了详细的论证,这里就不必多加赘述了。

(原载于《文史哲》2004年第6期)

下篇 易学思想研究

易学与中国政治文化

《易传》根据以阴阳哲学为核心的《易》道来观察解释政治领域的问题，形成了一种追求社会整体和谐的政治思想。这种政治思想受到历代许多著名的哲学家和政治家的重视，用于拨乱反正，克服由君主专制体制所造成的危机，变无序为有序，化冲突为和谐，对中国二千多年的政治文化产生了深远的影响。

就实际的政治体制而言，中国自秦以后一直是奉行君主专制的中央集权制。这种体制是根据法家的一套专制主义的理论建立起来的。法家对社会整体的看法与《易传》不同，不是立足于和谐，而是立足于冲突。他们把君臣、君民之间的关系看成是利害相反，矛盾对立，"上下一日百战"（《韩非子·扬权》），相互进行不可调和的斗争。为了使社会不在斗争中陷入解体，他们主张加强君主专制，强化中央集权，反对臣民凭借文化道德因素参与政治，运用严刑峻法的手段来建立一种独裁统治的秩序。比如商鞅就把社会中的文化道德因素称为"六虱"，韩非则归结为"五蠹"，认为它们危害君权，必须彻底铲除。法家的这种思想把君权置于至高无上的地位，适应了专制政治的需要，因而在中国的政治文化中，专制主义一直是居于主流地位。但是，在实际的操作过程中，由于专制政治有着内在的不可克服的矛盾，总是要不断地出现各种偏差。偏差之一表现在处理君民关系上。专制政治强调君主享有绝对的权力，殊不知这种绝对权力实际上是不存在的，如果君主迷信权力的绝对性而胡作非为，不顾人民的死活，推行反人民的暴政，这就会激起人民的反抗，从而反过来否定专制政治本身。偏差之二表现在处理君臣关系上。专制政治强调君为臣纲，君主享有对臣下的绝对支配权力，臣下必须服从君主，殊不知君主在各个具体的领域都必须依赖于臣下,如果君主不懂这种依赖关系而独断专行,拒谏饰非,或偏听偏信,重用宠佞,势必上下堵塞,大权旁落,从而也否定了专制政治本身。究竟怎样纠正偏差,来克服专制政治所造成的危机呢?从指导思想上来看,唯一的途径就是像《易传》那样,把君臣、君民之间的关系看成是刚柔相济、阴阳配合的统一体,强调君权的相对性而否定其绝对性,运用社会长期积淀而成的文化道德因素对君权进行某种程度的限制。因此,历代的有识之士为了治理乱世,使之恢复正常安定,往往抱着强烈的忧患意识,从《易传》中寻找拨乱反正的理论根据。这就在中国的政治文化中形成了一种以《易传》的和谐思想为主导的传统。尽管这种思想并未否定君权,也没有达到近代民主主义的水平,但在中国历史上却是一股站在文化道德的立场与专制主义思想相抗衡的强大的力量。

《易传》的这种立足于和谐的政治思想与儒家所主张的德治仁政、道家所主张的自然无为息息相通,实际上是从阴阳哲学的角度综合总结了儒道两家思想的产物。儒家的德治仁政思想强调政治应该服从道德的制约,认为社会是由体现了血缘亲情的道德因素凝聚而成的和谐的共同体,主张在君臣上下之间提倡礼让精神。奉行相对性的伦理,而极力反对"上下一日百战"的斗争意识。孔子曾说:"能以礼让为国乎?何有?不能以礼让为国,如礼何?"(《论语·里仁》)道家把人类社会看成宇宙整体的一个组成部分,其存在的状态是自满自足,完美和谐。不需要国家权力的外来干预,因而最理想的政治是一种顺应社会的自然本性的无为之治。《老子》五十七章说:"我无为而民自化,我好静而民自正,我无事而民自富,我无欲而民自朴。"道家反复强调"贵以贱为本,高以下为基",不是人民依赖君主,而是君主依赖人民,君主应"以百姓心为心",不可滥用权力,自取灭亡。儒道两家虽然在具体的政治主张上互不相同,但在对社会整体的基本看法以及如何处理政治与文化道德的关系上却存在着很多的共通之点,与法家的专制主义思想形成鲜明的对照。《易传》的作者适应于战国末年学术大融合的趋势,根据"天下同归而殊途,一致而百虑"的原则,对儒道两家的思想进行综合总结,由此而形成的追求社会整体和谐的思想也就具有更大的普遍性,既有儒家的浓郁的人文情怀,也有道家的深沉的宇宙意识,总的精神是站在文化道德的立场反对暴政,使政治权力能够符合植根于广大民众之中的深厚的价值理想。由于《易传》的思想本来与儒道相通，所以在后来的发展中，能为儒道两家学者所普遍接受。儒家学者在解释《易传》时"阐明儒理"，着重发挥德治仁政的思想，道家学者则"说以老庄"，着重发挥自然无为的主张。从这个角度来看，研究中国的政治文化，发掘其中所蕴含的民主性的精华，应该以《易传》的思想作为重要的突破口。

《易传》关于政治得失和治民之道的看法，其所依据的价值观念和政治思想，和儒道两家一样，都是属于民本思想的范畴。《易传》站在阴阳哲学的高度对这种民本思想进行了系统的论证，把它纳入宏阔的天人之学的体系之中。《系辞》指出，《周易》这部书，之所以能开通天下的思想，成就天下的事业，是因为它能"明于天之道，而察于民之故"。所谓"明于天之道"，是说对自然规律有着深刻的了解；所谓"察于民之故"，是说对民众的忧患安乐有着切身的体察。就自然现象而言，天地万物在天道阴阳规律的支配之下，相互依存，流转变化，生生不已。就社会现象而言，情形亦复如此。君民之间，相互依存，结为一体。如果不能体察民情，制订出符合民心的政策，这就根本不可能通天下之志，定天下之业。《易传》由此而树立了一个评价政治得失的确定的标准，即"吉凶与民同患"。吉为政治之得，是政治的成功。凶为政治之失，是政治的失败。政治的得失决定于君主是否以民众的吉凶为吉凶，以民众的忧患为忧患，也就是说，应该根据民心的向背来评价政治的得失。

关于君臣关系，也是相互依存，结为一体，尽管君居尊位，臣处卑位，君为主导，臣为从属，但却是按照刚柔相济、阴阳协调的原则结成一种和谐统一的政治共同体。这种政治共同体有如人之一身，君为元首，臣为股肱，相亲相辅，互助合作，君主不可垄断权力，专制独裁，而应该委贤任能，信任臣下，臣下也不可结党营私，侵犯君权，而应该尽力辅助，志匡王室。这是一种君臣共治的思想，而与法家的那种绝对专制主义的思想判然有别。

《易传》根据阴阳哲学的原理，把君民、君臣之间的关系看成是对立的统一，既有相互依存的一面，也有相互对立的一面。但是，《易传》并不像法家那样把这种对立绝对化，主张君主必须站在臣民的对立面对他们进行强制性的控制，而是认为君主应该从对立中看到统一，把求同存异奉为指导政治的根本原则。睽卦的卦象䷥离上兑下，离为火，兑为泽，火动而上，泽动而下，象征事物存在着相互对立的一面。《彖传》解释说："天地睽而其事同也，男女睽而共志通也，万物睽而其事类也。"《象传》解释说："上火下泽，睽。君子以同而异。"这就是说，天地、男女、万物虽相反而又相成，这些不等同的东西包含着同一，同一是以对立面的差别为前提的，因此，处理政治领域的君民、君臣关系，应该遵循这条支配宇宙的普遍规律，善于发挥二者之间的相反相成的作用。

按照这个看法，凡是加强君民、君臣的依存关系使二者达到和谐统一的政治，就是成功的政治，反之，凡是破坏这种依存关系，使二者形成对抗局面的政治，就会身不保而国不安，是失败的政治。由于这种依存关系是政治稳定、社会和谐的基础，从根本上决定政治的得失。所以君主和臣民都应该以大局为重，根据一体化的要求来约束自己的行为，使这种关系不受到破坏，特别是处于权力结构顶端的君主更应该如此。比如《乾卦》中的"亢龙有悔"。《文言传》认为这是君主破坏了依存关系的一种错误的行为，严厉谴责说："亢之为言也，知进而不知退，知存而不知亡，知得而不知丧"。"贵而无位，高而无民，贤人在下位而无辅，是以动而有悔也。"乾卦上九爻是由九五发展而来。九五飞龙在天，以龙德而居尊位，守持中道，行为不偏，深明相互依存之理，故上应于下，下从于上，同声相应，同气相求。君主与臣民结为一体。但是上九却被权力冲昏了头脑，急躁冒进，刚愎自用，不以中道来约束自己的行为，使得权力脱离了赖以存在的基础，失去了民众的支持和贤人的辅助，变成了一个名副其实的孤家寡人，这就必然会走向反面，动而有悔，落得个灭亡的下场。

为了纠正"亢龙有悔"所造成的偏差，《易传》吸取了道家的"贵以贱为本，高以下为基"的思想，主张君主应该奉行谦卑的美德，以加强君主对于臣民的依存关系。《谦卦·象传》说：

　　谦，亨。天道下济而光明，地道卑而上行。天道亏盈而益谦，地道变盈则流谦，鬼神害盈而福谦，人道恶盈而好谦。谦，尊而光，卑而不可踰，君子之终也。

谦卦继大有卦之后。《序卦传》说，"有大者不可以盈，故受之以谦"，谦为有大而不自居之义。君主虽拥有广土众民，掌握最大的权力，但唯有自处谦卑，甘居人下，才能争取到臣民的支持和辅助，事事亨通，保持尊贵光荣不可逾越的地位。《老子》六十六章曾说："江海所以能为百谷王者，以其善下之，故能为百谷王。是以欲上民以言下之，欲先民必以身后之，是以圣人处上而民不重，处前而民不害，是以天下乐推而不厌"。《易传》所说的"谦尊而光，卑而不可踰"，认为天、地、人三才之道都是恶盈而好谦，是和道家的这个思想完全相通的。

《易传》把这种谦卑的美德贯彻到治民之道中，提出了一系列闪耀着民本思想光辉的具体的措施。首先，《易传》强调君主应该关心人民的生活，推行"损上益下"的惠民政策，建立"不伤财，不害民"的制度，使人民能够安居乐业，衷心悦服。它说：

"天地之大德曰生，圣人之大宝曰位。何以守位曰仁，何以聚人曰财。"（《系辞》下）

"天地养万物，圣人养贤以及万民。颐之时大矣哉。"（《颐卦·彖传》）

"山附于地，剥。上以厚下安宅。"（《剥卦·象传》）

"损上益下，民说无疆。自上下下，其道大光。……天施地生，其益无方。凡益之道，与时偕行。"（《益卦·彖传》）

"天地节而四时成，节以制度，不伤财，不害民。"（《节卦·彖传》）

《易传》认为，天地长养万物，其大德之生，君主的权位虽然宝贵，但是必须体现天地之大德，以仁爱之心关怀人民，把养育万民的问题置于首位。这也是国家政权的根本职责。其所以如此，是因为"民惟邦本，本固邦宁"。只有使人民生活安定，国家政权才能巩固。如果人民的生计发生了问题，基础动摇，国家政权也必然随之而崩溃，这就如同高山剥落倾圮而附着于大地的情形一样。因此，君主为了保住自己的权位，取得人民的欢心，应该"损上益下"，"厚下安宅"，施惠于民，不可横征暴敛，擅兴徭役，应该使赋税法令有所节制，不伤财，不害民。

其次，《易传》认为，为了维持社会政治秩序的稳定，应该用伦理教化的方法，而不可用武力强制的手段。它说：

"山下有风，蛊。君子以振民育德。"（《蛊卦·象传》）

"泽上有地，临。君子以教思无穷，容保民无疆。"（《临卦·象传》）

"风行地上，观。先王以省方观民设教。"（《观卦·象传》）

"山下有火，贲。君子以明庶政，无敢折狱。"（《贲卦·象传》）

"雷雨作，解。君子以赦过宥罪。"（《解卦·象传》）

"苦节不可贞，其道穷也。"（《节卦·象传》）

照《易传》看来，人类的社会政治秩序不是像法家所设想的那样，建立在强制性的统治与服从的基础之上，而是在屯体不宁、刚柔始交之时，由于阳刚势力"以贵下贱""刚来而下柔"，受到阴柔势力的衷心拥戴自愿组合而成的。因此，维持这种社会政治秩序，主要是依靠伦理教化以争取民心，而不是站在人民的对立面，来进行武力强制。为了实行教化，君主应该为人表率，成为道德的楷模，如果社会风气败坏，影响了秩序的稳定，君主应该反躬自省，引咎自责。《易传》的这个思想是和儒家的德治相通的。《论语·颜渊》："子欲善，而民善矣。君子之德风，小人之德草，草上之风必偃"。《易传》从自然规律的角度对德治做了进一步的论证，认为君主应该效法天道，像和煦的微风那样，"振民育德"，"省方观民设教"；像宽厚的大地那样，"教思无穷"，"容保民无疆"。如果不以伦理教化而以武力强制为手段，便会事与愿违，导致不稳定因素增长，因此而建立的制度就是一种使人痛苦的制度，称之为"苦节"。"苦节不可贞，其道穷也"，政治到了这种局势，就是穷途末路，不可收拾了。

第三，《易传》认为，居于尊位的君主只有以发于至诚的信任才能广系天下之心，因为诚信是国家团结的纽带，社会凝聚的动力。如果君民关系建立在彼此信赖的基础之上，君主以至诚之心对待人民，人民也会以至诚之心对待君主，至诚相感，上下交孚，于是君主就可以受到人民的衷心爱戴，能够克服一切困难，动而无违，得志于天下。它说：

"有孚惠心，勿问之矣。惠我德，大得志也。"（《益卦·九五象传》）

"兑，悦也。刚中而柔外，悦以利贞。是以顺乎天而应乎人，悦以先民，民忘其劳；悦以犯难，民忘其死。悦之大，民劝矣哉。"（《兑卦·象传》）

"刚来而下柔，动而悦，随。大亨贞无咎，而天下随时。随时之义大矣哉。"（《随卦·彖传》）

"中孚，柔可内而刚得中，悦而巽，孚乃化邦也。豚鱼吉，信及豚鱼也。"（《中孚卦·彖传》）

孚是诚信，中孚就是中心诚信的意思。中心诚信，是为至诚。至诚可以使冥顽的豚鱼之物也受到感化。若能如此，整个国家也就笼罩着一种发自内心的敦实笃信的气氛而同心同德，上下都感到悦乐。这种悦乐"顺乎天而应乎人"，既合乎天道，也合乎人情，是一种天人俱悦的境界。为了使国家政治也能达到这种境界，君主应该刚中以正己，柔外以悦民，自处谦卑，以刚下柔，时时想到施惠于下，争取民心。把权力当作满足人民愿望的工具。所谓"惠我德，大得志也"，是说君主出于至诚施惠于下而取得了人民的信赖和支持。这是政治的最大的成功。这种成功的政治把君民凝聚为一个共同感到悦乐的整体。动而悦，悦而巽，有事而与民趋之，则如禹之治水，劳而忘劳；有难而与民犯之，则如汤之东征西怨，死而忘死。既然君民之间以诚信为纽带结成了互惠的关系，"有孚惠心"，这种政治也就不待问而元吉了。

关于君臣关系，《易传》根据刚柔相应、阴阳协调的哲学原理，发挥了君臣共治的思想，而与法家的那种以法、术，势为手段把权力完全集中于君主一人之手的绝对专制主义形成了鲜明的对照。《系辞》说：

"'同人。先号咷而后笑'。子曰：君子之道，或出或处，或默或语。二人同心，其利断金；同心之言，其臭如兰。"

"先号咷而后笑"是《同人卦》九五的爻辞。九五阳刚中正，尊居君位。本与居于大臣之位的六二同心相应，但因受到九三、九四两个小人的阻隔，不能立即会合结为一体，所以先是号咷哭泣，悲愤不能自已。后来由于六二忠而不贰，上应于九五，九五中直而不疑。下应于六二，终于克服了小人的阻隔，君臣相遇，情投意合，所以又欢欣鼓舞，破涕为笑。照《易传》看来，如果君臣之间的关系产生了隔膜，就是一种令人痛心的政治局面。相反，如果君臣同心，融洽无间，是值得庆幸的。因为"二人同心，其利断金"，君主的政治决策只有取得臣下的共识，受到他们的拥护，才能无坚不摧，无往不胜。如果独断专行，刚愎自用，就会陷入孤立无援的困境。

《易传》的这个思想强调君主对臣下的依赖，表现了臣下凭借文化道德因素的热切参政要求，是对绝对君权的一种有力的限制。根据这个思想，《易传》主张贤人政治而反对专制政治。《大畜卦·象传》说：

　　　　"大畜，刚健笃实，辉光日新其德。刚上而尚贤，能止健，大正也。不家食吉，养贤也。"

　　大畜艮上乾下，艮为山，乾为天，天藏于由中，有所畜至大之象。乾体刚健，艮体笃实，刚健则自强不息，笃实则充实盈满，故能辉光焕发，日新其德。这是一个理想的君主所应具备的美德。君主何以能具备如此的美德，关键在于他能尚贤。从爻位配置来看，六五为君，上九为臣，六五以柔顺之资奉上九阳刚之贤居于尊位之上，虚怀若谷，谦卑自处，如同周武王尊姜太公为尚父那样，这就是"刚上而尚贤"。从卦体的结构来看，艮上乾下，艮为止，乾为健，乾健欲上进而艮止之于下，象征臣对君权的限制，能止共君之不善。其所以能止健，是因为臣具备了大人正己之德，能格君心之非，所以说，"能止健，人正也"。既然贤人在国家政治生活中有如此重大的作用，君主一时一刻也离不开贤人的辅助，所以君主必须致力于养贤，使贤者在位，能者在朝，不要使其穷处而自食于家。所以说，"不家食吉，养贤也。"这也是判定政治吉凶得失的一个确定的标准。

　　《易传》把尚贤、养贤的思想提到天道自然规律的高度进行了论证。《颐卦·象传》说："天地养万物，圣人养贤以及万民"。《夬卦·象传》说："泽上于天，夬，君子以施禄及下，居德则忌"。《系辞》说：《易》曰："自天祐之，吉无不利。子曰：祐者助也。天之所助者顺也，人之所助者信也。履信思乎顺，又以尚贤也。是以自天祐之，吉无不利也"。

　　所谓顺，就是阴顺阳，阳顺阴，阴阳双方只有在互相适应的过程中才能产生功能性的协调，萌发生机，这是符合天道阴阳的自然规律的，可以获天之助。就社会人际关系而言，应该以相互之间的信赖作为联结的纽带。这种相互信赖同样是在阴顺阳、阳顺阴的过程中产生的。如果阴阳双方各行其是，互不信任，彼此伤害，社会生活就不能正常运转，社会秩序也会解体，所以说，"人之所助者，信也。"君道为阳，臣道为阴，阳为主导，阴为从属，对于君主来说，应该特别强调其阳顺阴的一面。因为只有如此，才能使君主的行为不违反天人之理，"履信思乎顺，又以尚贤"。既得到天助,又得到人助。这也就是儒家所说的"得道者多助"的意思。否则,如果君主以阳居阳,用其刚壮,不去争取贤人的辅助,像法家那样把所有的臣下统统当作敌人严加防范,造成君臣之间离心离德,这就是"失道者寡助",必然会受到天人之理的惩罚,导致政治的彻底失败。

《易传》强调指出,《周易》是圣人怀着忧患意识写成的一部拨乱反正之书。《系辞》说:

"《易》之兴也,其于中古乎?作《易》者。其有忧患乎?"

"《易》之兴也,其当殷之末世,周之盛德邪?当文王与纣之事邪?是故其辞危。危者使平,易者使倾;其道甚大,百物不废。惧以终始,其要无咎,此之谓《易》之道也。"

《易传》的这种忧患意识是为矛盾冲突、混乱失序的现实的困境所激发,集中反映了处于暴政统治之下的人们对和谐秩序的向往,以社会的整体利益为重,忧国忧民,力求克服事实与价值、现实与理想的背离,谆谆告诫统治者在决策活动中应该自始至终保持危惧警惕之心。因为只有知所危惧,才能减少失误,不犯错误,在冲突之时可以促使向和谐转化,在和谐之时可以头脑清醒,安而不忘危,存而不忘亡,治而不忘乱。北宋李觏在《易论》中曾经十分感慨地指出:

"噫!作《易》者既有忧患乎,读《易》者其无忧患乎?苟安而不忘危,存而不忘亡,治而不忘乱,以忧患之心。思忧患之故,通其变,使民不倦,神而化之,使民宜之,则自天祐之,吉无不利矣。"

所谓"以忧患之心,思忧患之故",不仅是李觏通过个人切身的体会所总结出来的读《易》法,也是历史上的一些具有远见卓识的思想家和政治家普遍奉行的读《易》法。后世的一些思想家和政治家虽然生活在不同的历史条件之下,面临着不同的困境,但是为了寻求拨乱反正的途径,汲取摆脱困境的政治智慧,往往是抱着如同李觏所说的"以忧患之心,思忧患之故"的精神去研究《周易》的。《周易》在后世之所以一直享有群经之首、六艺之原的崇高地位,主要是由于人们从政治的角度进行了认真仔细的比较,一致公认在所有的典籍中,唯有《周易》对治乱兴衰规律的研究,最能启发人们的政治智慧,最能帮助人们拨乱反正,去建立一个符合人们理想的天地交泰、政通人和的秩序。

《公羊传》哀公十四年："拨乱世，反诸正，莫近诸《春秋》。"这是拨乱反正一词的最早的出处。汉武帝时期，由于董仲舒的提倡，《春秋公羊》学成为显学，人们都推崇《春秋》，从中寻求拨乱反正的指导思想。司马迁受这种风气的影响，也十分推崇《春秋》。他在《史记·太史公自序》中曾说："《春秋》者，礼义之大宗也"。"故有国者不可以不知《春秋》"。"为人臣者不可以不知《春秋》"。但是，当司马迁把《春秋》和《周易》这两部经典做了一番认真仔细的比较之后，终于承认它们在拨乱反正方面有着不同的功能。在《史记·司马相如传》中，司马迁指出："《春秋》推见至隐，《易》本隐以之显。"这就是说，《春秋》是通过一些具体的历史事例来表明其中所隐含的微言大义，《周易》则是根据抽象普遍的哲学原理来揭示具体的政治操作所遵循的规律。司马迁言下之意，可能是认为，拿《周易》来与《春秋》相比，《周易》的哲学思维水平更高，对于拨乱反正的指导功能更强，给人的政治智慧的启发更大。东汉时期，班固在《汉书·艺文志》中做了进一步的比较，认为六艺之文，《乐》偏于仁，《诗》偏于义，《礼》偏于礼，《书》偏于知，《春秋》偏于信。"五者，盖五常之道，相须而备，而《易》为之原。故曰《易》不可见，则乾坤或几乎息矣，言与天地为终始也。"班固推崇《周易》的看法与司马迁类似，代表了汉代人的共识，自此以后，二千多年中，《周易》所享有的群经之首、六艺之原的地位从来没有动摇。

魏晋时期，阮籍作《通易论》，称《周易》为变经，认为《周易》是一部"因阴阳，推盛衰"，研究变化之道的书。圣人根据这种变化之道，"建天下之位，定尊卑之制，序阴阳之适，别刚柔之节。"所谓变化之道，也就是治乱兴衰的规律。人们只有遵循这个规律，才能建立良好的政治秩序。"顺之者存，逆之者亡，得之者身安，失之者身危。故犯之以别求者，虽吉必凶；知之以守笃者，虽穷必通。"可以看出，阮籍推崇《周易》，也是着眼于政治，强调它的变化之道是拨乱反正必须坚持的指导思想。

唐代孔颖达对六十四卦所代表之时做了分类的研究，归纳为四种类型。他指出，"然时运虽多，大体不出四种者。一者治时，颐养之世是也。二者乱时，大过之世是也。三者离散之时，解缓之世是也。四者改易之时，革变之世是也。"（见《周易正义·豫卦》）孔颖达对时运的研究，目的是掌握治乱兴衰的规律，决定适时之用的对策。"时之须用，利益乃大"。照孔颖达看来，把这种规律用于指导实际的政治决策，可以少犯错误，获得很大的利益。

宋代是易学研究的繁荣时期。在这个时期，出现了一个以李光、杨万里为代表的"参证史事"的学派。所谓"参证史事"，是说引史说经，用历史上的成败得失的具体事例来论证阐发《周易》所揭示的治乱兴衰的规律。杨万里在《诚斋易传序》中说明了他对《周易》的根本理解。他认为，《周易》不仅讲"变"，而且讲"通变"。"变"是就客观事物的变化而言，"通变"则是指人们主观上的应变之方。客观事物的变化，有得有失，有治有乱，并不尽如人意。圣人为此感到忧虑，致力于研究使现实符合于理想的通变之道，这是作《易》的用心所在。这种通变之道能够启发人们的智慧，指导人们的决策。"得其道者，蛊可哲，慝可淑，眚可福，危可安，乱可治，致身圣贤而跻世泰和，犹反手也。"杨万里的这个看法进一步强调了《周易》的拨乱反正的作用，突出了《周易》在中国政治文化中的地位，对后世产生了深远的影响。

明代的改革家张居正十分推崇《诚斋易传》，他在政务繁忙、日理万机之际，仍然抽出时间热心地研读，从中汲取思想营养，指导自己的改革事业。他在《答胡剑西太史》的信中谈了自己的心得体会。他说："弟甚喜杨诚斋《易传》，座中置一帙常玩之。窃以为六经所载，无非格言，至圣人涉世妙用，全在此书。"（《张太岳集》卷三十五）张居正所说的"涉世妙用"，就是杨万里所说的"通变之道"，也就是《系辞》所说的"开物成务"，意思都是根据社会政治秩序客观呈现出来的治乱兴衰的规律，采取正确的决策，促进事物朝着和谐的方向转化。

由此可以看出，《易传》的这种追求社会整体和谐的政治思想开创了一个闪耀着民本思想光辉的政治文化传统。在它的和谐思想中，始终是贯穿着一种强烈的忧患意识和清醒的理性精神，力求克服现实与理想的背离，用理想来纠正现实，使现实符合于理想。由于它对冲突与和谐、动乱与稳定的转化规律做了系统的研究，蕴含着十分丰富的决策思想和管理思想，所以历代的有识之士都把它看作是一部拨乱反正之书，从中汲取"涉世妙用"的政治智慧，对专制政治所造成的各种偏差进行批判和调整。

（原载于《中国哲学史》1992 年第 1 期）

易学与中国伦理思想

在中国伦理思想史上,《周易》一直占有崇高的地位,被奉为性命之源,圣学之本,受到历代学者的重视。周敦颐赞叹说:"大哉《易》也,性命之源乎!"(《通书》)王夫之通过认真地比较研究指出:"根极精微,发天人之蕴,《六经》《语》《孟》示人知性知天,未有如此之深切著明者,诚性学之统宗,圣功之要领,于《易》而显。"(《周易内传》卷五)

《周易》的伦理思想之所以高于除《易》以外的《五经》《语》《孟》,主要在于吸收了道家的天道阴阳的思想,提炼出了"性命之理"的范畴作为自己的理论基础。《说卦》说:

> 昔者圣人之作《易》也,将以顺性命之理,是以立天之道曰阴与阳,立地之道曰柔与刚,立人之道曰仁与义。

仁义本是儒家的伦理范畴,但是儒家的孔孟从未把仁义提到性命之理的高度,用阴阳哲学来论证。"立天之道曰阴与阳"的思想首先是由道家的老庄提出来的,但是他们二人从未把这个思想与人性的本质联系起来。《易传》综合总结了儒道两家思想的成果,沟通了天人关系,认为天道的阴阳就是人道的仁义,人道的仁义也就是天道的阴阳,合而言之,统属于性命之理,于是仁义这对伦理范畴就上升到深沉的宇宙意识的层次,具有极为丰富的哲学含义了。

后世的易学家常常把仁义与阴阳相配,从性命之理的高度来阐发仁义的哲学含义,曾经有过许多不同的说法。比如扬雄说,"于仁也柔,于义也刚"。周敦颐以仁为阳,义为阴。朱熹认为,当以仁对阳。仁若不是阳刚,如何做得许多造化?义虽刚,却主于收敛,仁却主发舒。(见《朱子语类》卷七十七、九十四)王夫之反对这些机械的配法,认为是"拘文牵义",

"辨析徒繁",根据他的"乾坤并建"的易学思想做了新的解释。王夫之指出,天下无有截然分析而必相对待之物,阴与阳是相合以成,两相倚而不离的,无有阴而无阳,无有阳而无阴。就天地而言,天之有柔以和煦百物,地之有阳以荣发化光,并无判然不相通之理。仁义与阳刚阴柔的关系也是如此。"仁之严以闲邪者刚也,阴也;慈以惠物者柔也,阳也;义之有断而俭者阴也,刚也;随时而宜者阳也,柔也。"因此,阴阳、刚柔、仁义,虽有分而必有合,"不可强同而不相悖害,谓之太和。"所谓太和,也就是和顺。"天地以和顺而为命,万物以和顺而为性。继之者善,和顺故善也。成之者性,和顺斯成矣。""和顺者,性命也;性命者,道德也。"(见《周易外传》卷七,《周易内传》卷五、卷六)

王夫之把性命之理归结为和顺,和顺就是阴顺阳,阳顺阴,阴阳两大对立势力协调共济,相因相生,维持一种必要的张力,构成天人整体的和谐。这种和顺既是大化流行、生生不已的内在的动因,宇宙自然秩序的本然,又是人性本质的关键所在,伦理思想的根本原理。照王夫之看来,性命之理不光是指天道的阴阳,地道的柔刚,人道的仁义,还必须进一步理解其要本归于和顺,才能全面准确地把握这个性命之理所蕴含的思想精髓与价值理想。所谓"天地以和顺而为命,万物以和顺而为性",是说天地万物阴阳变化不相悖害而和谐统一,归于和顺,这是性命之源。所谓"继之者善,和顺故善也",专就天人接续之际而言。人禀赋此性命之源而有仁义之性,仁义就是阴阳,单有仁不叫作善,单有义也不叫作善,唯有使仁义达到如同天地万物那种和顺的境界,才叫作善。因此,和顺二字就是人的道德行为所追求的最高目标,也是判断人的道德行为的价值标准。《说卦》说:"和顺于道德而理于义,穷理尽性以至于命"。所谓穷理,是穷尽得此和顺之理。所谓尽性,是尽其在我,显现自身所禀赋的仁义之性,以和顺为目标,进行不懈的追求。所谓至命,是向性命之源的复归,如果穷理尽性做到极处,既成己又成物,不仅使个人身心和顺,而且使社会人际关系也和顺,这就是一个理想的人格,达于至善了。

儒家对仁义这对伦理范畴曾经有过很多讨论。孟子说:"仁之实,事亲是也;义之实,从兄是也。"(《孟子·离娄上》)《中庸》说:"仁者人也,亲亲为大;义者宜也,尊贤为大。"《礼记·表记》说:"厚于仁者薄于义,亲而不尊；厚于义者薄于仁，尊而不亲。"从这种讨论可以看出，儒家所关注的不仅是对仁义的内涵做出规定，而且力图弄清仁与义二者之间的关系。仁的核心是爱，着重于亲亲，义的核心是宜，着重于尊尊，二者虽是最高的美德，但是具体到某一个人身上，并不能恰到好处，有的人仁多义少，有的人义多仁少，只有把仁和义有机地结合起来，才能做到"亲而尊"，避免"亲而不尊"或"尊而不亲"的偏向。儒家的这些看法是有大量的经验事实为依据的。《说卦》站在阴阳哲学的高度对这些看法进行了一次理论上的升华，提出了"立人之道曰仁与义"的命题。照《周易》看来，为什么仁义必须有机地结合而不能有偏，是因为只有如此才能符合囊括天人的性命之理，而性命之理的本质就在于阴与阳、柔与刚、仁与义的和谐的统一。就仁义必须符合客观外在的性命之理而言，《周易》的伦理思想可以说是"他律"的，但是仁义为人性所固有，人发挥自己的本性，由尽性以至于命，就这一方面来看，《周易》的伦理思想又可以说是"自律"的。把"自律"与"他律"融为一体，既强调人应效法天地，按照宇宙自然的和谐秩序来规范自己的行为，又强调人应发扬自强不息的精神，奋发精进，实现自己所禀赋的善性，而要本归于和顺，以谋划社会人际关系的整体和谐作为道德追求的最高目标，这就是《周易》的伦理思想的特色，也是《周易》的伦理思想的总纲。

《周易》关于社会伦理规范的思想是围绕着礼的范畴而展开的。《履卦·象传》说：

上天下泽，履。君子以辨上下，定民志。

履卦☰上乾下兑，乾为天，兑为泽。《易传》认为，天在上，泽居下，履卦的这种卦象就象征着社会上尊卑贵贱的等级制度。君子看了这种卦象，应该辨别上下之分，确定正当的行为规范，使人民有所遵循。履的意思是践履，践履应该遵循礼的规范，所以履也就是礼。《序卦》说："物畜然后有礼，故受之以履。履者，礼也。"

大壮卦的卦象☳是上震下乾，震为雷，乾为天。《象传》解释说：

雷在天上，大壮。君子以非礼弗履。

雷震动于天上，声威甚壮，是为大壮。同时这种卦象也象征着以卑乘尊，壮而违礼。《易传》认为，君子看了这种卦象，应该戒惧警惕，使自己的行为遵循礼的规范，"非礼弗履"。《易传》的这个思想显然是和孔子的"克己复礼"的思想相一致的。孔子说："非礼勿视，非礼勿听，非礼勿言，非礼勿动。"（《论语·颜渊》）

但是，《易传》根据阴阳哲学对孔子的这个思想进行了理论上的升华，从天地万物的生成、人伦关系的发展论证了礼的起源和存在的基础。《序卦》说：

> 有天地然后有万物，有万物然后有男女，有男女然后有夫妇，有夫妇然后有父子，有父子然后有君臣，有君臣然后有上下，有上下然后礼义有所错。

照《易传》看来，天地为万物之本，夫妇为人伦之始。就天地而言，天为阳，地为阴，天在上，地在下，虽有尊卑贵贱之分，但是必须互相感应，交通成和，才能化生万物。因而宇宙的自然秩序是由两个不同的方面共同构成的，一方面是阴阳之分，另一方面是阴阳之合，二者缺一不可。《系辞》所谓"天地絪缊，万物化醇；男女构精，万物化生"，把这个意思说得更为显豁。"天地""男女"，指的是阴阳之分。"絪缊""构精"，指的是阴阳之合。正是由于这两个方面的结合，所以自然界呈现出一种秩序井然而又生生不已的运动过程。人类社会的秩序是效法天地的秩序建立起来的，同样也包含着这两个方面。夫为阳，妇为阴，这是阴阳之分。夫妇交合而产生子女，这是阴阳之合。夫妇之所以为人伦之始，是因为有夫妇然后有父子，有父子然后有君臣，有君臣然后有上下，人类社会的各种人际关系都是由夫妇关系派生演化而来的。为了调整稳定各种人际关系，于是建立设置了一套伦理规范，这就是礼的起源。这种礼虽是人为的创设，但却是效法天地，以宇宙的自然秩序作为自己存在的坚实的基础。它不仅强调阴阳之分，而且十分重视阴阳之合。如果人类社会的人际关系只有阴阳之分而无阴阳之合，就会像否卦的卦象所象征的那样，形成否结不通的状态，造成"上下不交而天下无邦"的后果，整个社会失去了联系的纽带，分崩离析，陷入解体了。相反，如果只有阴阳之合而无阴阳之分，就会上下不分，贵贱不明，秩序混乱，社会生活也难以正常地运转。

既然夫妇为人伦之始，由夫妇所组成的家庭是社会结构的基本单位，那么处理家庭关系的伦理规范就必须首先体现阴阳之分与阴阳之合的原则，成为其他各种伦理规范的根本。家人卦集中讨论了家庭伦理。家人卦的卦象☲☴，内卦离为火，外卦巽为风，风自火出，象征风化之本，自家而出。六二为女，女居阴位，九五为男，男居阳位，象征女正位乎内，男正位乎外。《彖传》解释说：

> 家人，女正位乎内，男正位乎外；男女正，天地之大义也。家人有严君焉，父母之谓也。父父，子子，兄兄，弟弟，夫夫，妇妇，而家道正，正家而天下定矣。

就男女开始结为夫妇而言，关键在于阴阳之合。既已结为夫妇而组成家庭，关键则在于阴阳之分。虽然如此，分与合是一种辩证的关系，相反相成，不可割裂。我们可以把咸卦和家人卦作一番比较。咸卦的卦象☱☶兑上艮下，兑为少女，艮为少男。《彖传》解释说：

> 咸，感也。柔上而刚下，二气感应以相与，止而悦，男下女，是以亨，利贞，取女吉也。天地感而万物化生，圣人感人心而天下和平；观其所感，而天地万物之情可见矣。

咸卦集中讨论少男少女如何通过相互之间的感应而结为夫妇。《易传》认为，为了促使阴阳交感得以顺利进行，作为少男的一方必须打破男尊女卑的常规，与女方互换位置，柔上而刚下，男下女，才能取得女方的欢心。反过来看，如果男方片面地强调阴阳之分，不尊重女方，不抱着"以虚受人"的态度去主动地争取女方的喜悦，交感的过程就无法进行。实际上，这是宇宙的普遍规律，谁也不能违反的。比如否卦☰☷，天在上，地在下，虽然符合天尊地卑的常规，但是"天地不交而万物不通"，很不吉利。泰卦☷☰与否卦相反，天本在上而居于地之下，地本在下而居于天之上，结果是顺利完成了交感的过程，"天地交而万物通"，是个大吉大利的卦。

当男女既已结为夫妇而组成家庭，并且派生出父子、兄弟、夫妇种种复杂的人际关系，就应该按照阴阳之分的原则，建立一种正常的合理的秩序，做到"女正位乎内，男正位乎外"，各尽其伦，各尽其职，这也是符合"天地之大义"的。虽然如此，分中仍有合。在一家之内，父母是尊严的家长，如同国之严君一样。父为男，男性刚而动，宜于主持外事，故"男正位乎外"。母为女，女性柔而静，宜于主持内事，故"女正位乎内"。父母的职责尽管不同，却是相互配合，刚柔并济的。这是因为，家庭内部的各种人际关系是一个矛盾的统一体，一方面不能不辨明上下尊卑长幼之序，否则就无从树立家长的权威而使家庭成员失去统率，因而必须强调阴阳之分的原则，治家要严，以敬为主；另一方面，又不能不维护家庭内部感情上的团结，做到和睦融洽，交相爱乐，因而必须重视阴阳之合的原则，治家宜宽，以爱为本。宽与严、爱与敬是相互矛盾的。王弼注《家人卦》说："凡物以猛为本者，则患在寡恩；以爱为本者，则患在寡威。"《易传》为了把这两个方面统一起来，使之无过无不及，所以认为家人之严君既不单单是父也不单单是母，而是父母的共同的配合。母性的慈爱与宽容可以制约父性的威严而不致流入"寡恩"，反过来看，父性的威严又可以制约母性的宽柔而不致流入"寡威"。宽与严、爱与敬的结合，不仅是家庭伦理的规范，也是社会伦理、政治伦理的基础，所以《易传》认为："父父，子子，兄兄，弟弟，夫夫，妇妇，而家道正，正家而天下定矣。"

儒家一贯主张，家齐而后国治，国治而后天下平，家庭伦理是社会伦理与政治伦理的基础，《易传》的这个思想是和儒家完全相通的。但是，《易传》根据推天道以明人事的思路，对儒家的主张做了自然主义的论证，这就把儒家的人文价值理想提高到深沉的宇宙意识的层次，给人们提供了一个全面的辩证的观点。人们在履行伦理规范时，应该同时照顾到阴阳之分与阴阳之合两个不同的方面，才能符合"天地之大义"。因此，不能把伦理规范看成僵死的凝固的教条，必须服从的绝对的律令，而应该审时度势，根据各种具体的情况，从相互制约、相互依存的角度来全面地理解。比如父慈、子孝、兄友、弟恭、夫义、妇随，这些都是儒家所提出的家庭伦理的规范。《易传》虽然赞同这些规范，但是并不孤立地讨论规范的本身，而是站在更高的层次对家庭关系的整体进行综合的动态的考察，根据它的总的发展趋势提出拨乱反正的调整方案。比如《家人卦·九三》："家人嗃嗃，悔厉吉。妇子嘻嘻，终吝。"《象》曰："家人嗃嗃，未失也，妇子嘻嘻，失家节也。"杨万里在《诚斋易传》中解释说：

> 正家之道，严胜则厉，和胜则溺。嗃嗃而严，严胜也。嘻嘻而笑，和胜也。然严胜者，虽悔厉而终吉，故圣人劝之以未失。和胜者，虽悦怿而终吝，故圣人戒之以失节。九三刚而过中，严胜者也。正家之道，圣人取焉。

实际上，与其和胜，不如严胜，这只是一种不得已而降其次的权变的做法，最合理的正家之道应该是严而不厉，和而不溺，把严与和两个矛盾的方面有机地结合起来而不陷入一偏。朱熹和他的学生也讨论过这个问题。《朱子语类》卷七十二记载：

> 或问："（伊川）《易传》云，正家之道在于'正伦理，笃恩义'。今欲正伦理，则有伤恩义；欲笃恩义，又有乖于伦理，如何？"曰："须是于正伦理处笃恩义，笃恩义而不失伦理，方可。"

但是，由于家庭的各种人际关系在动态的发展过程中复杂多变，只能根据具体的情况追求一种相对的合理性，所以与其和胜不如严胜的做法仍然是可取的。

虽然如此，社会整体的和谐毕竟是伦理思想所追求的最高目标，为了把家庭伦理用于天下国家，使整个社会凝聚为一个和谐的统一体，关键在于推广扩展弥漫于家庭成员中的那种交相爱的骨肉感情。从这个角度来看，那就是与其严胜不如和胜了。《家人卦·九五》："王假有家，勿恤，吉。"《象》曰："王假有家，交相爱也。"杨万里在《诚斋易传》中解释说：

> 正家在政，睦家在德。正人在法，感人在心。使我正人易，使我爱人难。使我爱人易，使人爱我难。使人爱我易，使人人交相爱难。非以德睦之，以心感之，安能使之交相爱乎？九五以乾德之刚明，居巽位之中正，为天下国家之至尊，而爱心感人，巽而入之，此所以感假其家人，以及天下，莫不人人交相爱，勿忧天下之不爱而自吉也。

社会伦理是家庭伦理的推广和扩展。虽然二者在总的原则上是共通的，但是由于社会伦理所要处理的是个人与群体的关系，而不是家庭成员间的血缘关系，所以《易传》强调指出，当从家庭走向社会和同于人之时，必须以大公至正的宽广胸怀，克服偏私狭隘的心理，如果只是"同人于宗"，把自己局限在同姓宗族的狭小的范围之内，那就是鄙吝之道。《同人卦·初九》："同人于门，无咎。"《象传》赞扬说："出门同人，又谁咎也？"初九走出家门而和同于人，说明初九不偏私于家人，与社会成员广泛交往，胸怀宽广，大公至正，是不会有人来责难他的。六二则与初九相反。《象传》严厉谴责说："同人于宗，吝道也。""同人于宗"之所以为吝道，是因为这种只与宗族和同而不与社会和同的封闭的心态，偏私狭隘，破坏了社会的凝聚力，只能引起争斗而不利于团结。《易传》关于社会伦理规范的思想始终是着眼于社会整体的和谐的，反复强调应该按照合于乾行的中正之道来沟通天下人的思想。《同人卦·象传》说："文明以健，中正而应，君子正也。唯君子为能通天下之志。"程颐在《伊川易传》中解释说：

> 天下之志万殊，理则一也。君子明理，故能通天下之志。圣人视亿兆之心犹一心者，通于理而已。文明则能烛理，故能明大同之义；刚健则能克己，故能尽大同之道；然后能中正合乎乾行也。

关于政治伦理，也同样应该履行这种合乎乾行的中正之道。中则不过，指的是阳的行为不能过于刚直，阴的行为不能过于柔顺，而必须合乎中道。正则不邪，指的是阴阳各当其所，行为正直，不相伤害，合乎尊卑有序的原则。很显然，中的规范是适应于阴阳交感的要求，正的规范是适应于等级秩序的要求，二者都是从既有阴阳之分又有阴阳之合的家庭组织与社会结构中自然引申出来的，因而也是政治伦理的基础。如果阴阳双方的行为不中，便无从完成交感，组建社会；如果行为不正，就会贵贱不分，尊卑不明，失去应有的节制。因此，阴阳双方的行为是否中正，直接关系到政治的稳定，社会的和谐。

照《易传》看来，尽管家庭伦理、社会伦理、政治伦理所处理的关系不相同，具体的行为规范存在着差异，但是，同时照顾到阴阳之分与阴阳之合的中正之道却是普遍适用的。因为只有这种中正之道才合乎乾行。乾行即天行，也就是天道的自然规律。《易传》反复强调，人类社会的伦理规范都是取法于天道的。天道不仅以其一阴一阳的运行规律给人们启示了中正之道，而且以其生生不已、变化日新的总体特征给人们启示了元亨利贞四德。元者万物之始，给人们启示仁的美德。亨者万物之长，给人们启示礼的美德。利者万物之遂，给人们启示义的美德。贞者万物之成，给人们启示智的美德。仁、礼、义、智，这都是儒家的基本伦理规范，孟子只从人心之四端来论证，认为"恻隐之心，仁之端也；羞恶之心，义之端也；辞让之心，礼之端也；是非之心，智之端也。人之有是四端也，犹其有四体也。"（《孟子·公孙丑上》）《易传》则把这几种伦理规范提到天道的运行、万物的生成、四时的推移的高度来论证，这就给人们提供了一个推天道以明人事的新思路，可以更加全面地来理解它们，更加自觉地根据自然的和谐来谋划社会的和谐了。

《易传》把这种推天道以明人事的思路运用于道德修养，总体上表现了一种"他律"与"自律"相结合的精神。《系辞》说：

> 夫《易》，圣人所以崇德而广业也。知崇礼卑，崇效天，卑法地，天地设位而《易》行乎其中矣。成性存存，道义之门。

"崇效天，卑法地"是"他律"。"成性存存，道义之门"是"自律"。《易传》把"自律"与"他律"，融为一体，这种独特的思路是以统贯天地人的三才之道为理论基础的。

先秦时期，孟子主张"自律"而反对"他律"，荀子则恰恰相反，主张"他律"而反对"自律"。其所以如此，是因为他们对人性问题的理解有着根本性的分歧。孟子认为，人之性善，道德观念完全是天赋的，不学而能，不虑而知，与生俱来，为人心所固有，因此，道德修养不必向外追求，只要做一番扩充存养的内省功夫，就可以由尽心以知性，由知性以知天。荀子则从"明义者，是生于圣人之伪，非故生于人之性也。"（《荀子·性恶》）因此，荀子把道德修养看作是一个"化性起伪"的过程，即通过后天的学习积累，用客观外在的礼义来改造人性。究竟道德是为人心所固有，还是客观外在的呢？由于道德和人们的具体行为联系在一起，本质上是主观和客观的统一，既不能单纯解释为个人的内心世界，也不能完全看作是由外界所规定的一套规范的总和。孟子和荀子割裂了这种关系，强调一方面而否定另一方面，因而关于道德修养的主张，各有所见，也各有所偏。孟子主张"自律"而反对"他律"，就其强调发挥主体的高度自觉而言是有道理的，但不能解释只在扩充存养上下功夫而不用客观准则来衡量，何以自然合乎礼义。荀子主张"他律"而反对"自律"，就其强调只有用客观准则来衡量才能合乎礼义而言是有道理的，但不能解释礼义既然与人性相违反，何以人必须忍受这种外在的强制，用礼义来伤害扭曲自己的本性。

《易传》用一阴一阳之道统贯天地人。就天道之阴阳、地道之柔刚而言，是客观外在的自然律，就人道之仁义而言，这种自然律却是植根于内在的人性，成为人性的本质。因此，《易传》认为，"继之者善也，成之者性也"，人之善性不是一个静态的结构，而是"继之"与"成之"的动态的过程。"继"是承继接续的意思，"之"是指一阴一阳之道，即客观外在的自然律。继之则为善，不继则不善，所以人必须自觉地去承继接续这种客观外在的自然律，使之变为自己的主观内在的善。"成"是凝结实现的意思，"之"是既指客观外在的自然律，也指主观内在的善，成之则为性，不成则不能凝结实现人之所以为人的本质，所以人必须高度发挥主观能动性，加强道德修养，以进入"道义之门"。《易传》的这个思想，通天人，合内外，把发挥主体自觉的"自律"道德和遵循客观准则的"他律"道德融为一体，与孟荀相比较，可以说既综合了二家之所长，又避免了二家之所短。

由于重视"他律"，所以《易传》认为，道德修养应以天地自然为效法的对象，以客观外在的伦理规范为衡量的准绳，以后天的学习积累为修养的功夫。《系辞》所谓"知崇礼卑，崇效天，卑法地"，是说智与礼两种道德都是效法天地而来的。智慧贵在崇高，礼节贵在谦卑，崇高是仿效天，谦卑是取法地。《乾卦·象传》："天行健，君子以自强不息。"《坤卦·象传》："地势坤，君子以厚德载物。"这是说，君子的自强不息的进取精神是仿效天，厚德载物的宽容精神是取法地。《大壮·象传》："雷在天上，大壮。君子以非礼弗履。"《益卦·象传》："风雷，益。君子以见善则迁，有过则改。"这是说，应以客观外在的规范来衡量自己的行为。《大畜·象传》："天在山中，大畜。君子以多识前言往行，以畜其德。"《升卦·象传》："地中升木，升。君子以顺德，积小以高大。"这是说，道德的提高依赖于后天的学习积累。《易传》的这些思想与荀子的主张是极为类似的。

但是，《易传》除了重视"他律"以外，还重视"自律"，而与孟子的主张相类似。《晋卦·象传》："明出地上，晋。君子以自昭明德。"宋代易学家俞琰解释说："明德，君子固有之德也。自昭者，自有此明德而自明之也。夫人之德本明，其不明者，人欲蔽之耳。人欲蔽之，不能不少昏昧，而其本然之明，固未尝息也。忽尔省察而知所以自明焉，则吾本然之明亦如日之出地，而其明昭著，初无增损也。自之一字，盖谓由吾自己为之耳，非由乎人也。"（《周易集说》卷十二）俞琰的解释虽然带有后世理学的色彩，大体上却也不违反《易传》的本旨。照《易传》看来，人如能承继一阴一阳之道，并且凝成而为自己的善性，就有了固有之明德。明德常有所蔽，这就需要通过一番反身修己的内省功夫，使明德昭明彰著地呈现出来。《震卦·象传》："洊雷，震。君子以恐惧修省。"《蹇卦·象传》；"山上有水，蹇。君子以反身修德。"《损卦·象传》："山下有泽，损。君子以惩忿窒欲。"《易传》所谓的恐惧是一种自我警惕，是对人性可能会丧失，人格不能完满实现的忧患。由于经常存有此种恐惧之感，所以激发出道德修养的高度自觉。至于修养的方法，一方面是"反身修德"，即修养品德以增其善，另一方面是"惩忿窒欲"，即克制忿欲以损不善。《大有卦·象传》："火在天上，大有。君子以遏恶扬善。"这个"遏恶扬善"的过程，就其强调"自律"而言，其实是和孟子所说的扩充善端、求其放心的过程十分接近的。

这种"自律"与"他律"相结合的最完整的表述，就是《说卦》所说的"穷理尽性以至于命"。所谓穷理是就"他律"而言的。理是客观外在的，为万化之根源，万事万物莫不有理，故必极深研几，向外以穷之。但此外在的理同时也是人之自性，此理之在我者，亦即在天地万物，其在天地万物者，亦即在我者，天与人本来就是合而为一的。故向外穷理与向内尽性是同一件事，不存在任何的矛盾。所谓尽，是说以自强不息的精神显发自性固有之无穷德用，自昭明德，使之毫无亏欠。这也就是"自律"。《乾卦·文言》："君子学以聚之，问以辨之，宽以居之，仁以行之。"《坤卦·文言》："直其正也，方其义也。君子敬以直内，义以方外，敬义立而德不孤。"这些说法都是强调必须同时在穷理与尽性两方面下功夫，才能合内外之道。穷理尽性若能做到极处，则至于命。命者，吾人与天地万物共有之本体，是道德修养所追求的最高目标。就本源的意义而言，人莫不有命，莫不有此本体，但却处于不自觉的蒙昧状态，"日用而不知"，所以必须通过一番向外穷理、向内尽性的修养功夫，才能回到自己的精神的本源。向外穷理以求自己的智慧聪明睿智，有如天之高明，向内尽性以求自己的人格气象恢宏，有如地之博厚，这就达到了天人合一的最高境界，是人性的完满的实现。《易传》认为，成己必成物，"崇德"是与"广业"紧密联系在一起的。如果说"崇德"是内圣，"广业"则属于外王，由道德修养发而为事功，谋划社会整体的和谐，成就"道济天下"的事业。《易传》的这个思想作为一种精神的原动力，激励鼓舞一代又一代的知识分子进行不懈的追求，在中国伦理思想史上产生了深远的影响。

（原载于《孔子研究》1993年第1期）

《周易》的太和思想

春秋战国时期，中国社会正在进行着剧烈的变革，旧的社会秩序业已崩溃，新的社会秩序尚未建立。当时的诸子百家都是一些伟大的理想主义者，他们为即将到来的新社会提出了各自的设计方案，并四处奔走游说，为实现自己的理想而奋斗。儒家的理想与其他各家相比，是别具一格的，他们希望建立一种以周制为蓝本适应新的时代需要的礼乐制度。礼的原则是别异，使人们区分为上下贵贱的等级；乐的原则是合同，使不同身份地位的人和谐一致。这两个原则是对立的，但是儒家认为，它们是可以统一的。如果把二者有机地结合起来，使之互相制约，无过无不及，达到一种最佳的配置状态，就能使整个社会既有秩序井然的等级之分，又能融洽和睦、团结合作。这就是儒家所追求的社会理想。

但是，当时的现实情况却常常是这种理想的反面。上下贵贱的等级区分固然是有了，然而相互之间的关系却是紧张而冲突的，在上者专横暴虐，在下者犯上作乱，造成了社会的动荡不安，使和谐化为乌有。有时虽然由于双方力量对比处于暂时的均势，呈现出某种和谐的局面，但是这种和谐孕育着危机，很快就会转化，与理想的和谐相距甚远。儒家并不是空想的乌托邦主义者，他们积极从事社会实践活动，知其不可而为之，力图在现实与理想之间架设一座桥梁。

儒家并不否认社会上实际存在着冲突，荀子甚至从人性论的角度论证了这是一个必然的现象。但是，儒家与法家不同，他们坚持认为，这种冲突是不合理的，必须加以调整，使之趋于和谐。为了把各种人际关系理顺，儒家认为，决不能像法家那样去提倡和鼓励人们的冲突意识，而应该遵循一种相对性的伦理规范。所谓相对性，就是说每个人都要根据人与人的相互依存关系来进行自我约束，以己之心度人之心，推己及人，己所不欲，勿施于人，不能只考虑到自己的利益和立场，而要尊重对方，理解对方，考虑到对方的利益和立场。这就是儒家所一贯主张的"忠恕之道"，也叫作"中"。"中"是结合两个对立的极端的最佳尺度，能够把在上者与在下者的相互依存关系处理得恰到好处。在上者如果以"中"来自我约束，就可以纠正专横暴虐的偏向而赢得在下者的支持拥护，稳定地保持自己的地位。反之，如果在下者以"中"来自我约束，就不会犯上作乱而换取在上者的关心爱护，从而安居乐业。这种相对性的伦理规范可以在上下之间建立相互信任、彼此合作的关系，使整个社会安定团结，欣欣向荣。这就是所谓"和"。儒家认为，只有"中"才能"和"，不"中"则不"和"，"中"是实现"和"的必要条件。

因此，儒家不仅对冲突产生的根源以及和谐所需要的条件做了充分的研究，而且根据客观形势的不同，审时度势，通权达变，研究了如何使冲突转化为和谐的调整方略。儒家的这种研究在《周易》中上升到哲学的高度，终于建构成一个完整的理论体系。

《周易》以阴阳学说为核心，以六十四卦、三百八十四爻为框架结构，使之对于这种研究具有特殊的优越性。阴阳学说把社会上的各种复杂的人际关系抽象地概括为两种对立的势力，在上者属于阳，在下者属于阴，阳为刚，起着创始、施予、主动和领导的作用；阴为柔，起着完成、接受、被动和服从的作用。当这两种对立的势力配置得当，就会出现和谐的局面；反之，则要产生冲突。因此，阴阳学说为研究冲突与和谐提供了极大的方便，可以摆脱具体感性的束缚而潜心于原理的研究。六十四卦是由阴阳两爻不同的排列组合所形成的，象征着社会人际关系中的各种力量的对比和配置的情况，其中有的和谐，有的冲突，而且和谐与冲突还表现为不同的程度之差。因此，六十四卦实际上就是以象数形式构造而成的六十四种关于冲突与和谐的模型。人们对每卦六爻的配置与变化进行分析，可以对客观的形势有所领悟，也可以对未来的发展做出预测。至于组成六十四卦的三百八十四爻，则象征着人们的行为模式和准则。爻是服从于卦的，人们的行为是受客观的形势所支配的。同样的行为在某种形势之下可以是吉，在另一种形势之下就变成凶了。因此，如何趋吉避凶，转祸为福，化冲突为和谐，应该视形势的不同而通权达变，并没有一成不变的公式。如果说阴阳学说是关于原理的研究，六十四卦是对形势的分析，那么三百八十四爻则联系到人们的行为，深入到决策和管理的实际应用领域中来了。

《周易》在乾卦的《象传》中首先提出了"太和"的思想，认为由于乾道的变化，万物各得其性命之正，刚柔协调一致，相互配合，保持了最高的和谐，所以万物生成，天下太平。这种最高的和谐并非如道家所设想的那样，是一种无须改变的既成的事实，而是一种有待争取的理想的目标。因此，《周易》重视发挥"自强不息"的奋发有为的精神，而与道家的那种强调无为的思想不相同。

在《周易》的体例中，一般来说，天地、阴阳、刚柔之间的上下尊卑的等级地位是不能颠倒的，顺之则吉，逆之则凶。如果阴不安于自己的被支配的地位而求比拟于阳，就会引起冲突。但是，从另一方面来看，如果阳得不到阴的支持与拥护，刚愎自用，一意孤行，也将陷入困境，导致灭亡。因此，阴阳应该根据各自所处的地位向着对方不懈追求，阴求阳，阳求阴。如果这种追求取得成功而达到了最佳的结合，那就是理想的和谐了。《周易》的恒卦（第32卦）充分表现了这个思想。恒卦的卦象䷟是巽下震上。震为刚，巽为柔，刚上而柔下，尊卑所处的地位是正常的。震为雷，巽为风，雷和风是相互配合的。震为动，巽为顺，动作是顺应自然的。卦的六爻，初六与九四相应，九二与六五相应，九三与上六相应，刚爻与柔爻全面相应，它们是协调一致的。这样一种结合状态合乎恒久之道。《周易》认为，恒久之道是宇宙的永恒规律，自然界的日月运行、四时变化是如此，社会人事上的变通随时、化成天下也是如此。再以豫卦（第16卦）为例。豫卦的卦象䷏是坤下震上，坤为阴、为柔、为顺，震为阳、为刚、为动。卦的六爻，九四为阳爻，上下五阴爻应之。豫是悦乐的意思，这是一种理想的状态。《周易》认为，豫卦的卦象就象征着这种理想的状态。豫卦刚上而柔下，五柔应一刚，是刚柔相应之象。既然刚为柔应，对立着的两个方面协调一致，则刚之行动必然得到柔的顺从和拥护，做任何事情都能如意，动作顺应自然，上下都悦乐。悦乐的根本条件就是"以顺动"，刚能顺柔，柔能顺刚，刚柔的动作在各自所应处的地位上协同配合。天地以顺动，所以日月运行、四时变化不发生错乱。圣人以顺动，所以刑罚清明，人民悦服。

但是，由于阴阳两种对立的势力不断推移运动以及互相争夺领导权的斗争，常常出现阳刚过头或者阴柔太甚的情况，这就破坏了和谐而转化为某种程度的危机。比如困卦（第47卦）。困卦的卦象☵下坎上兑，坎为水，兑为泽，水在泽之下，说明泽中之水已经枯竭，是困穷之象。卦的六爻，九二被初六、六三所围困，九四、九五又被六三、上六所围困。刚爻不能得到柔爻的支持反而被柔爻所围困，这就陷入困境，穷而不能自振了。再以大过卦（第28卦）为例。大过卦的卦象☴下巽上兑，四个刚爻均集中在中间，迫使两个柔爻退居本末之地，阳刚过头而失去阴柔的辅助，象征"栋桡之世"，即屋正中之横梁不足以支持其屋盖而桡曲，大厦将倾。《周易》认为，在这两种情况下，都应采取适当的对策，进行有效的调整，如果阴柔太甚，则应培育阳刚，如果阳刚过头，则应扶植阴柔。总之，只有使阳刚与阴柔始终保持一种均势，能够完美地发挥协同配合的作用，才能复归于和谐。这就是所谓"燮理阴阳"。

《周易》并不拒绝革命性的变革。当阴阳两种对立的势力矛盾激化，就会产生一方企图消灭另一方的斗争。《周易》认为，在这种情况下，应该主动地进行变革，如果变革得当，"其悔乃亡"。比如革卦（第49卦）。革卦的卦象☲下离上兑，离为火，兑为水，离为中女兑为少女。水居乎火之上而企图使火熄灭，火居于水之下而企图把水烧干，此外，"二女同居，其志不相得"，象征着矛盾激化，难以调和，革命的形势已经到来。《周易》满怀激情地把变革赞扬为宇宙的普遍规律，认为由于天地之间的变革，所以形成四时，促进万物生生不已，商汤王和周武王所发动的革命，顺乎天而应乎人，也促进了人类社会的发展。

至于变革的目的，《周易》认为，并不是为了使一方消灭另一方，而是要达到一种刚柔在各自所应处的地位上协同配合的局面。《周易》的这个思想在节卦（第60卦）中表现得最为明显。节卦的卦象☵下兑上坎，坎为刚，兑为柔，刚上而柔下。卦的六爻，三刚三柔平分均衡，而且九五、九二两刚爻又分居上下卦之中位。《周易》称之为"刚柔分而刚得中"，象征着一种合理的制度，因为刚居于领导的地位，遵循正中之道的准则，柔服从刚的领导，诚心配合，这就无往而不亨通了。所谓"节"，既是一种制度，也是一种度量的标准，总的目的是使社会上的各种人际关系趋于和谐。如果过分强调制度本身，以致为节过苦，这是人们所不能忍受的。相反，如果着眼于和谐，人们就会自觉地接受制度的约束，做到"安节""甘节"，既能安于各自所应处的地位，又能普遍地感到心情舒畅。

因此，《周易》虽然站在儒家的立场，强调君臣、父子、夫妇之间的等级制度是不可改变的，但是着眼于整个社会的和谐，从行为学的角度来研究调整的方法，反复阐述居于支配地位的刚应该与柔相应，合乎正中之道，保持谦逊的美德，在必要时，可以居于柔下，损刚益柔，以贵下贱，争取被支配者的顺从和拥护。以否卦（第 12 卦）为例。否卦的卦象☷坤下乾上，天在上，地在下，按理说本来是符合尊卑贵贱的等级制度的，但是《周易》认为，这个卦象征着天地不交而万物不通，小人道长，君子道消，并不吉利。就等级制度的规定而言，天在上，地在下，这固然是不可改变的，但就调整的方法而言，却是完全错误的。因为君主高高在上而不与臣民相交接，就会造成上下之间的关系极度紧张，以致天下大乱。相反泰卦（第 11 卦）是大吉大利的。泰卦的卦象☰，乾下坤上，天在下，地在上，对等级制度而言，显然不相符合。但是《周易》认为，这是缓和矛盾、增强社会一体化的最好的方法，称之为"天地交泰"。因为在上位者能交于下，在下位者能交于上，"上下交而其志同"，关系就不会紧张而变为和谐，国家政治就能稳定。

《周易》的这个思想是根据阴阳二气互相感应的原理合乎逻辑地引申出来的。天地之间不能有阴而无阳，或者有阳而无阴，只有阴阳交感才能化生万物，组成社会，这是一个互相给予的过程。但是，由于阳性刚而主动，阴性柔而被动，为了使互相给予的过程得以顺利完成，有必要柔上而刚下，交换一下位置。咸卦（第 31 卦）充分表现了这个思想。咸卦的卦象☱下艮上兑，艮为少男，兑为少女，艮刚而兑柔。就阴阳二气而言，阳气由上而降于下，阴气由下而升于上，说明已经产生了感应，完成了互相给予的过程。就男女的结合而言，少男居于少女之下，感情沟通，相亲相爱，终于结为夫妻。《周易》认为，刚与柔、男与女之间的互相感应是宇宙的普遍规律，正是由于这种普遍规律的作用，所以才促使天地万物以及人类社会的各种对立的势力产生功能性的协调，从而构成为一个有机的统一体。

有时由于客观形势的变化，柔爻居于尊位而为一卦之主，发挥支配和领导的作用。《周易》认为，在这种情况下，只要柔爻的行为合乎正中之道，而又能与刚爻相应，得到它们的强而有力的辅助，也可以保持整体的和谐，做到上下一心，协同配合。比如大有卦（第14卦）。大有卦的卦象☰下乾上离，其中一柔五刚，六五以一阴而统帅众阳，虽然显得柔弱，力不胜任，但是由于争取到上下五个刚爻的支持，行为公正，所以事事亨通，是个吉卦。再以未济卦（第64卦）为例。未济卦是由既济卦（第63卦）发展而来的。既济意味着已经取得成功，未济则表示尚未取得成功，由既济发展为未济，说明原有的和谐的局面不复存在，冲突重又开始。因此，未济卦主要象征着不吉利，它是一个发展序列的终结，又是另一个发展序列的开端。但是，《周易》认为，虽然如此，成功的可能性仍然是存在的，根据在于未济卦的六五爻居于尊位而得中，洋溢着一种"君子之光"，能够与其他刚爻同心协力，共同渡过难关。未济卦的卦象☰下坎上离，六五爻居于支配的地位，柔而得中，又得到九二爻刚中的支持，这就能发挥刚柔相济的作用，既不过柔，又不过刚，加上上九与九四的辅助，所以就整个形势的发展前景而言，最终是会转化为亨通的。

《周易》反复强调，这部书写作的目的，是为了开通天下人的思想，成就天下人的事业，决断天上人的疑惑。这也就是说，《周易》关于冲突与和谐的研究，主要不是为人们提供一种抽象思辨的形而下学的原理，而是着重于实际应用的控制和管理社会的行为，具体指导人们如何发挥主观能动性，作出最佳的决策，变无序为有序，化冲突为和谐。《周易》站在儒家的立场，十分重视道德伦理的作用，极力宣扬一种德治思想。《象传》对六十四卦的卦象的解释，集中体现了《周易》的这一特色。

儒家的道德伦理规范，最重要的是礼。履卦（第10卦）的卦象☰兑下乾上，乾为天，兑为泽。《象传》认为，天在上，泽居下，履卦的这种卦象就象征着一种等级的秩序，也就是礼。君子看了这种卦象，应该辨别上下之分，使人民遵循礼的约束，把思想统一起来。大壮卦（第34卦）的卦象☰乾下震上，震为雷，乾为天。《象传》认为，雷凌驾于天之上而震动，声威甚壮，象征着以卑乘尊，壮而违礼，这种形势是反常的。君子看了这种卦象，应该戒惧警惕，严格要求自己，不要做出非礼的行为。

儒家的德治思想强调关心人民的生活，如果人民的生活失去保障，就会危及在上者的统治地位，破坏整个社会的和谐。剥卦（第23卦）意味着剥落，阴柔的势力发展强盛，侵犯阳刚，阳刚即将剥落，是个不吉利的卦。它的卦象☷坤下艮上，坤为地，艮为山，高山必依附于大地，居上位的统治者必依附于居下位的广大的民众，高山剥落，则与地平，广大民众的生活不能稳定，统治者的地位也将倾覆。《象传》认为，君子看了这个卦象，应该采取一系列的措施来稳定人民的生活，使他们安居乐业。儒家的德治思想的另一重要内容就是施行教化。

《象传》认为，这可以从观卦（第20卦）得到有益的启示。观卦的卦象☷坤下巽上，坤为地，巽为风，风行于地上，象征万物均受和风吹拂。国君效法这种卦象，巡视各方，观察民情，推行教化，使广大民众都受到教化的熏陶，以造成一种良风美俗。为了维持整个社会的和谐，除了满足人民的物质生活的需求以外，丰富人民的精神生活，也是必不可少的。

《周易》的三百八十四爻，对人们的具体行为做了充分的研究。行为是与环境紧密联系在一起的。在好的环境之下，如果行为不当，犯了错误，就会引起危机，使原有的和谐转化为冲突。反之，如果环境不利，主体的行为正确得当，也能化险为夷，复归于和谐。比如继革卦以后的鼎卦（第50卦），从总体来看，是经过革命而迎来的一派太平鼎盛的景象，所谓革故鼎新，旧的不合理的制度业已革除，崭新的合理制度正在创立。但鼎卦的九四爻却闯下大祸，导致凶的后果。因为九四爻象征大臣德薄而居于尊位，知小而谋划大事，力小而担负重任，这就必然不胜其任，把好事办坏。反之，蹇卦（第39卦）是一个险难之卦。蹇卦的卦象☷艮下坎上，坎为险，艮为止，象征遇到险难而止步不前。但是九五爻以刚中之德，居大人之位，又争取到其他五爻齐心相助，则虽处于险难的环境之下，也能安邦正国，建功立业。

《周易》在三百八十四爻中结合客观环境对人们的各种行为一一做出了评价，这些评价大致可以分为四类。第一类是吉，指行为正确，事情办得成功。第二类是凶，指行为错误，把事情办失败了。第三类是悔吝，指犯了较小的错误而遇到困难，心情忧虑烦闷。第四类是无咎，指虽犯了错误，但善于改正，避免了大的损失。这些评价贯穿着一个总的精神，就是对矛盾冲突的强烈的忧患意识以及对太和理想的执着追求，反复教导人们，特别是居于上位的执政者和负有社会责任的君子，应该谦虚谨慎，自强不息，努力提高自己的应变能力，当处于顺境时，要居安思危，如果处于困境，也不要陷入绝望，而应该积极去谋求解脱之方。因此，《周易》关于冲突与和谐的研究，一方面洋溢着一种奋发有为的高昂的理想主义，另一方面又对复杂多变的现实环境有着清醒的客观的认识，既是理想主义的，又是现实主义的。这也是儒家思想的一个重要特色。

战国时期，分裂割据，战争频仍，社会激烈动荡，各种各样的矛盾冲突此起彼伏。究竟如何结束这种局面，建立一种正常的社会秩序呢？当时的儒家和法家对这个问题做出了截然不同的回答。儒家认为，应该立足于和谐，致力于调整。法家则认为，应该立足于冲突，运用强制性的手段，按照统治与服从的模式来重新组合社会。韩非曾说："上古竞于道德，中世逐于智谋，当今争于气力。"法家把整个人类的历史看作是一部冲突的历史、斗争的历史，因而很自然地也就把权力之间的争夺看作是社会结构和社会关系的核心，所有的伦理道德都是虚伪的，不真实的，为了维持社会的稳定，只能以掌握了最高权力的专制君主所颁布的法令为准则。法家的这种理论也许是指出了人类社会上确实存在的严酷的事实，自有其一定的根据。而且当年秦始皇统一中国就是以法家的理论为指导，如果听从儒家的劝告，大概不会取得成功。但是历史的发展也证明了儒家理论的预见有着惊人的准确性。权力是一个相对性的概念，统治与服从的关系是可以互相转化的。如果专制君主自认为掌握了绝对的权力，忽视阴阳协调、刚柔相济的原理，为所欲为，不加节制，知进而不知退，知存而不知亡，知得而不知失，其最后的结果必然是陷入失败。

秦王朝从建立到灭亡，只有短短的十五年，成功和失败都来得十分突然。关于秦王朝的兴亡，历代都在进行热烈的讨论，而这种讨论在哲学上就上升为两种根本对立的整体观的比较研究了。究竟人类社会生活的整体是立足于和谐还是立足于冲突，如何去认识和把握这个整体的内部机制？虽然就事实的角度而言，任何人也无法否认冲突的存在，但是，人类社会毕竟是人们必须生活于其中的家园，不可能设想，在一个无休止的争吵的家园中长期生活而能怡然自得。这也就是说，人们是怀着主体自身的目的、理想和价值观念去参加社会实践活动的，带有强烈的倾向性和选择性。因此，儒家的理论在这种比较研究中取得了压倒的优势，不仅为许多思想家和政治家所接受，而且也迎合了中国广大的普通老百姓的心愿。

古今中外的历史有许多的个性，也有许多的共性。生活在中国先秦时期的人们所面临的一些问题，在当今的世界也常常会遇到。由于科学技术的飞速发展，我们这个世界是变得越来越小了。但是，我们并没有把各种人际关系理顺，也没有找到一种有效的手段来抑制和根除爆发于各地的大大小小的冲突，如同儒家所说的那样，呈现出一种阴阳失调乖戾反常的景象，我们仍未把这个世界建设成为一个舒适的家园。在这种情况下，如果我们回温一下《周易》的太和思想，激发更多的人去追求最完美的和谐，来共同谋划一种如同天地万物那样调适畅达、各得其所的社会发展的前景，或许是有益的。

（原载于《社会科学战线》1989年第3期）

《周易》的决策智慧

中国的智慧在《周易》

西方智慧的源头是柏拉图,印度智慧的源头是《奥义书》,中国智慧的源头是《周易》。

相传,《周易》成书于2500多年前,它的创作过程可谓"人更三圣,世历三古"——伏羲、文王和孔子这三个"圣人"经过了上古、中古和近古才完成了这本书。按照朱熹的说法,伏羲之易和文王之易是算命之书,到了孔子时代才上升为哲学之书。冯友兰先生说,一部《周易》,就是中华民族精神发生、成长、发展、定型、成熟的现象学。

道家老子曾说:"道生一,一生二,二生三,三生万物,万物负阴而抱阳,冲气以为和。"一下子把《周易》之阴阳学说提到哲学的高度。儒家根据《易经》进行推演,把社会中的君臣、父子、夫妇、兄弟等关系用阴阳来解释。冯友兰的高徒朱伯崑先生写了一部《易学哲学史》,论证在中国文化接受西学以前,中国人的理论思维、哲学思维、逻辑思维都是从《周易》里面找到源泉和精神的原动力的。

宋朝大哲学家朱熹在他所作的《周易本义》序言中写道:"易之为书,卦爻象象之义备,而天地万物之情见。"意思是《周易》这套象数系统,把天地万物之情都表现出来了。一部《周易》就是世界宇宙的一个图式,反映了整个宇宙和人生。这么神妙的智慧是什么呢?朱熹说就是两个字——阴阳。八八六十四卦是阴阳,三百八十四爻也是阴阳。只要把阴阳两个字弄懂了,整个《周易》就会一通百通。

到了"五四"时期，中国人开始拼命地到西方去找智慧，找救国救民的真理。针对这种想法，梁漱溟写了《东西文化及其哲学》。他认为东西方的文化不一样，哲学也不一样。各有所长，各有所短，应该互相交流，取长补短。

《周易》的智慧在"和谐"

《周易》中的八卦依次为乾卦、坤卦、震卦、巽卦、坎卦、离卦、艮卦和兑卦。

乾为天，是纯阳之卦；**坤**为地，是纯阴之卦。乾坤两卦被看作是父亲和母亲，父母交合以后生出六个孩子，就是"乾坤六子"。震卦为长男，坎卦为中男，艮卦为少男。巽卦是长女，离卦是中女，兑卦是少女。八卦中每一个卦代表一个卦象。我们举几个例子。

否卦与泰卦 否卦是乾卦在上，坤卦在下；泰卦是坤上乾下。从阴阳的角度来讲，乾卦代表阳气，坤卦代表阴气。否卦是阳气上升，阴气下降，阴阳背道而驰，所以不好。泰卦是阴气上升，阳气下降，阴阳互相交合，天地交而泰，所以是个好卦。卦的好坏就是根据阴和阳相互之间的关系确定的。

既济卦与未济卦 既济卦是坎上离下（坎卦的卦象为水，离卦的卦象为火），颠倒过来就形成了未济卦。从卦象来看，既济卦是水在上，火在下，这叫水火既济，代表已经成功。未济卦是火在上，水在下，阴阳不协调，所以是没有成功。

睽卦 睽卦是离上兑下，离为火，兑为泽，就是水。这个卦不好，火往上动，水往下流。这就是"有象斯有对，对必反其为，有反斯有仇"。睽就是你和我不照面，相背离。我们应该"仇必和而解"，还是消灭这个对立呢？《周易》认为矛盾是事物的当然状态。当你把对立面消灭之后，你自己也不存在了，所以要容忍，要宽容，使事物相反而相成。《周易》明确地把"求同存异"这个成语写在睽卦里面。第一次把求同存异用于外交的是周恩来总理。新中国成立不久，全世界封锁中国。周总理提出中国的外交方针是"求同存异"，这样外交局面一下子就打开了。

那么《周易》是否对一切问题都主张"仇必和而解"呢？我们再来看一个卦。

革卦 我们把睽卦的上下颠倒一下，就变成了另外一个卦。上面的兑卦是泽，下面的离卦是火，火在下头要把水烧干，水在上头要把火浇灭，水火不相容，就会发生一种对抗性的矛盾。这个卦就叫"革卦"，革就是改革，就是革命。当矛盾是结构性的矛盾，不可调和的时候，就要改革。《周易》中有一句话，"汤武革命，顺乎天而应乎人"。革命这个词是《周易》提出来的。革命的目的不是继续革命，而是"革故鼎新"，建立一个新的制度去代替旧的。

晋卦与明夷卦 晋卦上离下坤，离卦的卦象是火，坤卦的卦象是地。把晋卦上下颠倒就成了明夷卦。晋卦上面是火，代表光明，下面是地，光明普照大地的意思。《周易》告诉我们，假设我们生在一个光明的时代，就要"自昭明德"。如果不幸生在一个明夷卦的时代，应该"用晦而明"、韬光养晦，而不能大露锋芒，表现自己。殷纣王时代箕子和周文王都是用晦而明。

乾卦 一个乾卦，其中智慧无穷。乾卦是纯阳之卦，它的总体形象就是龙。中华民族是一条龙，我们都是龙的传人。乾卦的六爻好比一条龙的六个发展阶段。乾卦实际上是指导我们在不同的阶段应该怎么自我实现。

"初九，潜龙勿用。"九是阳爻的表现，初九是乾卦的第一个爻，初九的龙，是一条潜龙，谁都不知道你是龙。诸葛亮在隆中时就是潜龙。既然是潜龙，就不要表现自己，要勿用。这时要不断地提高自身的修养，不要张牙舞爪。

"九二，见龙在田，利见大人。"九二就是说这条龙上到地面来了，有利于见一个大人，这个大人是伯乐，他知道你是千里马，可以提拔你。

"九三，君子终日乾乾，夕惕若，厉无咎。"九三这个位次上不在天，下不在田，悬在半空中，处境危险。作为以龙为象的君子，白天要自强不息，晚上也要戒惧警惕，虽然面临危险，但可以免犯过错。

"九四，或跃在渊，无咎。"处在这个位次的龙有两个选择，可以往上向天空飞跃，或者往下退居深渊。龙在地底下和天空上都安全，关键的关键在它离开地面上升到天上的这个过程，就好像一架飞机，起飞最难。但因为你是"龙",你必然要经受这个考验,否则无法成才。

"九五,飞龙在天。"龙实现了自己的理想,飞上了天空,可以自由地翱翔。所以我们说九五之尊,九五是尊位。

"上九,亢龙有悔。"龙飞上天空后,被胜利冲昏了头脑,得意忘形,这就是失败的开始。从思想认识方面来说,他们犯了三个错误:"知进而不知退""知得而不知丧""知存而不知亡"。要想纠正"亢龙有悔"的错误,必须戒骄戒躁、居安思危,不能脱离群众。《周易》说得很好,之所以成为九五之尊,不是传位的问题,而是群众的拥戴。"云从龙,风从虎,同声相应,同气相求。"一旦脱离了群众以后,就会出现"亢龙有悔"的局面。

《周易》里面有三句话很重要。一句话是:"吉凶者,言乎其失得也。""失得",失就是错误,得就是正确,意思是一件事情的结果是凶是吉不是命中注定的,而是取决于决策的正确与错误。但谁也不是"常胜将军",所以就有了第二句话"悔吝者,言乎其小疵也",意思就是做一件事情不完全如意时,需要反思小毛病在哪儿。第三句话是"无咎者,善补过也",意思就是之所以没有错误、相对满意,是因为善于补过、改正错误,这叫迁善改过。这三句话强调对客观形势要有正确的认识,对于行为规范要合理遵守。

《周易》的智慧关乎治国平天下的道理,是治国安邦、经世致用、体现着东方智慧的管理哲学。

明朝万历年间张居正十年改革的成功,得益于"戒慎恐惧"四个字。他熟读《周易》,对六十四卦、三百八十四爻了如指掌,不断从《周易》中汲取管理思想,指导自己的改革事业。康熙晚年命令大臣李光地把朱熹、程伊川二人关于易学的书结合起来编纂了《周易折中》一书,并亲自作序。序中说他从童年开始就读《周易》,读了五十多年,深知这本书对于治国安邦的重要性。

"和谐"以"不和谐"为前提

《周易》的核心思想是什么呢?就是一个"和"字。故宫有三大殿——太和殿、中和殿、保和殿,这三个殿名都从《周易》中来。《周易》乾卦中说道："乾道变化，各正性命，保合太和，乃利贞。"中国自孔子以来就把"和"作为一种指导思想、一种核心价值观。这是因为中国是一个泱泱大国，历来就主张用"和"来解决民族问题、宗教问题、政治问题等。

2004年中国共产党第十六届中央委员会第四次会议，正式提出了"构建社会主义和谐社会"的观念，这个和谐就源于"和"的思想。

和谐观念可以用来处理国内外的各种矛盾。以美国为例，无论克林顿还是布什，刚上台的时候，都与中国为敌，因为遏制、压制中国是美国一贯的思维。布什刚上台时曾说中国是其战略竞争对手。可我们却不与其为敌，尽量进行谈判，运用"仇必和而解"的方式来解决矛盾。美国的罗伯特·B·佐利克说过一句话，我们美国人错了，原来中美的关系是个利益攸关方。所谓利益攸关方，用中国的话来说就是阴和阳互相依存。《周易》中有句很好的话，"独阴不生，孤阳不长。"意思就是事情是由矛盾所构成，只有阴而无阳，或只有阳而无阴，都不能称为世界，阳不能把阴消灭掉，阴也不能把阳消灭掉，互相依存就是和谐思想的高明之处。

我们所要建设的社会主义和谐社会，应该是民主法治、公平正义、诚信友爱、充满活力、安定有序、人与自然和谐的社会。《周易》里也讲公平正义，叫"大中至正"。只要阴和阳互相协调，那么家庭、社会、民族、国家就充满活力，如果老是斗来斗去，就会两败俱伤。《周易》还讲"推天道而明人事"，人事要服从天道，就是要与自然相互协调。学习《周易》达到的最高境界就是"大人"，"夫大人者，与天地合其德，与日月合其明，与四时合其序"。我们现在讲民主法治，《周易》讲泰卦，天地交泰就是要民为邦本，本固邦宁，高层领导人要经常深入基层才能处理危机，所以"以人为本"是社会主义价值观的核心。

古代智慧已经转化成现代社会的和谐口号，只要我们能把民主法治的口号落到实处，《周易》所折射出的大智慧就会在当今社会中得到了充分体现。

（原载于《人民日报海外版》2011年6月24日第10版）

周易的智慧在于"和谐"

《周易》可以说是古代中国智慧的总汇。从汉代到清朝的 2000 多年历史中,《周易》一直是群经之首。宋代的大哲学家朱熹在《周易本义》中写道,"易之为书,卦爻彖象之义备,而天地万物之情见"。意思就是说《周易》这套象数系统,把天地万物之情都表现出来了。一部《周易》就是世界宇宙的一个图式,反映了整个宇宙和人生。

《易》 为群经之首

在经学时代,《周易》居于群经之首的地位。回顾一下易学史,就可以明白其中的原因。

我们所说的《周易》,通常包含三部分内容:一个是《易经》,一个是《易传》,还有一个是易学。《易经》形成于伏羲到周文王的这个时期,这时的《易》还是一部巫术的书,宗教的书,神话的书,算命的书。《易传》形成于孔子及其门下弟子之手,这个时期的《易》已被诠释成为哲学书了。汉朝以后,《周易》经传被奉为经典,直到清代,被称为经学时代,解释《周易》的成果有三四千种之多。那《周易》为什么居于群经之首呢?这与司马迁有关,他是一个伟大的历史学家,同时也是伟大的易学家。起初汉朝人是重视《春秋》的,而司马迁认为《周易》更重要,因为《周易》里面有一个智慧,有一个核心价值观,有一个哲学的原理。司马迁说了一句话:究天人之际。天人之际就是一个阴阳的问题,《周易》讲天地人三才之道,就是一个天人之际的问题。后来,汉武帝、董仲舒慢慢接受了这个观点。到汉宣帝时候,有一个宰相,认为《周易》是圣帝明王治太平之书,帝王应该用《周易》原理，创造一个太平盛世。这样，《周易》的地位就被提得更高了。东汉时期，班固写《汉书》，整理国故，编写了《艺文志》，正式视《易》为群经之首。官方认可此说，《周易》便从所有的经书中脱颖而出。从此以后，《周易》群经之首的地位再没有动摇过。很多人应用《周易》的原理进行决策，批评朝政，治国安邦。直到民国年间，由于把《周易》看成是迷信，其地位才一落千丈。《周易》是不是迷信？历史上的确有人借助《周易》搞迷信，但那是末流，不登大雅之堂。那不叫易学，而是术数，也就是所谓的算命。真正的学者，正统的意识，始终是把《周易》视为中国文化的主干。

《周易》是中华民族智慧的结晶

讲到智慧，人们不免会想到英国哲学家罗素的《西方的智慧》一书，就像书名一样，这部书是讲西方智慧的。那么，东方有没有智慧？中国有没有智慧？对于这一点，持欧洲中心主义的学者似乎是抱怀疑态度的。我们对于本民族拥有智慧当然是不怀疑的。那么，中国的智慧是什么？哪部经典能作为我们民族智慧的代表？《论语》吗？有智慧，但不能代表全部的智慧。《老子》五千言吗？确实有智慧，但也不能代表全部的智慧。《孙子兵法》吗？国内外都很重视，但中国不是一个好战的民族，所以它同样也不能代表全部的智慧。想来想去，只有《周易》能够代表中国的智慧。一部《周易》，就是中华民族智慧的结晶，其他的智慧都可以用《周易》这本书来代表。

冯友兰先生曾说过，一部《周易》，就是中华民族的精神现象学。这是因为他认为《周易》这部书，深刻体现了中华民族的精神发生、成长、定型的整个历史。一个民族要有精神，没有精神的凝聚力，没有文化的认同，这个民族就不能称为是统一的民族。而民族的精神不是静态的东西，也不是谁规定下来的，它有一个发生、发展的历史过程。在中国，《周易》这本书恰恰完整地表现了这个过程。《论语》《老子》和《孙子兵法》都不能代表中华民族的智慧，为什么？是因为它们产生在春秋战国时期，离现在不过2500多年时间。中国五千年文明，还有2500年的空档，谁来代表呢？有哪一部经典能够代表中华民族五千年的文明呢？《周易》！全世界没有一本经典能够有五千年的历史，《圣经》只有两千年的历史，《古兰经》也只有1300年的历史，印度的《奥义书》稍微古老些，也不过3000年的历史。《周易》不是一个人写出来的，所谓"人更三圣，世历三古"，相传它是由三个圣人——伏羲、文王、孔子，历经三个时代——上古、中古、近古而完成的。秦汉之后，历代学者又不断对它进行解释和发展，构成了蔚为大观的易学史。这也正好跟中华民族的精神发展史同步。

《周易》本属筮占之书，用今天的话说，也就是"算命"之书，"数字卦"的破译充分证明了这一点。但古人的算命也可以看作是古人认识世界的方法之一，所以这部"算命"的书中，又包含着"古之遗言"，包含着古人的生存智慧。所以，到了春秋战国时期，孔子、老子这些大思想家不断用哲学的思想来解释《周易》，《周易》也就由宗教书变成了哲学的书，这就是哲学的突破。所以说，《周易》是儒家、道家发生学的源头，而儒家、道家虽然改变了《周易》，但是《周易》提供的思维方式，也影响了儒家和道家。这样的哲学自战国末年形成之后，两千五百年来，一直是中国文化的主流。这一文化的奇迹，全世界独一无二。

《周易》的"和谐"思想

《周易》是中华民族智慧的结晶，这个智慧是什么呢？就是"和"。中华民族自古以来，就像是一个大海绵体，能够把各种不同的东西整合为一个整体，早在尧的时代就开始这种整合了，经过了夏商周，一直到春秋战国，华夏就正式形成了。春秋战国，虽然是百家争鸣，互相之间也斗得不可开交，可是到了汉代又整合了。这就是《周易》说的：一致百虑，殊途同归。

《周易》的智慧，代表了中华民族的精神。这种精神，其核心价值，可以用故宫三大殿——太和殿、中和殿、保和殿的名字来表示。什么意思？就是和谐。"太和"是最高的和谐；"中和"是阴阳相互协调产生的和谐；"保和"就是当它不和谐的时候，进行一种管理调节使它和谐。这些完全是《周易》的思想。孔子写《十翼》，把这本"宗教书"改造为"哲学书"

时，就已经反复说到和谐的道理了，所谓"乾道变化，各正性命，保合太和"，作为一种核心的价值观，它凝聚了中华民族精神，几千年来赓续不断，生生不息。

不妨以八卦为例，看看《周易》的"和谐"思想。八卦代表八种自然界的物质：天地、雷风、水火、山泽。天和地相对，雷和风相对，水和火相对，山和泽相对。这自然界的八种物质都是两两相对，相互依存，你也离不开我，我也离不开你，共同来构建互动的关系。比如，天和地，如果天在上地在下，即乾在上坤在下，两卦相重组成一个否卦，"否"就是不通。倒过来，地在上天在下，即坤在上乾在下，两卦相重组成一个泰卦，这叫天地交泰。《周易》反对"否"，因为它的结果是背道而驰，不相交，天阳上升，地阴下降，不搭界，什么事情都办不成。反过来说，如果天在下，地在上，地气下降，天气上升，天地交，这是很好的一件事。所以阴和阳，排列组合，有的是优化组合，有的则不是。整个八卦都是讲这个道理的。所以，不懂八卦就是不懂得和谐，不懂《周易》也就很难深入理解和谐的深奥意义。

过去很长一段时期，人们对此不认识，把这个给忘掉了，想的不是和谐，而是斗争。和谐与斗争是两个不同的概念。当然，20世纪中国人把斗争放在第一位，与天斗，与地斗，也并非没有原因，原因就在于那时民族面临危机，面对帝国主义，面对阶级问题，中国人要发挥作用，不斗是不行的。但要知道斗之外，还有一个和，这两者是二位一体的，而且"和"比"斗"还重要。1949年，新中国成立以后，应该是由"斗"转变到"和"才对的，可是当时没有做，还是继续斗。这方面我们是有深刻教训的。

近些年来，经过不断地反思，人们终于又发现了中华民族的核心价值观——"和谐"，这是很大的收获，也是很值得阐发的。

"和谐"与阴阳

《周易》中的八卦代表八种自然界的物质，既是两两相对的，也是相互依存的，用和谐来解决矛盾。它还有个原理，即世界是分阴阳的，所有的事物——宇宙、自然、社会、人生，都是分阴阳的，都是由阴阳两方面共同组成的。阴阳就是《周易》里的符号，画一个直线就是阳，画两个短线就是阴，整个《周易》六十四卦都是由阴阳两个符号构成，八卦分阴阳，六十四卦也分阴阳，所以说"《易》以道阴阳"。它代表了宇宙的两个组成部分，这两个组成部分相互依存，互不分离，这叫独阴不生，孤阳不长。那么，阴和阳在一起是和谐还是冲突？二者都有。这就好比没有不吵架的夫妻，尽管感情很好，有时候还是会磕磕碰碰的。问题在于，磕磕碰碰之后如何解决，最后的解决，非得和不可，只有和才有永恒的爱，才有生机和活力。这个道理很深刻，并不简单。

人与人相合，人与社会相合，人和自然相合，虽然有矛盾，但和谐是第一位的，这是中国人的价值取向。不过"和谐"的取得是需要过程的，它不是既成的东西，而是通过不断地调节变易得来的。宋朝哲学家张载说了四句话，非常值得玩味，一句是"有象斯有对"，即只要有象，必定有一个东西和它相对；一句是"对必反其为"，即相对的事物，它的行为方式必然是相反的；一句是"有反似有仇"，即免不了有矛盾、有挫折、有斗争；最后一句最重要，是"仇必和而解"，即最后解决的方法一定要和，不能让矛盾冲突扩大。中国人的智慧就体现在"仇必和而解"中。这就是用和谐的方法来消除矛盾、解决矛盾，使事物向一个更新的方面来发展。只有"和"才有永恒的爱，才有生机和活力。这个道理很深刻，并不简单。

大家知道，韩国的国旗叫太极旗，中间是一个太极图，太极是由阴阳鱼组成的，上面是一条白鱼，下面是一条黑鱼。黑白鱼头尾相抱，即老子所说的"万物负阴而抱阳"，也就是阴阳结合为一体。而且，更重要的是白鱼有一个黑眼睛，黑鱼有一个白眼睛；前者是阳中有阴，后者是阴中有阳，谁也离不开谁了。此外，韩国国旗上还有四个卦，即乾坤坎离。乾代表天，坤代表地，两卦相对，天不能没有地，地不能离开天，天地组合就是一个宇宙。坎代表水，离代表火，常言道，水火不相容，不相容，也一定要把它组合起来，这就是"仇必和而解"。可见，韩国的国旗是很能反映出张载那四句话的深刻含意的。

经过多年反思，我们对这个问题也有了深刻的认识。中共十六届四中全会以来，我们国家一再强调"和谐"的重要性，现在又提出在国内构建和谐社会，在国际上推动建设和谐世界，这是非常有现实意义的。它与西方的单边主义、美国的先发制人、新保守主义等形成了鲜明的对照。可以说，这些年中国在运用这个智慧方面取得了很大的成就。

总之，我们要想懂得中华民族的精神，懂得中华民族五千年文明史的核心价值观，离开了《周易》是不行的。而且，懂了《周易》才可以懂得儒家，才可以懂得道家，才可以懂得中国传统文化的精髓。而《周易》，其智慧，其核心价值观，就是和谐，就是阳刚阴柔的辩证统一，就是自强不息，厚德载物。

（原载于《现代国企研究》2011年第9期）

朱熹的易学思想

"理"是宋代理学的最高范畴,理学之得名即因这个范畴而来。"理"也叫作"道",故理学亦名为道学。此道即《周易》所说的包括天地人在内的三才之道,此三才之道统称为性命之理。北宋五子作为理学的代表人物,同被列入道学传之中,皆以《易》为宗,致力于对此三才之道、性命之理的研究,因而就他们的研究对象与研究目的而言,也就具有理学的共同的特色。但是,在北宋五子中,周敦颐、邵雍的易学属于象数派,张载、二程的易学属于义理派,由于象数与义理判为两途,尽管他们生活在同一时代,相互之间过从甚密,在易学思想上却是无法交流,不能会通整合。比如周子之《太极图》,二程生平绝未提及。伊川公开表示,"颐与尧夫同里巷居三十余年,世间事无所不问,惟未尝一字及数。"周子立足于《易》之象,邵子立足于《易》之数,二人自说自话,象与数也未能合一。至于二程对张子的义理之学,则是多见其异,少见其同,排斥的成分大于会通。朱熹生活在南宋时期,是理学的集大成者,他以一种恢宏的气度,宽广的胸怀,对北宋五子的易学思想作了全面的研究,不以立异为高,而着眼于会通整合,认为他们都是紧紧围绕着理学的共同的主题,旨在阐明天道性命之理,故能一致百虑,殊途同归,无论是周、邵的象数之学或是张、程的义理之学,都是以理为最高范畴而获得统一,体现了理学的总体精神,他们的研究成果也自有其合理的定位。朱熹按照这条思路,进一步提出了易学的四要素说,认为一个统一完整而无偏失的易学体系,是由理、象、数、辞四个不可或缺的要素所组成。《朱子语类》卷六十七记载:

> 季通云:"看《易》者,须识理、象、数、辞,四者未尝相离"。盖有如是之理,便有如是之象;有如是之象,便有如是之数;有理与

象数，便不能无辞。《易》六十四卦，三百八十四爻，有自然之象，不是安排出来。

这四个要素，横看是未尝相离的一体的结构，竖看则是有先有后的生成的系列，历史与逻辑融合无间，高度统一。其中理居于第一义的主导地位，是易学的本体，象数的根源。此理即天地万物的自然之理，当象数之未形而其理已具。相传，上古时期，伏羲偶然见得此理而画卦，于是生出许多象数来，是为先天之学。到了中古时期，文王改易伏羲卦图之意而推其未明之象，观卦体之象而为之彖辞，周公视卦爻之变而为之爻辞，于是生出许多义理来，是为后天之学。再往后，孔子作《十翼》，专以义理说《易》，这是由于自上世传流至此，象数已分明，不须更说，故孔子只于义理上说。从三圣易学的这种生成系列可以看出四个要素在易学结构中的层次地位，必先有理则后始有象数，有了象数而后始有义理，如果说先于象数而与天地同在的自然之理是第一义，伏羲画卦作《易》之象数是第二义，那么文王周公之辞及孔子之赞所推说的义理则是属于第三义了。据此而论，象数居于承上启下的中介地位而为义理之所本，无象数则义理无所根著，故象数乃作《易》根本。由辞所推说的义理与先于象数的自然之理是上下层次不相同的两个范畴，不可混为一谈。朱熹根据这种四要素说来考察北宋五子的易学，认为他们虽有象数与义理之殊途，但却都以第一义的自然之理为依归。周子称此自然之理为"无极而太极"，邵子称之为"画前之易"，张子称之为"天易"，程子称之为"天理"，称谓不同，理无二致，这也就是所谓理一而分殊。由分殊以见其理一，不仅可以集象数与义理两派易学之大成，建构一个统一完整的易学体系，而且可以凸显理学的主题，集理学之大成，建构一个统一完整的理学体系。

朱熹本着这条基本的思路，对易学史上所形成的象数与义理两派都提出了批评，认为汉儒象数之学脱离义理而言象数，王弼、程颐的义理之学脱离象数而言义理，二者皆失之一偏。在《易象说》一文中（载于《朱子大全》卷六十七），朱熹指出，虽然象数乃作《易》根本，但是这种象数出于天理之自然，而非人为之造作，是一种自然的象数，并不是汉儒附会穿凿所杜撰的那一套互体、变卦、五行、纳甲、飞伏之法。从这个角度来看，王弼、程颐对汉儒象数之学的指责是很有道理的。但是，他们的义理派的易学也带有很大的片面性，因为他们由扫落汉儒的象数进一步否定象数本身，没有把自然的象数与人为的象数明确区分开来，由此而发挥的义理疏略而无据，更加不合于圣人作《易》之本意。因此，朱熹对这两派易学都表示强烈的不满，而致力于建构一种新的易学体系，熔象数义理为一炉，以恢复《易》之本义。为了建构这种易学，朱熹认为，关键在于从事象数的研究，因为义理方面发展到程颐的《易传》业已十分完备，用不着人们再作补缀，只是欠缺象数，于本义不相合，需要人们为这种义理重新奠定一个象数学的基础。他指出："《易传》义理精，字数足，无一毫欠阙。他人着工夫补缀，亦安得如此自然！只是于本义不相合"。"《易传》言理甚备，象数却欠在"。（《语类》卷六十七）朱熹反复强调，易学不可离却象数，若未晓得圣人作《易》本意，先要说道理，纵说得好，亦无情理，与《易》原不相干。因而他所作的《周易本义》与《易学启蒙》，只是编出象数大略，着眼于以简治繁，不以繁御简，一方面补足义理派易学的欠缺，另一方面纠正象数派易学的偏失，实际上是超越自秦汉以来所形成的这两派的易学，站在《易》之本义的哲学高度对象数之学所作的研究。

《周易本义》卷首载有九图，包括河图、洛书、伏羲八卦次序图、伏羲八卦方位图、伏羲六十四卦次序图、伏羲六十四卦方位图、文王八卦次序图、文王八卦方位图、卦变图。这九个图就是朱熹所编出的象数大略，虽然同为象数，但却代表了易学的生成的系列，四个不同的发展阶段，其作用与地位也就有所不同，应该区别看待。其中河图洛书代表天地自然之易，这是象数的本原，作《易》的根据，称之为画前之易，在九图中最为重要。伏羲四图代表伏羲之《易》，这是伏羲有见于法象自然之妙不曾用些子心思智虑所画出，称之为先天之学。此六图皆无文字，只有图书，最宜深玩，可见作《易》本原精微之意。文王八卦次序与方位两图改变了伏羲卦图之意，就已成之卦推演而别自为说，并附有文字的解释，乃入用之位，后天之学，代表易学发展的第三个阶段，即文王之《易》，也就是今之《周易》。卦变图置于九图之末，代表孔子之《易》。孔子因文王之《易》作彖传，以卦变说成卦之由，故作此图以明之。朱熹特别指出，此盖《易》中之一义，非画卦作《易》之本指。根据这九个图的排列，可以看出朱熹对象数之学的研究，主要是关注属于先天之学的天地自然之易与伏羲之《易》，因为这是易学的基本纲领，开卷的第一义，如果不推本伏羲作《易》画卦之所由，则学者必将误认文王所演之《易》便为伏羲始画之《易》，以孔子之说为文王之说，只从中半说起，而不识向上根源。

王懋竑《朱子年谱》谓《本义》成于淳熙四年（1177年），《启蒙》成于淳熙十三年（1186年）。《语类》卷六十七记载："先生于《诗传》，自以为无复遗恨，曰：'后世若有扬子云，必好之矣'。而意不甚满于《易本义》。盖先生之意，只欲作卜筮用，而为先儒说道理太多，终是翻这窠臼未尽，故不能不致遗恨云"。朱熹本人也多次指出，《本义》未能成书即为人窃出印行，不是一部成熟的著作。朱熹之所以不满于《本义》，主要是认为其中对《易》本卜筮之书的思想发挥得不够，翻案文章没有做好，不能从根本上扭转当时盛行的以义理解《易》的学风。实际上，朱熹在《本义》中业已通过各种方式发挥了这个思想，极力阐明"圣人所以作《易》教人卜筮而可以开物成务之精意"。首先，朱熹采用了吕祖谦所定的古本《周易》，以经归经，以传归传，对文王之《易》与孔子之《易》做出了区分，这就改变了自王弼以来经传不分、以传释经的传统，在当时是一种大胆的创新。其次，朱熹自作九图载于《本义》卷首，旨在阐明象数之本原，作《易》之本指，这是一反常例，迥出常情，发前人所未发之覆，其易学思想的纲维，大端已具，后之所论，始终没有超越此九图的范围。但是，由于《本义》受到《周易》文本的限制，只能依据文王所推演的后天之学来解释经传的义理，而不能脱离文本对先天之学多作发挥，至于卷首所载之河图洛书及伏羲四图，也因限于体例，只能略示梗概而不能展开详细的论证，这就使得《本义》就总体而言显示出一种体系不完整、论证不精密的缺陷，故不能不致遗恨。基于这种遗恨，所以朱熹作《启蒙》，就把目的设定为补足《本义》的缺陷，追求向上一路，专门研究象数与筮法的先天理据，对九图进行哲学的论证。这两部著作，体例不同，重点有异，但却彼此配合，相互补充，朱熹常常相提并论，并且依据《启蒙》对《本义》做了修改，使之成为定本。比如今本《本义》的《系辞上传》，关于"河图洛书"，注云"详见《启蒙》"；关于"大衍之数"，注云"其可推者，《启蒙》备言之"；关于"画卦揲蓍之序"，注云"详见《序例》《启蒙》"；这些均可见出修改订正的痕迹。《启蒙》共分四篇，《本图书》是对河图咨书的解说，

《原卦画》是对伏羲四图及文王二图的解说，《考变占》是对卦变图的解说，《明蓍策》则是对古筮法的研究。四篇所论，不离九图，虽名曰《启蒙》，其根本目的并非仅为初学者开启易学之门，而在于进一步论证九图所蕴含的哲学意义，系统地发挥自己的象数之学。与《本义》相比，朱熹对《启蒙》是感到相当满意的，认为这是一部带总结性的成熟的著作，完全恢复了《易》之本义，后之学者如果有意于研究象数之学，只以此书为据便已足够，不必他求。他在《答方宾王书》中指出："熹向来作《启蒙》，正为见人说得支离，因窃以谓《易》中所说象数，圣人所已言者不过如此。今学《易》者但晓得此数条，则于《易》略通大体，而象数亦皆有用，此外纷纷皆不须理会矣"。（《文集》卷五十六）在《答赵提举书》中指出："近又尝编一小书，略论象数梗概，并以为献。妄窃自谓学《易》而有意于象数之说者，于此不可不知，外此则不必知也"。（《文集》卷三十八）《语类》卷十四记载："说《大学》《启蒙》毕，因言：某一生只看得这两件文字透，见得前贤所未到处。若使天假之年，庶几将许多书逐件看得恁地，煞有工夫。"这说明朱熹是把《启蒙》看作自己最成功的代表作，在他一生所写的文字中，只有《大学章句》可以与之相媲美。

《启蒙》首先以《本图书》开篇，从历史考据与哲学义理两个方面来论证河图洛书乃天地自然之易，是"气数之自然形于法象见于图书者"。关于历史考据方面，朱熹引《易大传》及孔安国、刘歆之言，论证伏羲受河图而画八卦，禹因洛书而陈九畴，乃古人之成说；又引关子明与邵康节之言，论证以十为河图，以九为洛书，乃历史之定论。这就从文献学的角度解决了图书之真伪的问题，并且纠正了刘牧以九为河图、以十为洛书的谬误。此篇的重点在于哲学义理的开发。朱熹认为，《易大传》所说的天地之数即河图之数，天地之数五十有五，河图之数亦为五十有五。天地之数五奇五偶，分阴分阳，各以其类而相求，五位相得而各有合。河图之位亦复如是，一与六共宗而居乎北，二与七为朋而居乎南，三与八同道而居乎东，四与九为友而居乎西，五与十相守而居乎中，盖其所以为数者，不过一阴一阳以两其五行而已。从河图的象数结构来看，中间虚五与十者，太极也；奇数二十、偶数二十者，两仪也；以一二三四为六七八九者，四象也；析四方之合以为乾坤离坎、补四隅之空以为兑震巽艮者，八卦也；本身就是伏羲八卦次序与伏羲八卦方位两图的雏形。因而以洛图为象数本原，认为伏羲据河图以作《易》，不管在历史上能否查有实据，就哲学义理而言，却是完全可以成立的。至于洛书，则虽夫子之所未言，但与河图互为经纬表里，并不矛盾。比如河图洛书之位与数其所以不同，是因为河图以五生数统五成数而同处其方，自五以前，为方生之数，自五以后，为既成之数，阴生则阳成，阳生则阴成，阴阳二气，相为终始，而未尝相离。洛书以五奇数统四偶数而各居其所，四正之位，奇数居之，四维之位，偶数居之，阴统于阳，地统于天，天地同流，而定分不易。故河图以十为数，盖揭其全以示人而道其常，是为数之体，洛书以九为数，盖主于阳以统阴而肇其变，是为数之用，二者结成了一对体用的关系。虽然多寡不同，但由于皆以五居中，以中为虚，故二者阴阳之数均于二十而无偏。因此，从洛书的象数结构来看，中间所虚之五，则亦太极也；奇偶各居二十，则亦两仪也；一二三四而含九八七六，纵横十五而互为七八九六，则亦四象也；四方之正以为乾坤离坎，四隅之偏以为兑震巽艮，则亦八卦也。与河图相同，也是先天八卦图的雏形。

朱熹通过这种比较，认为河图与洛书可以互通。河图之一六为水，二七为火，三八为木，四九为金，五十为土，即《洪范》之五行。洛书可以为《易》，河图亦可以为《范》。因而就历史考据而言，《易》乃伏羲之所先得乎图而初无所待于书，《范》则大禹之所独得乎书而未必追考于图。但就哲学义理而言，图可以为书，书亦可以为图，其为理则一，并无先后彼此的区别。此理即自然之理，天地之理。有是理，便有是气，有是气，便有是数。河图乃天地之常数，洛书乃天地之变数，二者皆为天地自然之数。河图五十五而虚十，则洛书四十有五之数。虚五，则大衍五十之数。积五与十则洛书纵横十五之数。以五乘十，以十乘五，则又皆大衍之数。洛书之五，又自含五而得十，而通为大衍之数。积五与十，则得十五，而通为河图之数。此二者横斜曲直，无所不通，乃气数之自然，代表了天地自然之易，也就是未有《易》之前的宇宙的本来面貌，伏羲画卦的本原性的依据。

《原卦画》是《启蒙》一书的主体，通论伏羲之《易》与文王之《易》，综述先天之学与后天之学。由于先天乃《易》中第一义，后天必本于先天，故此篇所论，伏羲在前，文王在后。关于伏羲画卦之所由，朱熹仍以《本义》之伏羲四图为据，先画横图，后画圆图，横图以明八八六十四卦生成之次序，圆图以明其组成的方位与运行的原理。《系辞》曾说："《易》有太极，是生两仪，两仪生四象，四象生八卦。"朱熹认为，这是孔子发明伏羲画卦自然之形体，孔子而后，千载不传，唯康节、明道二先生知之。邵子指出这种生成的次序是数的推演，即"一分为二，二分为四，四分为八"，程子则进一步概括为"加一倍法"。朱熹吸取了这些说法，把《本义》之二横图扩展为六横图，详加解说，从哲学上论证八卦的生成完全是出于浑然太极的自然的理势，并未掺杂任何人为的思虑。

《启蒙》对太极的界定，首先着眼于本体论的建构。朱熹指出："太极者，象数未形而其理已具之称，形器已具而其理无朕之目。"这是说，太极是象数之理而本身并不是象数，因为象数是形而下之器，太极乃是形而上之道，二者分属于两个不同的层次。虽然如此，二者也未尝相离。因为太极作为本体是现象的本体，象数作为现象是本体的现象，就有形的象数而言，其中必寓有无形之理，此无形之理也不能脱离有形的象数而孤立存在，故二者不离不弃，相互依存，形成一种本体论的结构。在易学史上，汉儒以气释太极，王弼以无释太极。朱熹认为，这都不是确解，唯有周敦颐的"无极而太极"说得的当不易，最为精到。所谓"无极而太极"，意思就是无形而有理，当象数之未形而其理已具。太极即理，理为本体，本体即道，道者天地之心，故邵雍所说的"道为太极""心为太极"，也是的当不易之论。但是，此无形之理是否仅仅作为一种静态的结构，只存有而不活动，不能展开为一种动态的过程，生成有形的象数呢？朱熹指出，实际的情况并非如此。因为自两仪之未分，浑然太极，而两仪四象六十四卦之理，已粲然于其中，生成的功能为浑然太极所固有。从河图洛书来看，虚中之象就是一个浑然太极，虚者无形，中五者有理，此理既是一个本体结构，也具有生成的功能。河图以五生数统五成数而为数之体，洛书以五奇数统四偶数而为数之用，体是本体，用是功能，体用相依，故其虚中之五内在地蕴含着一种自然的理势，按照一分为二的程序，生成出一套两仪四象以至八八六十四卦的有形的象数。

两仪是由浑然太极一动一静分阴分阳而生出。太极是理，阴阳是气，太极无形而阴阳有形，有气有形便有数，数是气的分界限处，数的本质在于奇偶，故太极分阴分阳也就同时产生一奇一偶。阴阳之象成双，奇偶之数成对，是为两仪。朱熹曾说，"大抵《易》只是一个阴阳奇偶而已，此外更有何物"？照朱熹看来，象数乃《易》之根本，而阴阳奇偶又是象数之根本，阴阳奇偶始于太极之一动一静，处于不断分化与组合的过程中，如果没有阴阳奇偶的交变，则《易》之体便不复成立。此体是体质之体，形体之体，犹言骨子，非此则实理无所顿放，这也就是说，在阴阳奇偶的象数所构成的《易》之体中，即寓有阴阳奇偶的交变之理。据此而论，邵子所说的"一分为二，二分为四，四分为八"的画卦的次序，看来是一种数的推演，实质上是阴阳奇偶不断分化与组合，"虽其见于摹画者若有先后而出于人为，然其已定之形，已成之势，则固已具于浑然之中"。故自两仪生四象，四象生八卦，引而伸之，以至无穷，都可以归结为太极与两仪的关系，以阴阳奇偶之交变作为最根本的动力学的原理。朱熹认为，"伏羲画卦皆是自然"。"自太极生两仪，只管画去，到得后来，更画不迭。正如磨面相似，四下都恁地自然撒出来。""看他当时画卦之意，妙不可言。"（《语类》卷六十五）《启蒙》所列的六横图是对这种自然生成次序的图解。其所以自然，是因为完全符合阴阳奇偶的自然之理，自本而干，自干而枝，其势若有所迫而自不能已，不曾用些子心思智虑。

若将八卦横图与六十四卦横图规而圆之，即成为两个圆图。朱熹认为，横图所表示的是《易》之所以成，自乾一横排至坤八，其生成的次第全是自然，而圆图所表示的则是一个宇宙模型，虽似稍涉安排，然亦莫非自然之理。圆图是根据横图而来，必先有卦的生成而后始能作出圆图。圆图的具体做法是，将横图由中间的震巽复姤四卦为界，分成两半，使震复逆行与乾相接而居左，使巽姤顺行与坤相接而居右，这就自然拼接成为一个圆图。在这个圆图中，自北而东为左，自南而西为右，既有确定的方位，也有左右旋转的运行方向，可以表示一年的春夏秋冬，一月的晦朔弦望，一日的昼夜昏旦，实际上就是一个井然有序的卦气图，如果不作圆图而只是从头至尾看横图，则此等类皆不可通。圆图的方位是按照对待的原则排列的，这就是《说卦》所说的"天地定位，山泽通气，雷风相薄，水火不相射，八卦相错"。天与地相对，故乾南坤北，定上下之位次。水与火相对，故离东坎西,列左右之门。是为四正。兑居东南,艮居西北,这是山泽通气。震居东北,巽居西南,这是雷风相薄。是为四维。对待的方位既定,阴阳之间必互相博易,博易也就是交易,阴交于阳,阳交于阴,阴对换为阳,阳对换为阴,六十四卦圆图阴阳爻左右对称性的结构即以此二者对望交相博易而成。这种交相博易表现了阴阳之升降往来,消息盈虚,同时也是一个流行的过程。《说卦》所说的"数往者顺,知来者逆",即就左仪右仪有流行之次序而言,自左观之似顺,自右观之似逆,左方是数往,右方是知来。这个圆圈就是传自道教系统的先天图。朱熹对先天图赞赏备至,认为是一个极好的宇宙模型,虽无言语而有自然之象数,对待流行,时空交织,蕴含着盈虚消息之理,可以用来表示天地人三才万事万物的终始变化。

《说卦》"帝出乎震"章,其卦位的排列,震东兑西,离南坎北,巽居东南,艮居东北,坤居西南,乾居西北。邵子认为,此卦位乃文王所定,所谓后天之学也。朱熹接受了邵子的说法,但在《本义》中却仅指出:"所推卦位之说,多未详者"。经过多年的探索,他才在《启蒙》中对文王改易伏羲卦图之意提出了自己的解释。从朱熹的其他一些言论来看,他并未把这种解释视作定论,而是坦率地承认,"文王八卦不可晓处多","纵横反覆竟不能得其所以安排之意"。终其一生,始终是感到困惑莫解,留下了许多疑窦。但是由于朱熹坚信后天八卦乃文王所定,《说卦》为孔子所作,其中必有深刻的哲学意蕴,所以他一直是以严谨审慎的态度,立足于加深理解,进行不懈的探索。比较起来,朱熹对《原卦画》所论感到满意的并非后天之学,而是先天之学,他作《启蒙》的主要目的在于阐发先天之学,而这个目的是圆满实现了。此是《易》中第一义,至于后天之学则属于第二义。朱熹认为,即令目前对文王卦位不能完全理会,但只要把第一义理解透彻,然后轻轻揭起第二义去逐渐理会,积累之久,终有一天是会豁然贯通的。

《明蓍策》是对古筮法的研究。所谓筮法,即揲蓍以求卦的方法,这种方法是以画卦的原理为依据的。故画卦与揲蓍虽为二事,实际上是相互联系,不可割裂。如果说画卦是象数的根本,揲蓍乃其用处之实,依据原理而推出方法是由体以及用,通过方法而掌握原理则是由用以明体。朱熹常常慨叹,伏羲画卦的原理而今所以难理会,"盖缘亡了那卜筮之法。""《说卦》中说许多卜筮，今人说《易》，却要扫去卜筮，如何理会得《易》？每恨不得古人活法，只说得个半死半活底。若更得他那个活法，却须更看得高妙在。""大凡人不曾着实理会，则说道理皆是悬空。如读《易》不曾理会揲法，则说《易》亦是悬空。"（《语类》卷六十六）从这些言论可以看出，朱熹对古筮法的研究，主要是着眼于更深入地阐发先天象数所蕴含的哲学奥义，使易学的精神得以落到实处而不悬空，并非完全局限于具体的方法层面，单就筮法本身从事纯技术性的探讨。在《本义》中，朱熹指出，揲蓍求卦之法本于大衍之数，"盖出于理势之自然，而非人之知力所能损益"，"其变化往来、进退离合之妙，皆出自然，非人之所能为"。《启蒙》对筮法的解说，贯穿了同样的思路。他指出，"其为蓍也，分合进退，纵横逆顺，亦无往而不相值"，"其相与低昂如权衡，其相与判合如符契，固有非人之私智所能取舍"，"亦皆有自然之法象焉"。因此，虽然就揲蓍求卦的具体的操作方法而言，《本义》略而《启蒙》详，但就基本思路而言，其实并无二致，始终是站在哲学的高度，力求把这种具体的操作方法安排得合乎"自然之法象"，"理势之自然"。朱熹认为，古之筮法由画卦的原理直接推出，全是自然，自孔子来千五百年，人都理会不得。唐时人说得虽有病痛，大体理会得是。近来说得太乖，自郭子和始。所以朱熹继《启蒙》之后，又作《蓍卦考误》（载于《文集》卷六十六），以辩郭雍之失。《启蒙》侧重于正面的解说，《蓍卦考误》则是一部论战性的著作，此二书互相发明，全面地体现了朱熹的基本思路，凸显了他之所以关注筮法研究的用心所在。

郭雍著《蓍卦辨疑》，主张判定阴阳老少之爻象独以过揲之数为断。这种方法叫作"过揲法"，朱熹称之为"近世之法"。朱熹称他自己的方法为"旧法"，即与经文本义相符的古之筮法，也叫作"挂扐法"。这种方法的根本精神是根据手指之间的余数确定爻象，而不以过揲之数为断。如果单从最后的结果来看，无论是用"挂扐法"还是用"过揲法"，都是一样，没有任何差别，但是朱熹强调指出，从象数本原的角度来看，"挂扐法"有自然之法象，而"过揲法"无复自然之法象，二者存在着重大的分歧。关于这个思想，朱熹在《启蒙》《蓍卦考误》以及与《与郭冲晦书》中进行了反复论证，归结起来，其所持的理由约有三点：一是以挂扐为本，以过揲为末，不可舍本而取末；二是以挂扐为约，以过揲为繁，不可去约以就繁；三是以挂扐定爻象可见阴阳之消长，以过揲定爻象则参差不齐。就这两种方法的本身而言，究竟孰是孰非的问题在易学史上并没有得到真正的解决。朱熹的说法虽然具有权威，郭雍的说法也有不少人拥护。李光地《周易折中》卷十四指出："按郭雍本其先人郭忠孝之说以为蓍说，引张子之言为据，朱子与之往复辩论"。"然以归奇为归挂一之奇，则自虞翻已为此说。且玩经文语气，归奇于扐，奇与扐自是两物而并归一处尔，此义则郭氏之义可从"。但是，朱熹之所以必详论挂扐，深病郭说之非，主要是出于哲学的考虑，以明法象自然之妙。郭雍曾向朱熹表示，"大衍之数五十，是为自然之数，皆不可穷其义"。这说明郭雍既不懂哲学，也无哲学的兴趣，只是依据前人的一些成就，局限于从具体的操作方法上进行某种安排。朱熹作为一个伟大的哲学家，则是坚定地认为，"熹窃谓既谓之数，恐必有可穷之理"。（《与郭冲晦书》，《文集》卷三十七）这说明朱熹从事筮法的研究，目的是穷筮法之理，并非与郭雍站在同一个层次。尽管他所主张的挂扐法后世仍有异议，不算定论，但是他所开拓的思路，把筮法提到哲学的高度来考察，却对后世产生了极为深远的影响。

《考变占》作为《启蒙》的终篇，结合变占之法，作了卦变三十二图，以明一卦可变六十四卦之理。此三十二图是对《本义》所载之卦变图的进一步的调整和完善。朱熹认为，卦变说非画卦作《易》之本指，独于《彖传》之辞有用，而《彖传》乃孔子所作，属于后天之学。先天与后天的区别，在于先天是自初未有画时说到六画满处，后天则是就卦成之后各因一义推说。如果说文王的后天之学改变了伏羲先天卦图之意，由第一义降而为第二义，那么孔子因文王之《易》而作《彖传》，则是由第二义降而为第三义了。据此而论，在朱熹的易学体系中，关于卦变的思想，其定位并不是很高的。虽然他十分重视这项研究，但却始终是严守先天后天之分，把卦变限制在有助于讲通今本《周易》经传的较低的层次。比如他针对程子专以乾坤言变卦之说指出，"便是此处说得有碍"，"其说不得而通"。"伊川说乾坤变为六子，非是"。（《语类》卷七十一）实际上，专以乾坤言变卦并非程子的创论，而是易学史上的成说。早在汉代，孟喜的十二辟卦，京房的八宫卦，荀爽的乾升坤降说，均主此论，虞翻的卦变图更是发展成为一个完整的体系。黄宗羲在《易学象数论》中指出:"古之言卦变者,莫备于虞仲翔,后人不过踵事增华耳。"到了宋代,李之才、朱震、苏轼、程颐等人,皆以《说卦》乾坤生六子之文为据,沿袭了这种成说。朱熹认为,乾坤生六子是文王的道理,而不是伏羲的道理。从先天之学的角度来看,八卦乃是从太极两仪四象渐次生出,方其为两仪,则未有四象,方其为四象,则未有八卦,那时只是阴阳,未有乾坤,乾坤之名是直到八卦画成而后始有。故以六子为乾坤所生,以乾坤为卦变的总根源,不合于八卦生成的自然的次序,在理论上难以成立。此外,程子专以乾坤言卦变,然只是上下两体皆变者可通,若只一体变者则不通,作为一种解释的方法,也不是很合用的。正是基于这种考虑,所以朱熹为了把属于后天之学的今本《周易》的经传讲通,不得不摒弃旧说,另辟蹊径,建构一种新的卦变理论。

就《彖传》而言,说卦变者凡十九卦,盖言成卦之由,此十九卦是:讼、泰、否、随、蛊、噬嗑、贲、无妄、大畜、咸、恒、晋、睽、蹇、解、升、鼎、渐、涣。归结起来,此十九卦所言成卦之由,皆为爻之刚柔来往上下。这种情况说明,《彖传》是以爻变而言卦变,并没有以乾坤而言卦变,前人的成说在经典上是缺乏根据的。朱熹本着严谨的治学精神对此十九卦做了全面的考查,认为卦变皆由爻变而来。但是,由于古书残缺,特别是《彖传》仅就十九卦而说卦变,为了求得六十四卦的通例,有必要依据由爻变引起卦变的一般规律进行逻辑推理,以义而起,制定一个完备的卦变图。《本义》卷首所载之卦变图就是朱熹在《彖传》卦变说的基础上推而广之作出来的。朱熹对此图解释说,凡一阴一阳之卦各六,皆自复、姤而来;凡二阴二阳之卦各十有五,皆自临、遯而来;凡三阴三阳卦各二十,皆自泰、否而来;凡四阴四阳之卦各十有五,皆自大壮、观而来;凡五阴五阳之卦各六,皆自夬、剥而来。朱熹对他的这一套以爻变而言卦变的理论是感到相当满意的,认为伊川"诸处皆牵强说了","王辅嗣卦变,又变得不自然","汉上(朱震)《易》卦变,只变到三爻而止,于卦辞多有不通处","某之说却觉得有自然气象"。(《语类》卷六十七)

既然卦变是由爻变而来,爻变则是由揲蓍而来。按照揲蓍之法以求爻,可以随机地得出七、八、九、六之数。在《启蒙》中,朱熹指出:"用九用六者,变卦之凡例也。言凡阳爻皆用九而不用七,阴爻皆用六而不用八。

用九，故老阳变为少阴。用六，故老阴变为少阳。不用七八，故少阳少阴不变"。因此，一卦六爻，究竟应该怎样根据其中变爻与不变爻的不同的配置情况的占断吉凶，这就是《考变占》篇所要阐明的主题。朱熹归纳出七种配置情况，并且规定了七种相应的占法。为了便于查考这种变占之法，朱熹根据一卦可变六十四卦之理，列为三十二图。他指出："以上三十二图，反复之则为六十四图，以一卦为主，而各具六十四卦，凡四千九十六卦，与焦赣《易林》合，然其条理精密，则有先儒所未发者，览者详之"。我们可以把《本义》之卦变图与《启蒙》之三十二图做一番比较，虽然二者的目的与作用不同，前者是为了解说《彖传》，后者是为了查考变占，但就其基本思路而言，此二图都同样是以爻变而言卦变，着重于阐明卦变乃气数之自然，而非出于圣人心思智虑之所为。所谓气数之自然，也就是先天象数的成卦之理。由于此二图皆本于成卦之理，所以其所揭示出的卦变形式一一相应，若合符契。凡一阴一阳之卦各六与一爻变相对应，凡二阴二阳之卦各十有五与二爻变相对应，凡三阴三阳之卦各二十与三爻变相对应，凡四阴四阳之卦各十有五与四爻变相对应，凡五阴五阳之卦各六与五爻变相对应。

朱熹的这套卦变理论是易学史上的一大公案，成为争论的焦点，引发出各种不同的意见，赞成的固然不少，反对的也很多。比如顾炎武指出："卦变之说不始于孔子，周公系损之六三已言之矣，曰'三人行则损一人，一人行则得其友'。是六子之变皆出于乾坤，无所谓自复姤、临、遯而来者。当从《程传》。(《日知录》卷一)"黄宗羲指出，《本义》之卦变图，重出甚多，头绪纷然。朱子虽为此图，亦自知其决不可用，所释十九卦《彖辞》，尽舍主变之爻，以两爻相比者互换为变，多寡不伦，绝无义例。(《易学象数论》卷二)李光地也指出："朱子三十二图，其次第最为详密，而后学之疑义有二。一曰筮法用九六不用七八，今四爻五爻变者，用之卦之不变爻占，则是兼用七八也。二曰周公未系爻之先，则《彖辞》之用有所不周也。(《周易折中》卷二十)"从这些议论来看，朱熹的卦变理论无论是用于解经或是用于变占，都存在着滞而不通的情况，并不是很完善的。但是，朱熹以卦变附先天之后，也自有其一以贯之的思路，其持之有故，其言之成理。他所关注的重点在哲学而不在方法。我们今天研究他的卦变理论，应该从哲学的角度联系他的整个易学体系来找出其合理的定位，至于能否有效地用于解经或变占，由于问题的本身业已失去了意义，是大可不必去费心探究的。

　　总起来说，朱熹的象数之学，以《本义》之九图与《启蒙》之四篇互相发明，构成一个完整的体系。在这个体系中，卦变图是孔子之《易》的象数，文王八卦是文王之《易》的象数，伏羲八卦是伏羲之《易》的象数，河图洛书是天地自然之易的象数。这四种象数虽然层次历然，不可混淆，其实皆不外乎阴阳奇偶之动静循环，至于其动其静，则必有所以动静之理，这就是所谓太极。因而太极阴阳之妙就成为这四种不同象数的共同的本质，从事象数之学的研究必须追求向上一路，直探本源，致力于从图书、卦画、蓍策、变占中明其气数之自然，不可仅仅着眼于象数本身从事毫无哲学意义的形式推演。太极是理，阴阳是气，所谓太极阴阳之妙，实质上就是一个理与气的关系问题，这个问题既是他的易学体系的纲领，也是他的理学思想的核心。照朱熹看来，天下未有无理之气，亦未有无气之理，圣人作《易》，只是如实地模写天地造化的本来面目。由于理不离气，气不离理，所以象数与义理相为表里，虚中有实，实中有虚，结为一体，不可分割。据此而论，象数派易学的偏失在于离气而言理。因此，只有以天地造化本来就有的理气关系为参照，把象数与义理两派易学整合成一个互补性的结构，才能做到如同《系辞》所说的"范围天地之化而不过"，与天地相齐准。这种象数与义理的互补，也就是理气关系在易学中的全面地落实。

（原载于《中国哲学史》1997年第4期）

程颐的经世外王之学

程颐关于外王的理想本于亲亲与尊贤之义，这和张载的说法是完全一致的。他指出："昔者圣人立人之道曰仁曰义。孔子曰：'仁者人也，亲亲为大；义者宜也，尊贤为大。'唯能亲亲，故'老吾老以及人之老，幼吾幼以及人之幼'；唯能尊贤，故'贤者在位，能者在职'。唯仁与义，尽人之道；尽人之道，则谓之圣人。"（《遗书》卷二十五）由于仁与义是人性的本质，一个理想的社会结构应该是人性本质的完美的实现，故亲亲与尊贤不可畸轻畸重，而必须相辅相成，有机结合，但就落实于政治运作层面而言，则应以尊贤为先。《粹言》卷一记载："或问：'《中庸》九经，先尊贤而后亲亲，何也？'子曰：'道孰先于亲亲？然不得尊贤，则不知亲亲之道。故尧之治，必先克明峻德之人，然后以亲九族。'"根据这个思想，程颐心目中憧憬的是五帝官天下的禅让制，认为传贤不传子乃是合乎至理的至公之法，三王传子不传贤的家天下之制则是在难得贤者的情况下，为了抑制王位争夺而不得已采取的一种权宜之计，虽亦天下之公法，但常为守法者一己之私心所扭曲，并不是一种最理想的制度。他指出："大抵五帝官天下，故择一人贤于天下者而授之。三王家天下，遂以与子。论其至理，当得天下最贤者一人，加诸众人之上，则是至公之法。后世既难得人而争夺兴，故以与子。与子虽是私，亦天下之公法，但守法者有私心耳。"（《遗书》卷十八）"五帝公天下，故与贤；三王家天下，故与子。论善之尽，则公而与贤，不易之道也。然贤人难得，而争夺兴焉，故与子以定万世，是亦至公之法也。"（《粹言》卷一）三王之法，损益文质，在处理亲亲与尊贤的关系上，体现了随时变易以从道的精神，作为一种既成的历史的定制，是后世必须效法的榜样，所以程颐认为："为治而不法三代，苟道也。虞舜不可及已,三代之治,其可复必也。"(《粹言》卷一)关于虞帝之治之所以只能仰慕而不可企及,程颐做了解释。他说:"或问:'后世有作,虞帝弗可及,何也?'子曰:'譬之于地,肇开而种之,其资毓于物者,如何其茂也!久则渐磨矣。虞舜当未开之时,及其聪明,如此其盛,宜乎后世莫能及也。胡不观之,有天地之盛衰,有一时之盛衰,有一月之盛衰,有一辰之盛衰,一国有几家,一家有几人,其荣枯休戚未有同者,阴阳消长,气之不齐,理之常也。'"(《粹言》卷二)关于这个问题,程颢也做了类似的解释。他说:"识变知化为难。古今风气不同,故器用亦异宜。是以圣人通其变,使民不倦,各随其时而已矣。后世虽有作者,虞帝为不可及已。盖当是时,风气未开,而虞帝之德又如此,故后世莫可及也。若三代之治,后世决可复。不以三代为治者,终苟道也。"(《遗书》卷十一)程氏兄弟的这个思想,是以《礼记·表记》的成说为依据的。《礼记·表记》指出:"夏道尊命,事鬼敬神而远之,近人而忠焉,先禄而后威,先赏而后罚,亲而不尊。其民之敝:蠢而愚,乔而野,朴而不文。殷人尊神,率民以事神,先鬼而后礼,先罚而后赏,尊而不亲。其民之敝:荡而不静,胜而无耻。周人尊礼尚施,事鬼敬神而远之,近人而忠焉。其赏罚用爵列,亲而不尊。其民之敝:利而巧,文而不惭,贼而蔽。""后世虽有作者,虞帝弗可及也已矣。君天下,生无私,死不厚其子,子民如父母,有憯怛之爱,有忠利之教,亲而尊,安而敬,威而爱,富而有礼,惠而能散。其君子尊仁畏义,耻费轻实,忠而不犯,义而顺,文而静,宽而有辨。《甫刑》曰:'德威惟威,德明惟明。'非虞帝其孰能如此乎!"这是认为,虞帝之德,大公无私,不传子而传贤,仁义并行,迭相主辅,既有憯怛之爱使社会达到高度的和谐,又有忠利之教使社会维持稳定的秩序,有礼而不烦,相亲而不渎,亲亲与尊尊的原则结合得恰到好处而不流于一偏,因而是后世难以企及的最高的外王理想。至于三代之治,则是因时制宜,或质或文,崇质者文不能副,尚文者质不能充,虽然皆本于亲亲与尊尊的原则,着眼于和谐与秩序的结合,但在实际的运作上总不免流于一偏。比如夏代过分地强调亲亲,先赏而后罚,先仁而后义,这就产生亲而不尊、朴而无文的偏向。殷代承夏之敝,矫枉过正,先罚而后赏,先义而后仁,过分地强调尊尊,这就产生了尊而不亲、荡而不静的偏向。周代承殷之敝,反其道而行之,尊礼尚施,过分地强调亲亲，这又和夏代一样，产生了亲而不尊的偏向。依据《表记》的这种论述，程颐提出了"四三王而立制"的外王理想。《粹言》卷一记载："子曰：'三代而后，有圣王者作，必四三王而立制矣。'或曰：'夫子云三重既备，人事尽矣，而可四乎？'子曰：'三王之治以宜乎今之世，则四王之道也。若夫建亥为正，则事之悖谬者也。'"程颐认为，三王之法，各是一王之法，后世应结合具体的历史条件有所继承，有所创新，"四三王而立制"，不可照搬硬套，墨守成规，但就三王之法的根本精神而言，则是顺理而行的直道，如忠质文之所尚，子丑寅之所建，目的都是为了合理地处理尊尊与亲亲之间的关系。秦强以亥为正，违背了三王之法的根本精神，专用武力来把持天下，这就成了事之悖谬者的苟道了。

程颐立足于这种外王理想，对秦汉以后的政治持一种严厉批判的态度。《外书》卷十一记载："或问：'贞观之治，不几三代之盛乎？'曰：'《关雎》《麟趾》之意安在？'"据程颐在《经说·诗解》中的解释，所谓《关雎》《麟趾》之意，其要点是说天下之治，正家为先，天下之家正，则天下治，《二南》之诗，盖圣人取之以为天下国家之法。用这个标准来衡量唐代的政治，三纲不正，无父子君臣夫妇，其原始于太宗。故其后子弟，皆不可使。玄宗才使肃宗，便篡。肃宗才使永王璘，便反。君不君，臣不臣，故藩镇不宾，权臣跋扈，陵夷有五代之乱。因此，贞观之治既不合尊尊的秩序原则，也破坏了亲亲的和谐精神，虽然表面上看来号为治平，却与理想中的王道相去甚远。关于推行王道必以正家为先、以《二南》为法的思想，程颐依据易学的原理，提到天地阴阳之大义的高度做了哲学的论证。他指出："《周南》《召南》如乾坤。"（《遗书》卷六）"家人者，家内之道。父子之亲，夫妇之义，尊卑长幼之序，正伦理，笃恩义，家人之道也。""尊卑内外之道，正合天地阴阳之大义也。""父子兄弟夫妇各得其道，则家道正矣。推一家之道，可以及天下，故家正则天下定矣。"（《家人卦》传）就天地阴阳之大义的角度而言，天上地下，阳尊阴卑，由此而形成自然的秩序，天地相遇，阴阳交感，由此而形成自然的和谐。《二南》之诗与《家人》之卦所阐明的正家之道，完美地体现了这两个原则，女正位乎内，男正位乎外，由此而形成人伦的秩序，夫爱其内助，妇爱其刑家，君子淑女，交相爱乐，由此而形成人伦的和谐，因而宇宙自然与社会人伦皆遵循同样的原则，《周南》《召南》如乾坤，家人之道正合天地阴阳之大义。由于夫妇为人伦之始，有夫妇然后有父子，有父子然后有君臣，有君臣然后有上下，有上下然后礼义有所错，故天下之本在国，国之本在家，治天下之道即治家之道，礼义的本质即秩序与和谐两个原则的完美的结合，推一家之道可以及天下。在《家人卦》传中，程颐进一步指出："夫王者之道，修身以齐家，家正则天下治矣。自古圣王，未有不以恭己正家为本。故有家人道既至，则不忧劳而天下治矣。"但是，就这两个原则的实际的运用而言，常常发生矛盾的情况，相互抵触，因为建立秩序需用尊严，保持和谐需用恩爱，"慈过则无严，恩胜则掩义"，所以必须随时调节，归于正理，使亲亲与尊尊能有一种动态的平衡。程颐认为，治天下之道无非是把治家的这两个原则推而行之于外。三代的政治，夏近古，人多忠诚，故为忠；忠弊，故殷救之以质；质弊，故周救之以文；虽然时尚不同，风格互异，但却始终是顺理而行，遵循这两个原则。至于秦汉以后的政治，由于无《关雎》《麟趾》之意，这种外王理想也就完全失落了。

在今后的岁月中，这种外王理想究竟能否通过实际的政治运作使之实现，变为活生生的现实呢？关于这个问题，程颐有时乐观自信，有时又悲观失望。《外书》卷十一记载了两条语录，充分表现了他的这种矛盾心理。其一条说："三代之后，有志之士，欲复先王之治而不能者，皆由典法不备。故典法尚存，有人举而行之，无难矣。"其另一条却说："崇宁初，范致虚言：'程颐以邪说诐行，惑乱众听，尹焞、张绎为之羽翼。'遂下河南府体究。学者往别，因言世故，先生曰：'三代之治，不可复也。有贤君作，能致小康，则有之。'"程颐认为，实现外王理想必须具备两个条件，第一是典法，第二是圣王。在典法不备的条件下，有志之士欲复先王之治固然不可能，即令典法已备，如果没有一个以王道为心的圣王来主持其事，也不可能复三代之治，至多只能寄希望于某个时期出现一个贤君，来造就一种小康的政治局面。由此可以看出，程颐关于外王的理想，呈现一种层层降格以求的趋势。就他的最高理想而言，并非三王之治，而是五帝之治，这是一种典型的贤人政治，以天下为公，不传子而传贤，亲亲与尊尊的原则结合得最为完美。但是考虑到时运的转移，气势的盛衰，以及传子而不传贤的家天下之制已成为历史的既成的事实，所以只能降格以求，以复三王之治为理想。后来经过无数次的努力，在现实面前处处碰壁，认识到三王之治的理想也难以实现，于是又降格以求，把某种相对合理的小康局面当作理想。虽然如此，在程颐的这几种关于外王理想的不同的表述中，却贯穿着一条共同的思想线索。这就是追求建立一种符合礼乐文化规范的社会结构，能使整个社会既有秩序井然的等级之分，又能和谐融洽，团结合作，做到如同孔子所说的老者安之，朋友信之，少者怀之，人人各得其所，各遂其性。程颐作为一个儒家，毕生都在从事这种追求，尽管后来不断地降而求其次，但是对理想的执着却从未动摇，反而促使他的探索更加贴近于现实。

就实际的政治运作而言，程颐依据易学阴阳消长之理，认为关键在于奉行一种适当的政策，合理地处理君子与小人之间的关系。他指出："天地之间皆有对，有阴则有阳，有善则有恶。君子小人之气常停，不可都生君子，但六分君子则治，六分小人则乱；七分君子则大治，七分小人则大乱。如是，则尧舜之世不能无小人。盖尧舜之世，只是以礼乐法度驱而之善，尽其道而已。然言比屋可封者，以其有教，虽欲为恶，不能成其恶。虽尧舜之世，然于其家乖戾之气亦生朱、均，在朝则有四凶，久而不去。"（《遗书》卷十五）这是说，从天地阴阳两两相对的角度来看，矛盾是普遍存在的，虽尧舜之世未尝无小人，虽桀纣之世亦未尝无君子，此二者作为对立的两极相互依存，相互消长，共同生活于社会的统一体中，乃古今之常道，天理之本然。如果君子道长，小人道消，善的积极因素居于支配地位，则能合理地处理二者的关系，使事物各得其所，不相悖害，促进社会的和谐融洽，而收其相反相成之功，此之谓治世。反之，如果小人道长，君子道消，恶的消极因素居于支配地位，就会激化社会的冲突意识，破坏社会的和谐融洽，争夺不已，相互悖害，而成为乱世。因此，自古治乱相承，亦常事。君子多而小人少，则治；小人多而君子少，则乱。尧舜之世，三王之世，小康之世，可以依其君子与小人组成比例之不同而区分为大治、中治与小治，但皆属于治世，符合外王理想。所谓外王理想的政治运作，并不是要造就一种弃绝小人的纯之又纯的君子国，其实质性的内涵在于造就一种相对平衡的政治局面，一方面承认小人存在的正当性，同时进行正面的引导驱而之善，使之顺而听命，化消极因素为积极因素，存异求同。所以程颐指出:"古之圣王所以能化奸恶为善良,绥仇敌为臣子者,由弗之绝也。苟无含洪之道,而与己异者一皆弃绝之,不几于弃天下以仇君子乎?故圣人无弃物,王者重绝人。"(《粹言》卷一)

程颐的这种崇尚含洪、存异求同的政治主张,虽说是本于易理,其实也是对北宋自庆历以来持续不断的激烈党争的深刻总结和沉痛反省。庆历年间,范仲淹倡导改革,因朋党之议而归于失败。熙宁年间,王安石推行新法,贬黜旧党,而元祐更化,旧党又尽废新法,贬黜新党,绍圣绍述,复行新法,再黜旧党。在这场长达半个多世纪的以不可调和的冲突意识为主导的激烈的党争中,朝廷所有的政治精英都受到了沉重的打击,两败俱伤,没有一个胜利者,由此而产生的后果就是使任何合理的政治运作都无法进行,社会的危机愈演愈烈,一步一步把国家推向灭亡的边缘。后世史家论及这一段历史,多称北宋之亡,亡于党争,这种看法是符合实际的。程氏兄弟属于新法的反对派,是洛党的领袖,他们与王安石由政见不同发展为相互敌对,是经历了一个过程的。就当时的具体形势而言,新旧两党都采取了激化矛盾的错误做法。当新党推行变法之初,人们狃于故习,持有异议,一时难以承受,本是情理之常,此时如能循序渐进,耐心说服,争取旧党人士的共识与支持,并非完全不可能,但是王安石刚愎自用,一意孤行,排斥异己,听不得半点不同的意见,这就不能不激起更大的反弹,人为地树立更多的阻力。旧党方面,论其初衷,也不是顽固保守,一味地反对改革,只是由于过分强调君子小人之辨,加上不以大局为重,抓住某些枝节问题对新法进行攻击,拒绝与之合作,这也是促成新旧两党水火不容的重要原因。后来程颐回忆这一段经历,痛切地感到自己应该承担一半错误的责任。他说:"新政之改,亦是吾党争之有太过,成就今日之事,涂炭天下,亦须两分其罪可也。"(《遗书》卷二上)

宋代的党争起自庆历。熙宁以后,围绕着王安石的变法,分为新旧两党,旧党又分为洛党、蜀党、朔党,当时谓之朋党。这些朋党不同于近代工业社会由于利益的多元化而出现的政党,没有严密的组织,没有确定的政纲和党章,甚至没有合法的地位,只不过是从官僚政治体制中分化出来的一群政见相异者的暂时性的聚合。他们之间的斗争孰胜孰负,不是取决于民众的选择,而是取决于集权君主的裁判,君主以为是则胜,以为非则负。一般说来，集权君主大多奉行法家的专制主义思想，服膺韩非的"明君贵独道之容"的哲学；并不希望臣下结成朋党削弱自己的权力，往往采取各种措施来禁绝朋党，在政治斗争中，许多人迎合君主的这种心理，只要称政敌为朋党，即可置之于死地，因而朋党成了一个不祥的罪名。照儒家看来，自三代以来所实行的家天下的君主集权制是不能不接受的，但是在政治的运作上却不赞同法家的专制主义思想。儒家主张"为君难，为臣不易"，强调君臣应该共同以国家的整体利益为重，兢兢业业，协同配合，励精图治，君主不可垄断权力，专制独裁，而应该委贤任能，信任臣下；臣下也不可以权谋私，侵犯君权，而应该尽力辅助，志匡王室。这是一种君臣共治的思想，也可称之为贤人政治的主张。由于儒家一直坚持这种主张，所以常常与集权君主的专制主义思想发生矛盾，而使合理的政治运作陷入混乱。

《宋史纪事本末》卷二十九记载："庆历四年夏，帝与执政论及朋党事，范仲淹对曰：方以类聚，物以群分。自古以来，邪正在朝，各为一党，在主上鉴辨之耳。诚使君子相朋为善，其于国家何害？不可禁也。"庆历五年，杜衍、范仲淹、富弼罢。右正言钱明逸希章得象等意，遂论仲淹、弼更张纲纪，纷扰国经，凡所推荐，多挟朋党。陈执中复谮衍庇二人。帝不悦，遂并黜之。欧阳修上疏曰："杜衍、范仲淹、韩琦、富弼，天下皆知其有可用之贤，而不闻其有可罢之罪。自古小人谗害，其识不远，欲广陷良善则指为朋党，欲动摇大臣则诬以专权。盖去一善人而众善人尚在，则未为小人之利；欲尽去之，则善人少过，唯指为朋党，则可尽逐。自古大臣被主知，蒙信任，则难以他事动摇，唯有专权是上之所恶，方可倾之。夫正士在朝，群邪所忌，谋臣不用，敌国之福也。窃为陛下惜之。"

但是，仁宗并没有被欧阳修、范仲淹说服，仍然害怕朋党，听信谗言，把一批真正以国家整体利益为重的大臣尽数贬黜，以致刚刚推行的庆历新政半途而废，归于失败。至于熙宁变法之所以失败，原因固然是因新旧两党因相互冲突而不能达成一致，但是关键却在于作为集权君主的神宗领导无方，决策失误，前后动摇，缺乏一个正确的政治运作的理念。当时君子与小人之辨闹得沸沸扬扬，新党攻击旧党为小人，旧党反唇相讥，攻击新党为小人。究竟何谓君子，何谓小人，如何处理君子与小人的关系，对这些政治生活中的根本问题，神宗本人并无明确的认识，只是凭着权力意志或主观的好恶来决断。熙宁三年，神宗听从王安石的建议，以小人的罪名贬黜程颢等人，骨子里是怀着与仁宗同样的猜疑心理，害怕他们会结成朋党，而使自己的大权旁落。后来神宗对王安石的态度由信任转而为厌恶，两次拜相，又两次罢免，也是出于这种猜疑心理。神宗死后，高太后执政，尽废新法，实行更化。高太后病逝，哲宗亲政，又恢复新法，绍述先帝。国家的大政方针依君主个人意志为转移而反复无常，左右摇摆，新旧两党的君子小人之辨也随之而大起大落。元祐年间，在高太后的支持下，旧党由昔日的小人变成君子受到任用，新党由昔日的君子变成小人受到贬黜。绍圣年间，在哲宗的支持下，斗争形势发生了根本的扭转，旧党统统由君子变成小人，新党又统统由小人变成君子。政治生活陷入严重的混乱状态，没有方向，没有章法，本应是结为一体的官僚政治体制四分五裂，不仅新旧两党势不两立，进行生死搏斗，旧党内部也是各为党比，互相攻讦，把一场严肃的政见之争扭曲为一场无原则的权力之争。当时虽然有人指出"调停"之说，认为"君子指小人为奸，则小人指君子为党"，劝告掌握最高权力的君主奉行"文景之世网漏吞舟"的宽宏政策，择中立之士而用之以平息党争，但是高太后和哲宗为了巩固自己的权力，仍然是采取支持一派、打击一派的做法，唯恐除恶不尽。表面上看来，新旧两党之争恶性发展，是因为斗争的双方片面地强调冲突，应该两分其罪，但是，追本溯源，从更深的层次来看，祸根是在于集权君主以天下为一己之私的专制主义思想。关于这个问题，程颐虽未明说，却是通过他的切身经历有所察觉，并且在《易传》中以委婉的方式陈述了他的看法。程颐曾任"崇政殿说书"，承担把年幼的哲宗培养成一个圣君的要职，为此他满怀希望，兴奋不已。他说："得以讲学侍人主，苟能致人主得尧、舜、禹、汤、文、武之道，则天下享唐、虞、夏、商、周之治。儒者逢时，孰过于此！"（《再辞免表》）但是，哲宗根本无意于做什么圣君，只想做一个为所欲为的专制帝王。绍圣初年，哲宗刚一亲政，就在权力意志的支配下，以党论的罪名把他的老师放归田里，接着又送往涪州编管。程颐苦口婆心的教导彻底失败，希望是完全落空了。徽宗即位，程颐重新燃起了一线希望，试图有所作为，但是很快又陷入失望。因为徽宗是一个十足的昏君庸主，尽管耽于淫乐，从不考虑民生的疾苦和国家的安危，却对禁绝朋党十分热心。他听信蔡京的谗言，立元祐党人碑，列三百零九人为奸党，其中包括所有的旧党，也包括许多新党人士，为这场长期的党争安排了一个玉石俱焚的下场，也为北宋王朝的国运画下了一个休止符。这是一场时代的悲剧，生活在这个时代，无论是新党或是旧党，是君子或是小人，每个人都逃不脱悲剧的命运。程颐亲眼看见了这场悲剧的结局，不能不感慨系之，发出了"三代之治不可复也"的哀叹。作为一个儒家，三代之治的外王理想毕竟是程颐终生追求的目标，既无法放弃，也不可动摇，但是面对着如此严酷的现实，君主不以王道为心，恣意妄为，臣僚互为朋党，纷争不已，理想与现实产生了尖锐的矛盾，因而究竟怎样才能克服这种矛盾，把权力结构纳入正轨来恢复三代之治，成了程颐苦苦探索的一个问题。这个问题从实质上来说，就是在肯定家天下的君主集权制的前提下，权力结构究竟应该遵循什么样的准则合理地运作，才能造就一种合乎亲亲与尊贤之义的政治局面。在《易传》中，程颐立足于易学的基本原理，联系北宋党争的时代背景和现实的困境，围绕着这个问题进行了广泛的探索，由此而建构了一个充实丰满且具有批判精神的经世外王之学，表现了强烈的忧患意识和人文情怀。

在北宋五子中，程颐与实际的政治牵连最深，长期置身于斗争漩涡的中心，饱受贬黜流放之苦，积累了丰富的政治实践的经验，他的一生经历了仁宗、英宗、神宗、哲宗、徽宗五朝，对现实生活中的集权君主的种种弊端有着清醒的认识和切身的感受，在《易传》中，他通过易学的爻位说把这种认识和感受转化为一种理论的批判，做了深刻的揭露。从爻位说的角度来看，一卦六爻就是一个权力结构的象征，五为君位，在权力结构中居于支配地位，其位至尊，其他各爻都应服从第五爻的权力，不可侵犯，但是，位必须与德相配，判定权力是否正当合理的标准在德而不在位，如果位与德产生了分裂，有君位而无君德，那么这种权力的正当合理性就成了问题，应该依据理想的君德标准来进行衡量，按照其不当的程度，或者予以严厉的谴责，或者委婉地劝诫。程颐运用这种爻位说，对六十四卦中居于君位的第五爻的行为做了全面的考察，具体地揭露了许多有君位而无君德的情况。这种揭露实际上就是对现实的批判。为了对他的批判精神能有一个切实的了解，下面我们列举一些例证。比如履卦九五："五以阳刚乾体，居至尊之位，任其刚决而行者也。如此，则虽得正，犹危厉也。"同人卦九五："九五君位，而爻不取人君同人之义者、盖五专以私昵应于二，而失其中正之德。人君当与天下大同，而独私一人，非君道也。"豫卦六五："六五以阴柔居君位，当豫之时，沉溺于豫，不能自立者也。……人君致危亡之道非一，而以豫为多。"复卦上六："人君居上而治众，当从天下之善，乃迷于复，反君之道也。非止人君凡人迷于复者，皆反道而凶也。"坎卦九五："人君之道，不能济天下之险难，则为未大，不称其位也。"咸卦九五："九居尊位，当以至诚感天下。若系二而说上，则偏私浅狭，非人君之道，岂能感天下乎？"

在一卦六爻所象征的权力结构中，二为臣位，四近五，故为大臣之位。大畜卦六四："童牛之牿，元吉。"程颐解释说："大臣之任，上畜止人君之邪心，下畜止天下之恶人。"这是发挥孟子的"唯大人为能格君心之非"的思想，认为大臣之任在于"畜止人君之邪心"，对君权进行限制，防止君主滥用权力。程颐清醒地看到，在君主集权的体制下，君主个人的意志关系着国家的治乱安危，如果这种意志不受任何监督而逞其邪恶之心，国家的根基就会随之而动摇，因此，他把格君心之非看作是大臣的最主要的职责。大臣当此重任，必须与德相配，否则，以阴邪小人而居高位，不仅不能畜止人君之邪心，反而以柔邪顺从，蛊惑其心，助桀为虐，这就是严重的失职，应该予以谴责。他在明夷卦六四中指出："六四以阴居阴，而在阴柔之体，处近君之位，是阴邪小人居高位，以柔邪顺于君者也。六五，明夷之君位，伤明之主也，四以柔邪顺从之，以固其交……邪臣之事暗君，必先蛊其心，而后能行于外。"此外，大臣当天下之任，上为君主之所倚，下为万民之所望，如果不胜其任而败坏了国家的大事，尽管其本身并非阴邪小人，也是严重的失职，应该予以谴责。他在鼎卦九四中指出："四，大臣之位，任天下之事者也。天下之事，岂一人所能独任？必当求天下之贤智，与之协力。得其人，则天下之治，可不劳而致也；用非其人，则败国家之事，贻天下之患……居大臣之位，当天下之任，而所用非人，至于覆败，乃不胜其任，可羞愧之甚也。"

程颐从爻位说的角度对君主与大臣所进行的这些批判，都可以在当时的政治生活中找到现实的原型，但也不是一种简单的影射，而是一种理论的超越，企图通过这些批判来弘扬正面的理想。照程颐看来，无论是君主或大臣，都必须遵循中正之道，这是一种普遍适用的制度化的行为准则和价值标准，违反了中正之道必然会犯错误，只有严格遵循才能使权力结构正当合理，发挥君臣共治的功能。他指出："五与二皆以阳刚居中与正，以中正相遇也。君得刚中之臣，臣遇中正之君，君臣以刚阳遇中正。其道可以大行于天下矣。"（《姤卦》传）"五以刚阳中正居尊位，二复以中正应之，是以中正之道益天下，天下受其福庆也。"（《益卦》传）正是说君以阳刚而居尊位，臣以阴柔而居卑位，君臣各当其位，当位为正，合乎阳尊阴卑的秩序原则。"中"是说君臣同心，团结合作，合乎刚柔相济、阴阳协调的和谐原则。秩序原则即尊尊之义，和谐原则即亲亲之义，尊尊与亲亲之义即外王理想的基本精神之所在，因而中正之道也就是尊尊与亲亲在政治运作层面上的具体的运用，而为治道之所本。权力结构必须建立在中正之道的基础上，其正当合理性不在于权力本身的大小，而在于是否符合中正之道的客观准则。

就权力结构的功能性的原理而言，程颐认为，应以中率正，中比正更为重要。他在《震卦》传中指出："六五虽以阴居阳，不当位为不正，然以柔居刚，又得中，乃有中德者也。不失中，则不违于正矣，所以中为贵也。"关于这个道理，程颐结合历史事例从爻位说的角度进行了论证。在《蹇卦》传中，他指出："自古圣王济天下之蹇，未有不由贤圣之臣为之助者，汤、武得伊、吕是也。中常之君，得刚明之臣而能济大难者则有矣，刘禅之孔明，唐肃宗之郭子仪，德宗之李晟是也。虽贤明之君，苟无其臣，则不能济于难也。故凡六居五、九居二者，则多由助而有功《蒙》《泰》之类是也；九居五、六居二，则其功多不足，《屯》《否》之类是也。盖臣贤于君，则辅君以君所不能；臣不及君，则赞助之而已，故不能成大功也。"程颐的这个思想，实际上是强调在政治运作层面上，相权比君权更为重要，认为君主不可视权力为一己所私有，而应该倚任刚中之贤的大臣，"与之共天位，使之食天禄"，奉行贤人政治的主张，从而使权力结构得以发挥出最大的功能。由于宋代加强君主集权，君权与相权的矛盾十分突出，这种矛盾表现在君主用人的问题上，往往是任之不专，信之不笃，怀疑猜忌，采取种种措施来削弱相权,所以程颐特别赞赏六五与九二的那种权力分配关系。他在《蒙卦》传中指出"五以柔顺居君位,下应于二,以柔中之德,任刚明之才,足以治天下之蒙,故吉也。……为人君者,苟能至诚任贤以成其功,何异出于己也?"

由此可以看出,程颐的这种贤人政治的主张是与法家的专制主义思想有着本质区别的。法家片面地强调尊君卑臣的秩序原则,完全排斥君臣同心的和谐之义,认为权力结构的正当合理性在位而不在德,君主掌握支配臣下的绝对权力,君臣之间不是以中正之道作为共同价值准则的道义的结合,而是一种权力的结合,因而利害相反,矛盾对立,"上下一日百战"(《韩非子·扬权》),围绕着权力相互进行不可调和的斗争。为了巩固君主的集权,不使大权旁落,法家主张用法、术、势来对付臣下,来造就一种"明君无为于上,群臣竦惧乎下"的政治局面。其所谓法,是指体现君主个人意志的国家法令,术是指驾驭臣下的权术,势是指君主所掌握的权势,三者交相为用,就可以把整个国家和官僚系统置于君主一人的统治之下。法家的这种专制主义的思想是以他们的一整套历史观、社会观和人性论作为理论基础的。韩非曾说:"上古竞于道德,中世逐于智谋,当今争于气力。"(《韩非子·五蠹》)这是认为,人类社会的历史就是一部冲突和斗争的历史。胜利者夺取了权力而居于统治地位,失败者丧失了权力而居于服从地位,因而社会就按照这种权力的统治与服从的关系而结成为一个共同体。由于人性的本质在于好利恶害的自为之心,所以统治者采取严刑峻法的高压手段来进行威慑,使广大的臣民知所畏惧,懂得服从权力必有利、反抗权力必有害的道理,是符合人性的本质的。程颐并不否认人类社会群体实际上存在着冲突和斗争,但却坚持认为,这种冲突和斗争是不合理的,不符合"立人之道曰仁与义"的人性本质,必须奉行贤人政治的主张,以中正之道来调整,使之归于和谐。因此,程颐针对着法家的专制主义的思想以及当时政治生活中的种种混乱现象,为贤人政治的主张进行了理论上的论证,提出了一个权力结构应以人心悦服为本而不应以统治与服从为本的政治理念。

程颐认为,人类社会是建立在相互亲辅的基础之上,而不是像法家所说的那样以"上下一日百战"的冲突和斗争为基础。由于个人不能独立生存，必须组合而为群体，这种组合的过程就是各自出于内在的需要，本于诚信而"两志相求"，阴求阳，阳求阴，于是自然而然形成了君民与君臣之间的权力结构。从这个角度来看，权力结构本身并不是目的，它只是维护社会群体生活的一个工具，如果破坏了相互亲辅的基础，整个社会将离心离德，权力结构也会随之而崩溃。在《比卦》传中，程颐集中阐述了这个思想。他指出："人之类，必相亲辅，然后能安，故既有众，则必有所比。""人之不能自保其安宁，方且来求亲比，得所比则能保其安。当其不宁之时，固宜汲汲以求比。""凡生天地之间者，未有不相亲比而能自存者也。虽刚强之至，未有能独立者也。比之道，由两志相求。两志不相求，则睽矣。君怀抚其下，下亲辅于上，亲戚朋友乡党皆然，故当上下合志以相从。苟无相求之意，则离而凶矣。""人之生，不能保其安宁，方且来求附比。民不能自保，故戴君以求宁；君不能独立，故保民以为安。不宁而来比者，上下相应也。以圣人之公言之，固至诚求天下之比，以安民也。以后王之私言之，不求下民之附，则危亡至矣。""相比之道，以诚信为本。中心不信而亲人，人谁与之？"

《萃卦》的卦义为聚集。程颐解释说："天下之聚，必得大人以治之。人聚则乱，物聚则争，事聚则紊，非大人治之，则萃所以致争乱也。""凡物之萃，则有不虞度之事，故众聚则有争，物聚则有夺。大率既聚则多故矣，故观萃象而戒也。"这是认为，在社会群体中，相互争夺、紊乱无序是一个不可避免的现象，但是这个现象是不合理的，必须由大人来治理。因而政治的目的就是止乱息争，化冲突为和谐，变无序为有序，使社会群体生活得以正常地进行，这也就是居于尊位的君主所应尽的职责。君主为了履行职责，应该懂得"萃道"，使自己具备元、永、贞三德。萃卦九五："萃有位，无咎。匪孚，元永贞，悔亡。"程颐解释说："九五居天下之尊，萃天下之众而君临之，当正其位，修其德。以阳刚居尊位，称其位矣，为有其位矣，得中正之道，无过咎也。如是而有不信而未归者，则当自反以修其元永贞之德，则无思不服，而悔亡矣。元永贞者，君之德，民所归也，故比天下之道与萃天下之道，皆在此三者。"

在一个社会群体中，品类繁多，万有不齐，有善亦有恶，程颐认为，政治的根本任务在于"遏恶扬善"。《大有卦·象传》曰："火在天上，大有，君子以遏恶扬善，顺天休命。"程颐解释说："火高在天上，照见万物之众多，故为大有。大有，繁庶之义。君子观大有之象，以遏绝众恶，扬明善类，以奉顺天休美之命。万物众多，则有善恶之殊。君子享大有之盛，当代天工，治养庶类。治众之道，在遏恶扬善而已。恶惩善劝，所以顺天命而安群生也。"关于善恶之分，主要是一个义与利、公与私的问题。程颐并不反对利，认为利是众人所同欲，但是强调公正的原则，如果不损害他人，与众同利，从而使天下皆受其福庆，有助于社会的和谐，这就是善；反之，如果违反公正的原则，私欲膨胀，损人利己，激化了社会的冲突意识，彼此仇恨，争夺不已，这就是恶了。在《益卦》传中，程颐指出："利者，众人所同欲也。专欲益己，其害大矣。欲之甚，则昏蔽而忘义理；求之极，则侵夺而致仇怨。""理者天下之至公，利者众人所同欲。苟公其心，不失其正理，则与众同利，无侵于人，人亦欲与之。若切于好利，蔽于自私，求自益以损于人，则人亦与人力争。"根据这个思想，所以程颐认为，"遏恶扬善"的方法在于"不尚威刑，而修政教"，使广大的人民群众一方面在物质生活上安居乐业，普遍地享有正当的福利，另一方面在精神生活上知廉耻之道，能够自觉地抑制其损害公利的私欲之心。他在《大畜卦》传中指出："六五居君位，止畜天下之邪恶。夫以亿兆之众，发其邪欲之心，人君欲以力制之，虽密法严刑，不能胜也。""君子发豮豕之义，知天下之恶，不可以力制也，则察其机，持其要，塞绝其本源，故不假刑罚严峻而恶自止也。且如止盗，民有欲心，见利且动，苟不知教而迫于饥寒，虽刑杀日施，其能胜亿兆利欲之心乎？圣人则知所以止之之道，不尚威刑，而修政教，使之有农桑之业，知廉耻之道，虽赏之不窃矣。故止恶之道，在知其本，得其要而已。"

  涣卦的卦义为离散，与萃卦的聚集之义相反。程颐解释说："涣，离散也。人之离散，由乎中；人心离，则散矣。治乎散，亦本于中；能收合人心，则散可聚也。""天下离散之时，王者收拾人心，至于有庙，乃是在其中也。在中谓求得其中，摄其心之谓也……孟子曰：'得其民有道，得其心斯得民矣。'享帝立庙，民心所归从也。归人心之道，无大于此，故云至于有庙，拯涣之道极于此也。"关于建立宗庙通过祖先崇拜的祭祀之礼以整合人心的思想，程颐在《萃卦》传也做了论述，他指出："天下萃合人心，总摄众志之道非一，其至大莫过于宗庙，故王者萃天下之道，至于有庙，则萃道之至也。祭祀之极，本于人心，圣人制礼以成其德耳。""王者萃人心之道，至于建立宗庙，所以致其孝享之诚也。祭祀，人心之所自尽也，故萃天下之心者，无如孝享。王者萃天下之道，至于有庙，则其极也。"这是认为，在社会群体中，同时存在着离散和聚集两种倾向，为了克服离心离德的倾向使社会凝聚为一个整体，单纯依靠政治权力的运作是不够的，还必须借助于祖先崇拜的祭祀之礼，为整个社会建立一个共同的精神支柱。

程颐的这个思想是本于儒家的成说的。曾子曰："慎终追远，民德归厚矣。"（《论语·学而》）《礼记·檀弓》说："有虞氏未施信于民而民信之，夏后氏未施敬于民而民敬之，何施而得斯于民也？对曰：墟墓之间，未施哀于民而民哀；社稷宗庙之中，未施敬于民而民敬。殷人作誓而民始畔，周人作会而民始疑。苟无礼义忠信诚悫之心以莅之，虽固结之，民其不解乎？"儒家一贯主张，在祖先的墟墓和宗庙中奉行祭礼所油然而生的一种对祖先的爱戴和钦敬的思想感情，是维持社会的精神支柱。这种思想感情有着深厚的基础，为统治阶级和被统治阶级所共同具有。如果不借助于这种精神的组织力量作为联结社会的纽带，尽管采用种种作誓会盟的方法来消除人民的猜疑反抗的心理，也无法做到同心同德，最后必然会因人心涣散而使社会陷入解体。南宋的陆象山站在心学的立场，把《檀弓》的这个说法提炼为著名的诗句："墟墓兴哀宗庙钦，斯人千古不磨心。"（《鹅湖和教授兄韵》）程颐则是站在理学的立场，把建立宗庙以致其孝享之诚概括为理一而分殊。他在《同人卦》传中指出："天下之志万殊。理则一也。君子明理，故能通天下之志。圣人视亿兆之心犹一心者，通于理而已。"从哲学的理论形态来看，程颐的理学与陆象山的心学是不相同的，但是他们极端重视这种崇拜祖先的思想感情，看作是整个社会以及权力结构所赖以存在的文化心理的基础，却是相同的，也与历代儒家一贯的主张完全一致。

照儒家看来，天下之本在国，国之本在家，家是社会组织的细胞，也是三代家天下之制的权力结构的基础，国家政权是家族的延伸和放大，按照家族的模型而组建，因而权力结构是社会制度的一个组成部分，必须服务于家族的内在需要，以巩固家族制度为目的，而不能像法家所主张的那样，把权力结构本身当作目的，使之凌驾于社会之上，与人人生活于其中的家族制度形成严重的对立。儒家认为，家族利益与国家利益不是对立而是统一的，国家政权的巩固依赖于家族制度的巩固，如果家族制度削弱了，破坏了，就会造成整个社会涣散游离的局面，从而动摇国家的根基。为了巩固这种家族制度，儒家主张全社会都应该奉行祖先崇拜的祭礼，并且要求居于尊位的君主身体力行，做出榜样，进行倡导。儒家认为这是治国之本。《论语·八佾》记载："或问禘之说。子曰：'不知也。知其说者之于天下也，其如示诸斯乎！'指其掌。"《礼记·祭统》说："禘尝之义大矣，治国之本也，不可不知也。明其义者，君也。能其事者，臣也。不明其义，君人不全。不能其事，为臣不全。"禘是王者祭祀祖先的祭礼。儒家认为，其中所蕴含的道理，可以用来治理天下，如果君主不懂得禘尝之祭的重大意义，这是君主的过错，臣下不能辅助君主，是臣下的失职，只有君臣上下共同倡导这种祭礼所蕴含的为全社会所认同的价值原则，才能把国家治理好。其所以如此，是因为这种祭礼致其孝享之诚，完美地体现了尊尊与亲亲的精神，是人性本质的全面的外化，可以直接用来治理国家，整合社会。《礼记·大传》说："上治祖祢，尊尊也；下治子孙，亲亲也；旁治昆弟，合族以食；序以昭穆，别之以礼义，人道竭矣。""是故，人道亲亲也。亲亲故尊祖，尊祖故敬宗，敬宗故收族，收族故宗庙严，宗庙严故重社稷，重社稷故爱百姓，爱百姓故刑罚中，刑罚中故庶民安，庶民安故财用足，财用足故百志成，百志成故礼俗刑，礼俗刑然后乐。"在《易传》中，程颐对儒家的这种思想进行了理论的论证，认为"祭祀之极，本于人心""故萃天下之心者，无如孝享"，王者倡导孝享以整合人心，是符合阴阳二气相感相应而和合的易学原理的。他在《咸卦》传中指出："天地二气交感而化生万物，圣人至诚以感亿兆之心而天下和平。天下之心所以和平，由圣人感之也。"由于家天下的君主集权制是在难得贤者的情况下为了抑制王位争夺而不得已采取的一种权宜之计，虽亦至公之法，但常为守法者一己之私心所扭曲，所以掌握最高权力的君主与臣民相感，存在着一个公私之辨的问题，公是以天下为一家，以中国为一人，奉行整个社会共同的价值标准和行为规范，私是凭着个人的权力意志和主观好恶而为所欲为，不受任何客观准则的约束。因此，程颐进一步指出："夫以思虑之私心感物，所感狭矣。天下之理一也，途虽殊而其归则同，虑虽百而其致则一。虽物有万殊，事有万变，统之以一，则无能违也。故贞其意，则穷天下无不感通焉，试曰天下何思何虑？用其思虑之私心，岂能无所不感也！"以公心感物，谓之大同。大同者，"视亿兆之心犹一心"，"所同者广，无所偏私"。"能与天下大同，是天下皆同之也。天下皆同，何险阻之不可济？何艰危之不可亨？"（《同人卦》传）以私心感物，必然会使人君陷入困境。"人君之困，由上下无与也"。"人君之困，以天下不来也"。这是说，人君的困境在于失去亲辅，众叛亲离，变成了一个十足的孤家寡人。究竟怎样才能摆脱困境，转困为亨呢？程颐指出："人君在困时，宜念天下之困，求天下之贤，若祭祀然，致其诚敬，则能致天下之贤，济天下之困矣。"（《困卦》传）这是说，在祭祀之礼中所蕴含的价值原则；既是整个社会的精神支柱，也是政治运作的指导方针，居于尊位的君主必须克服自己的邪欲之心，严格遵循，不得违反，否则就会犯错误而不免于危亡。

就政治运作的层面而言，蕴含于祭礼中的指导方针，实际上就是以正家为本的《关雎》《麟趾》之意，这也就是三代之治的外王理想的根本精神所在。关于这个思想，先秦的儒家已经做过许多论述。《礼记·哀公问》说："古之为政，爱人为大。所以治爱人，礼为大。所以治礼，敬为大……弗爱不亲，弗敬不正。爱与敬，其政之本与！"为政之本的这两个原则都是从家族关系中派生出来的。爱即亲亲，敬即尊尊。把尊尊的原则用于政治层面，就是尊贤。如果只有爱的一面，就会陷入"亲而不尊"的片面性，只有敬的一面，就会陷入"尊而不亲"的片面性，应该使二者全面地结合起来。但是，这两个方面的作用是不相同的。从目的来说，无论是国家政治还是家族生活，都必须树立君父的独一无二的权威地位，所以应该把敬放在首位。至于维护君父的权威地位的方法，则要反过来，应该把爱放在首位。敬着眼于建立秩序，爱着眼于加强和谐。由于政治的形势千变万化，问题的症结各不相同，所以如何处理此二者的关系，始终是政治运作中的一大难题。程颐在《易传》中，依据易学的变易原理，提出了"随时变易以从道"的思想，反复强调，"知时识势，学《易》之大方也"，为解决这个难题从方法论的角度做了深入的探讨。因此，程颐有时结合具体的形势着重阐明建立秩序的必要，有时又着重阐明和谐是维持秩序的根本。我们不可只知其一，不知其二。比如蛊卦象征乱时，程颐指出："夫治乱者，苟能使尊卑上下之义正，在下者巽顺，在上者能止齐安定之，事皆止于顺，则何蛊之不治也。"坎卦象征险时，程颐指出："若夫尊卑之辨，贵贱之分，明等威，异物采，凡所以杜绝陵僭，限隔上下者，皆体险之用也。"但是，在更多的情况下，程颐立足于中重于正的易学思想，强调和谐的原则，并且针对集权君主的错误行为提出严厉的警告。比如他说："君万邦，聚大众，非和悦不能使之服从也。""若人不悦从，或违拂事理，岂能化天下乎？""上下之交不以诚，其可以久乎？其可以有为乎？"政治运作的这两个指导原则，也就是整个社会政治系统的组织目标，君主行使权力，必须服从这个目标，如果目标没有达到，以致风俗败坏，政治动乱，君主应该反躬自省，引咎自责，不可推卸责任。观卦九五："观我生，君子无咎。"程颐解释说："九五居人君之位，时之治乱，俗之美恶，系乎己而已。观己之生，若天下之俗皆君子矣，则是己之所为政化善也，乃无咎矣；若天下之俗未合君子之道，则是己之所为政治未善，不能免于咎也。我生，出于己者。人君欲观已之施为善否，当观于民，民俗善则政化善也。王弼云：观民以察己之道，是也。"程颐援引王弼的说法，强调君主应该自觉地承担责任，通过民风民俗来考察自己的行为是否正当，这就建构了一个民本思想的政治理念，而与法家的那种专制主义的政治思想判然有别。

（原载于《孔子研究》1996年第2期）

中国哲学对理解的探索与王弼的解释学

王弼的玄学思想所依据的经典与何晏一样,主要是《周易》和《老子》,何晏作了《论语集解》,王弼也作了《论语释疑》。但是何晏只是提出了某些重要的玄学论点,而王弼则成功地建立了一个完整的体系。究其原因,是由于何晏在解释经典的方法上存在着缺陷,而王弼在《周易略例》和《老子指略》中则对方法问题进行了深入的研究,突破汉人藩篱,找到了一个按照新的时代需要全面地解释这几部经典的方法。

所谓解释,也就是理解,而理解是存在着层次上的差别的。有人停留于字面上的理解;有人能发掘出隐藏在字里行间的深层的含义;有人更能结合时代的需要,引申发挥,推出新解;有人不仅在某些个别的论点上推出新解,而且融会贯通,创建出一种既依据经典而又不同于经典的崭新的哲学体系。何晏对经典的理解可能是摇摆于第二和第三两个层次之间,而王弼则上升到第四个层次了。

关于理解的这四个层次,各有其功能,不可偏废。古人习惯于把第一个层次称之为训诂之学,把第二、三、四层次称之为义理之学。如果义理之学不以训诂为基础,其流弊为穿凿附会,空疏不实。相反,如果训诂之学脱离了义理,其流弊则为咬文嚼字,烦琐支离。因而历史上所形成的训诂和义理这两大派,既互相斗争,又互相制约。但就哲学家而言,特别是那些划时代的大哲学家,必然要走一条纯粹的义理之学的道路,常常不受训诂的束缚,也最容易为训诂派留下攻击的把柄。这是因为,哲学家和训诂家不同,他所追求的不是经典的本义,而是极力使自己的理解臻于上乘,凭借这种理解来发挥自己的哲学思想。从这个角度来看,哲学家是立足于创造去理解传统的,而训诂家则像是传统的管家婆,只是力求把传统保存得完好无缺。究竟二者谁是谁非，这就牵涉到一个对理解的看法问题了。

哲学家为了创建自己的体系，必须对何为理解的问题做一番研究，也就是说，他应该形成一套为自己所特有的解释学的理论和方法。拿何晏与王弼来相比，何晏对《老子》的解释屈服于王弼，对《周易》的解释则屈服于管辂。这种情形说明，何晏的玄学思想缺乏解释学上的依据，而这种缺乏对一个哲学家来说，常常是致命的。如果说何晏屈服于王弼属于贵无论玄学内部的切磋商讨，尚情有可原，那么他屈服于管辂，就决不能原谅了。管辂是汉易象数派的末流，在思想上是与何晏所企图建立的义理派的易学根本对立的。管辂对何晏的批评是极为尖刻的。他说："若欲差次老庄而参爻象，爱微辞而兴浮藻，可谓射侯之巧，非能破秋毫之妙也。""欲以盆盎之水，求一山之形，形不可得，则智由此惑。故说老庄则巧而多华，说《易》生义则美而多伪，华则道浮，伪则神虚。"（《三国志·管辂传》注引《辂别传》）何晏面对着象数派易学的这种严重的挑战，不仅未予有力的还击，反而赞叹不已，此时此际，他的那些经过辛勤探索而本来大大高于管辂的义理派的易学思想，顷刻化为乌有了。王弼与何晏不同，他在各种各样的挑战面前，一直是立于不败之地的。何劭的《王弼传》说"弼天才卓出，当其所得，莫能夺也。"王弼所立的《大衍义》曾受到荀融的非难。荀融的易学思想也属于象数派。但是王弼不像何晏那样轻易表示屈服，而是不做正面回答，站在更高的层次，讲了一通圣人有情的论点，把自己比作孔子，把荀融比作颜回，跟他开了一个机智的玩笑。在贵无论玄学创建初期，人们不习惯这种标新立异的哲学思想，进行种种非难，这是必然的。为了使这种哲学思想站稳脚跟，必须找到解释学上的依据，能够证明自己的大破大立不仅符合时代的需要，也是对传统经典的最正确的理解。王弼之所以高于何晏，是因为他对理解本身做了充分的研究，而且确实形成了一套带有玄学色彩的解释学的理论和方法。在中国哲学史上，他的《周易略例》和《老子指略》这两部著作是具有划时代的意义的，可以看作是关于中国哲学从先秦以至两汉对理解的探索的一次全面系统的总结。

理解是与人类的思维同步的。当人类把自己的思维成果用文字记载下来以后，对文字的理解就成了思维进一步发展的必要的中介和前提。这种理解，目的在于从已知推出未知，它的本质是创造，一方面继承传统，同时又不断地推动传统的革新。从世界史的角度来看，每一个有文化的富有创造性的民族，必然对理解的本质进行过长期的探索。唯其如此，它的文化才能形成一道生命洋溢、奔腾向前的洪流。就中国的历史而言，自觉地探索理解的问题，可以追溯到西周初年。《尚书·多士》说："惟尔知，惟殷先人有册有典，殷革夏命。"《多士》是周公告诫殷顽民的一篇训辞。周公一方面深入研究了殷人的典册，同时又发展了一种为殷人所无的天命转移的历史观，以此告诫殷人，叫他们服从周人的统治。从《尚书·无逸》中，可以看出，周公对殷代的历史相当熟悉，确实是做了一番比较客观的研究。周公指出，殷代先哲王都是励精图治，不敢过度享乐而谨慎戒惧，所以中宗、高宗、祖甲享国都很长久，殷代后王则是酗酒田猎，奢侈腐化，耽于逸乐，所以享国或十年，或七八年，或五六年，或三四年。周公从中得出了一个十分深刻的历史教训，要周人引以为戒。这种历史教训是殷人典册事实上所无而又为情理上所应有的。这就是真正地理解。周人就是凭借这种理解创造出一套系统的天命神学，在殷周之际促使宗教思想发生一次巨大的变革。

先秦的诸子百家，他们的思想都有经典上的依据，都有一套适合于自己的解释学的理论和方法，其中以儒家的探索最为充分。孔子自称"述而不作"，实际上，他是利用整理和解释传统文化典籍的形式来发挥他的思想。这些文化典籍包括《诗》《书》《礼》《易》《春秋》等。在《论语》中记载了不少关于这方面的言论。比如：

子贡曰："贫而无谄，富而无骄，何如？"子曰："可也。未若贫而乐，富而好礼者也。"子贡曰："《诗》云：'如切如磋，如琢如磨'其斯之谓与？"子曰："赐也！始可与言《诗》已矣。告诸往而知来者。"（《学而》）

子夏问曰："'巧笑倩兮，美目盼兮，素以为绚兮。'何谓也？"子曰："绘事后素。"曰："礼后乎？"子曰："起予者商也，始可与言《诗》已矣。"（《八佾》）

子曰："南人有言曰：'人而无恒，不可以作巫医。'善夫！""不恒其德，或承之羞。"子曰："不占而已矣。"（《子路》）

"不恒其德，或承之羞"，是《周易·恒卦》九三爻辞。孔子引用了

《恒卦》的这条爻辞，并着重指出，只有不把《周易》用于占卜才能体会出这个具有普遍性意义的道理。不把《周易》用于占卜而着重于从义理上引申发挥，是孔子的读《易》法。由于这个方法被儒家自觉地运用，《周易》这部占卜之书才逐渐摆脱宗教巫术的性质，被改造成发挥儒家的义理之书。孔子对子贡和子夏表示赞赏，也是就他们善于从义理上引申发挥而言的。这种引申发挥之义并非原文的本义，但也不是无中生有，而是确有所据的，唯其如此，所以孔子才能以"述而不作"的形式，创造出"一以贯之"的思想体系。

孟子的解释学是直接继承孔子的，并且做了进一步的发展。他说：

> 故说诗者，不以文害辞，不以辞害志。以意逆志，是为得之。如以辞而已矣，《云汉》之诗曰："周余黎民，靡有孑遗。"信斯言也，是周无遗民也。（《孟子·万章上》）

> 尽信一《书》，则不如无《书》。吾于《武成》，取二三策而已矣。仁人无敌于天下，以至仁伐至不仁，而何其血之流杵也？（《尽心下》）

孟子认为，在文（文字）、辞（语言）、志（意义）三者之中，志（意义）是第一位的。为了把握原文的意义，唯一正确的途径就是"以意逆志"。"意"是自己的意思或意图，是属于主观的。"志"是原文本身的意义，是属于客观的。只有以自己的主观去揣度原文的客观，才能得到真正地理解。因此，这样的理解必然带有很大的选择性，如果原文的客观不符合自己的主观，可以大胆地怀疑。孟子的这种理论为自由的理解和创造性的发挥开辟了广阔的天地，对尔后中国文化思想的发展是起了极大的促进作用的。

庄子对理解的探索比孟子又更深一层。他说：

> 世之所贵道者书也，书不过语，语有贵也。语之所贵者意也，意有所随。意之所随者，不可以言传也，而世因贵言传书。世虽贵之，我犹不足贵也，为其贵非其贵也。故视而可见者，形与色也；听而可闻者，名与声也。悲夫，世人以形色名声为足以得彼之情！夫形色名声果不足以得彼之情，则知者不言，言者不知，而世岂识之哉！

> 桓公读书于堂上，轮扁斫轮于堂下，释椎凿而上，问桓公曰："敢问，公之所读者何言邪？"公曰："圣人之言也。"曰："圣人在乎？"公

曰："已死矣。"曰："然则君之所读者，古人之糟粕已夫！"桓公曰："寡人读书，轮人安得议乎！有说则可，无说则死。"轮扁曰："臣也以臣之事观之。斫轮，徐则甘而不固，疾则苦而不入。不徐不疾，得之于手而应于心，口不能言，有数存焉于其间。臣不能以喻臣之子，臣之子亦不能受之于臣，是以行年七十而老斫轮。古之人与其不可传也死矣。然则君之所读者，古人之糟粕已夫！"（《庄子·天道》）

夫六经，先王之陈迹也，岂其所以迹哉！……夫迹，履之所出，而迹岂履哉！（《天运》）

荃者所以在鱼，得鱼而忘荃；蹄者所以在兔，得兔而忘蹄，言者所以在意，得意而忘言。吾安得夫忘言之人而与之言哉！（《外物》）

庄子和孟子一样，也是认为，在文字、语言、意义三者之中，意义是第一位的；庄子也没有完全否定文字、语言的作用，他认为它们是表达意义的一种工具。但是庄子的哲学思想高于孟子，他把意义看作是一个本体问题。由于本体隐藏于可见可闻的形色名声之内，所以意之所随者，是语言所不能表达的。六经是先王之陈迹，迹是足穿鞋子踏成的，但不能把迹当作鞋子。因此，应当通过迹去探索它的"所以迹"，由表现于外的形色名声找出隐藏于内的实质，只有这样才能得到真正地理解。迹与形色名声以及语言文字这些都属于现象，是古人之糟粕，唯有意义本身才是古人之精华。庄子认为，这种意义是确实存在的，也是可以理解的，从他的基本思路来看，与孟子所说的"以意逆志"是完全相通的。但是，庄子的哲学思想高于孟子，不仅在于他把作为理解的客体的意义看作是一个本体问题，而且也在于他把理解的主体提升到本体论的高度进行了探索。庄子以轮扁积数十年功力所掌握的精湛的技艺为例，说明这种技艺得心应手，口不能言，但确有奥妙存于其间。这种技艺是不可传的，但也并非绝对不能理解。为了真正理解这种技艺，主体自身的技艺也应该达到如此精湛的程度。这就是说，"以意逆志"并不是凭借自己的主观去穿凿附会，而是凭借自己对本体的真实的切身的体验去与那不可传的客体的意义进行亲切的交流。如果自己缺乏这种体验，那就落于下乘，只能抓住一些表面的形迹和糟粕。因此，庄子满怀激情地呼唤着一种真正的理解，"吾安得夫忘言之人而与之言哉！"在中国哲学史上，站在本体论的高度对理解的主体和客体两个方面进行深入的探索，以庄子为第一人。

两汉时期，哲学家们对理解的问题仍在继续探索，各人也都形成了一套适合于自己的解释学的理论和方法。董仲舒说：

> 《诗》无达诂，《易》无达占，《春秋》无达辞，从变从义，而一以奉人（天）。

> 古之人有言曰：不知来，视诸往。今《春秋》之为学也，道往而明来者也。然而其辞体天之微，故难知也。弗能察，寂若无；能察之，无物不在。是故为《春秋》者，得一端而多连之，见一空而博贯之。则天下尽矣。（《春秋繁露·精华》）

> 《春秋》论十二世之事，人道浃而王道备，法布二百四十二年之中，相为左右，以成文采，其居参差，非袭古也。是故论《春秋》者，合而通之，缘而求之，伍其比，偶其类，览其绪，屠其赘，是以人道浃而王法立。（《春秋繁露·玉杯》）

董仲舒在儒家的几部经典中挑选了《春秋》特别是《春秋公羊传》作为自己的依据，这是因为《公羊传》讲"大一统"，是适合当时的时代需要。董仲舒的《对策》说："《春秋》大一统者，天地之常经，古今之通谊也。"但是，《春秋》本来是鲁国的国史，记载自隐公至哀公十二世共二百四十二年的史实，这些与汉王朝的现实情况相距甚远。因此，如何把历史与现实联系起来，证明《春秋》之义就是汉王朝的大纲大法，就成了一个解释学上的难题。这个难题对其他的一些经学大师来说，是同样存在的。如果他们能够解决这个难题，不以《春秋》而以其他的经典为依据来为汉王朝确立大纲大法，也并非完全不可能。事实上，汉武帝于建元五年置五经博士，只是企图用儒家来取代百家，用经学来统一思想，并没有特别选中董仲舒的《公羊》学。他曾向治《诗》的申公请教，也曾与治《书》的倪宽谈论经学，但都不满意，因为这些学者墨守训诂，拘泥古义，找不到历史传统与现实需要之间有什么联结之点。直到元光元年，武帝即位的第七年，才从治《公羊》的董仲舒所回答的三道策问中，找到合意的思想。与董仲舒同时治《公羊》的还有一个公孙弘，此外还有治《谷梁》的瑕丘江公，他们也没有建立什么体系。从这个角度来看，董仲舒的胜利首先是解释学上的胜利，他对理解的问题进行了深入的探索，顺利地解决了那个解释学上的难题。

董仲舒认为，"《诗》无达诂，《易》无达占，《春秋》无达辞，从变从义，而一以奉天"。这是他的解释学的基本原则，不承认经典原文有固定不变的解释，而是强调解释是随着人们对意义的理解而不断变化的，但也不是任意理解，必须服从天的支配。由于确立了这个原则，董仲舒就获得了极大的自由，可以不必像其他的经学大师那样墨守训诂，拘泥古义，而能高度地发挥自己的创造性了。究竟这种理解的目的何在呢？董仲舒认为，"《春秋》之为学也，道往而明来者也"。这就是说，理解的目的并不是发思古之幽情，而是面向未来的，但为了面向未来，必须反视过去，所以"不知来，视诸往"就是一条应当遵循的普遍的规律。既然如此，那么《春秋》所论及的十二世共二百四十二年的史实究竟与汉王朝的现实有什么联结呢？董仲舒认为，《春秋》这部经典的精神实质就是"人道浃而王道备"，历史传统与现实需要的联结之点就在于此。这种精神实质隐而不见，是很难理解的。但如果能把它发掘出来，又是无处不在的。所谓"弗能察，寂若无，能察之，无物不在"，说的就是这个意思。为了真正理解这种"寂若无"的《春秋》之义，并把它运用于实际，应该有一套行之有效的方法。这个方法就是"合而通之，缘而求之，伍其比，偶其类，览其绪，屠其赘"，即不仅通过分析综合法紧紧把握其精神实质，而且还要"屠其赘"，大胆抛弃许多不合时宜的具体结论。应当承认，董仲舒的这一套解释学的理论和方法确实比当时其他的一批经学大师要高明得多。也正因为他对理解的问题进行了深入的探索，所以才能在五经博士激烈角逐的过程中夺取胜利，成功地建立了一个完整的体系，揭开了经学思潮的序幕。

王充也有一套适合于自己的解释学的理论和方法。王充的哲学目的在于"疾虚妄"，即反对经学思潮中的天人感应的神学目的论，确立天道自然无为的观点。为了达到这个目的，他必须对传统的经典特别是儒道两家的经典做一番细致的研究，取其精华，去其糟粕，说明他所遵循的理解的原则。他指出：

> 儒者说《五经》，多失其实。前儒不见本末，空生虚说。后儒信前师之言，随旧述故，滑习辞语。苟名一师之学，趋为师教授，及时蚤仕，汲汲竞进，不暇留精用心，考实根核。故虚说传而不绝，实事没

而不见，《五经》并失其实。（《论衡·正说》）

道家论自然，不知引物事以验其言行，故自然之说未见信也。（《论衡·自然》）

就王充的天道自然无为的观点而言，主要源于道家，但他不满道家"不知引物事以验其言行"的缺点。王充对儒家并未全部否定。据熊伯龙《无何集》统计，《论衡》称引孔子，有三百多处。王充对董仲舒，也时有赞美之语。他所着重批判的，是儒家以及诸子百家的种种虚妄之说，而对其中可以为经验所证明的实知则予以肯定。因此，王充是把传统经典中的各种言论按照虚与实的标准区分为两大类，认为虚的一类属于糟粕，实的一类则是精华，而丝毫不顾这些言论究竟是出于何人之口。这就是王充所遵循的理解的原则。这是一种注重效验的实证的原则，是一种独立思考、大胆怀疑的原则，也是一种凭借理性去自由理解的原则。《对作》说："是故《论衡》之造也，起众书并失实，虚妄之言胜真美也。故虚妄之语不黜，则华文不见息；华文放流，则实事不见用。故《论衡》者，所以铨轻重之言，立真伪之平，非苟调文饰辞为奇伟之观也。"由于王充遵循这种理解的原则，所以他达到了自己"疾虚妄"的目的，成功地建立了一个体系，在当时那个经学思潮占据统治地位的时代，吹起一股清新强劲之风，推动文化思想不断创新而不致陷入僵化。

从以上的论述，可以看出，中国哲学关于理解的探索是有着源远流长的悠久传统的，每个哲学家都有一套适合于自己的解释学的理论和方法，并且也都表现出他所生活的那个时代的共同的特色。一般说来，领导着一场解释学的革新运动的，往往是那些划时代的哲学大师。因为他们面临着大破大立的双重任务，既要推翻前人的旧说，又要确立自己的新见，如果不在解释学上做一番革新，这种双重任务是难以完成的。

在曹魏正始年间，人们对本体论的哲学怀有普遍的期待，也就是说，当时有许多人都在从事构筑体系的工作。这正如同汉武帝时期一样，并非仅有董仲舒一人在从事重新解释儒家经典的工作。王弼在当时的哲学竞赛中之所以冠绝群伦，也和董仲舒一样，首先是由于他成功地找到了历史传统与现实需要的联结之点，王弼的胜利就是解释学的胜利。

王弼解释学的基本思想集中体现在《周易略例》和《老子指略》这两

部著作之中。在王弼以前，虽然每个哲学家都有一套解释学的理论和方法，但都零碎而不成系统，散见于其他言论之中，并没有独立出来进行专门的研究。王弼的这两部著作阐述了他对《周易》和《老子》的主要思想的理解以及何以如此理解的依据，因而可以看作是中国哲学史上第一次出现的两部关于解释学的专著。

汉魏之际，许多人都对《周易》和《老子》发生兴趣，热心研究，并且阐述了自己的理解。比如钟会之母常以《易》与《老子》教训钟会从中汲取人事的智慧。刘劭的《人物志·八观》说："《易》以感为德，以谦为道。《老子》以无为德，以虚为道。"刘劭对《老子》的理解是与玄学相通的。何晏也是这样理解《老子》的。他的《道论》说："有之为有，恃无以生，事而为事，由无以成"。但是，《老子》与《周易》的相通之点究竟何在呢？这个问题在刘劭那里并不存在，因为刘劭的兴趣在于人事的智慧，而不在于本体论的哲学。《老子》以无为德，《周易》并没有谈有说无，刘劭可以不必正视二者的矛盾，但对于玄学来说，却是难以回避的。玄学既然从《老子》中提炼出"以无为本"作为自己的思想核心，同时又致力于自然与名教的结合，不能不以儒家的《周易》作为自己所依据的经典，因此，只有从有与无的关系来理解《周易》，把《周易》说成是和《老子》一样，也是阐述"以无为本"的经典，贵无论玄学才能构筑成一个完整的体系。这就是摆在贵无论玄学面前的一道解释学的难题。何晏并未解决这道难题，王弼的解释学就是针对着这道难题而展开的。

王弼年未弱冠，刚刚开始他的哲学生涯，裴徽就以长者的身份向他提出了这道解释学的难题："夫无者，诚万物之所资，圣人莫肯致言，而老子申之无已，何邪？"王弼回答说："圣人体无，无又不可以训，故言必及有；老庄未免于有，恒训其所不足。"（《世说新语·文学》）人们常常把王弼的回答仅仅看作是一种少年的机智，实际上这是一种天才的洞见，一种严肃的哲学思考。作为一种本体论的哲学，无论在世界观或方法论方面，都要求解决本体与现象的关系问题，如果不能合理地解决这个关键问题，而只是孤悬一个抽象的本体，这种哲学必然是空疏贫乏，无法在实际生活中发挥应有的作用。在贵无论玄学创建初期，这个关键问题又表现为一道解释学的难题。王弼找到了一种有无互训的方法解决了孔、老之间的矛盾，而且照顾到当时以儒学为核心的传统的价值观念，表面上看来确实是机智的，但是其中蕴含着一种十分深刻的本体思维。这种本体思维是何晏、裴徽等人所无而为王弼一人所独有的。王弼正是由于凭借这种本体思维才取得了实质性的突破，不仅全面地解释了《周易》和《老子》，而且使这两部经典中的本体论思想形成一种有无互补的关系，结合时代需要展开为与汉代神学目的论大异其趣的天人新义。

《周易》和《老子》这两部经典作为理解的客体，其中确实蕴含着丰富的本体论思想。为了把其中的本体论思想发掘出来，理解的主体自身也必须上升到本体思维的高度，才能得到真正的理解。历史上的一些大哲学家曾经理解了别人，但又常常慨叹别人不理解自己。孔子说："莫我知也夫！""知我者其天乎！"（《论语·宪问》）老子说："吾言甚易知，甚易行，天下莫能知，莫能行"。"知我者希"。（《老子》七十章）庄子与惠施碰在一起，往往是激烈辩论，互不相让，但是庄子仍把惠施看作唯一理解自己的人。后来惠施死去，庄子到墓前凭吊，满怀悲怆地叹息说："自夫子之死也，吾无以为质矣，喜无与言之矣。"（《庄子·徐无鬼》）这些例子说明，真正的理解是非常难得的。这种真正的理解也并不是主体与客体完全契合无间，而是主体与客体都站在同一层次上进行亲切的交流，即令在交流过程中发生尖锐的矛盾，如同庄子与惠施那样，但只要能从对象身上发现真正的自我，这也算是真正地理解了。从这个意义上来看，所谓对客体的理解，同时也是主体对自身的思考，主体若不以某个客体为对象，对自身的思考也很难进行。因此，在理解的主体和客体之间，存在着一种既对立又统一的关系。说它们是对立的，是因为任何思考都是具体的思考，是针对着特殊处境的思考；主体所思考的问题必然不同于客体，二者绝不可能契合无间。说它们是统一的，是因为理解是一个关系范畴，主体不能说我就是我，主体必须找到同一层次的客体作为一面镜子，才能映现出自己。王弼对《周易》和《老子》的理解，就如同庄子与惠施的那种关系一样，既对立，又统一。这两部经典所蕴含着的本体论在汉代的四百年间没有得到真正的理解，裴徽、何晏等人也理解得不深不透，直到王弼才被发掘出来，说明王弼是《周易》和《老子》最好的知己。但是王弼也不是按照它们本来的意义来理解的，实质上是借它们来表现自己对本体论哲学的新的思考。这就需要有所抛弃，有所保存，说明自己所依据的理解的原则。王弼的《周易略例》和《老子指略》就是适应这种解释学的需要，也就是构筑自己的新的本体论哲学的需要，而不得不作的。

王弼在《老子指略》中，运用辨名析理的方法，论证了一个思辨性的玄理，指出本体之所以为本体，就在于它不同于现象，如果同于某种现象，它就不成其为本体。因为有形有名是各种具体现象的品格，如果以有形有名来规定本体，就把本体混同于现象了。既然如此，这个无形无名的本体与有形有名的现象有一种什么样的关系呢？王弼认为，本体与现象的关系是不可割裂的。如果没有现象，本体的作用便无从表现，现象也必须依赖于本体，才能有所宗主。本体相对于现象来说，是第一性的。因而紧紧把握住本体，充分发挥其作用，就能无往而不通。王弼的这种解释大体上是与《老子》原文的意义相符合的。从这里我们可以看出，王弼的本体论是直接承接《老子》的本体论发展而来的，其所谓"无"是指无形无名的本体，其所谓"有"是指有形有名的现象。

紧接着，王弼进一步具体指出，这个本体就是"五物之母"，"五教之母"。所谓五物，泛指一切自然现象。所谓五教，即父子有亲，君臣有义，夫妇有别，长幼有序，朋友有信，指的是以名教为核心的社会现象。王弼认为，这个支配五物与五教的本体始终存在，古今不变，是永恒普遍的常道。懂得了这个常道叫作明，把握了这个常道就可以驾驭支配现存的一切事物。王弼的这种理解显然是偏离了《老子》的原意，因为《老子》原文激烈反对名教，并没有把本体说成是"五教之母"。但是，王弼的这种理解也自有其根据，这就是根据于当时人们的普遍的价值取向和时代的理想，而不是根据于《老子》原文的某些个别的字句。就当时的价值取向而言，人们不满足于现实的名教社会，而憧憬一种合乎自然的名教社会，人们也不满足于现实的君主统治，而仰慕一种"圣行五教，不言为化"的君主统治。在那个特定的时代，人们对现实的超越，对理想的追求，在哲学上就上升为对自然与名教的关系的探索，这也正是玄学的主题。因此，王弼对本体的理解就不能照搬《老子》的原意，而必须进行创造性的转化，大胆地抛弃其中的那些激烈否定名教的思想，根据当时普遍的价值取向和时代理想做出新的解释。

究竟《老子》五千言的精神实质是什么呢？王弼认为，可以用一句话来概括，就是"崇本息末"。所谓"崇本息末"，并不是说只要本体，不要现象，只是说本体比现象更重要，应该发挥本体对于现象的统帅作用。王弼反复强调，要着重领会其精神实质，而不可拘泥于个别的文句。王弼所依据的这种解释学的原则，使他获得了极大的自由，一方面紧紧地把握了贯穿在《老子》中的本体论思想的精髓，同时又不受文句束缚，大胆抛弃许多不合时宜的具体结论，结合汉魏之际的时代课题进行创造性的理解，把它推进到一个新的发展高度。王弼由此而找到了哲学本体论与内圣外王之道的联结之点，找到了传统思想与现实需要的联结之点。通过王弼的解释，于是《老子》这部书在汉魏之际获得了新的生命，具有了新的意义，改变了先秦、两汉的旧面貌，成为贵无论玄学的一部重要的经典。

在《周易略例》中，王弼批判了汉代象数派的易学，确立了义理派易学的解释学的原则。王弼并没有否定象数本身，他对卦与爻及其结构体例的研究，都是只涉及象数形式而未涉及义理。他所说的卦以六爻为成而以一爻为主，其中一与多的关系就是数的关系。所谓"卦以存时，爻以示变"，说明他对卦象、爻象是十分重视的。只是王弼在处理象数形式与义理内容的关系时，是使形式服从于内容，而与汉易的那种使内容屈从于形式的做法不相同。在《明象》中，王弼一方面继承了《易传》的义理派的易学倾向，同时也援引了《庄子》的思想，说明他的解释学的原则。

前面说过，庄子曾经呼唤着一种真正的理解，"吾安得夫忘言之人而与之言哉！"这是一种言不尽意的观点。《易传》也在呼唤着这种真正的理解。《系辞》说："书不尽言，言不尽意。然则圣人之意其不可见乎？"但是《系辞》与庄子不同，认为言是可以尽意的，因为"圣人立象以尽意，设卦以尽情伪；系辞焉以尽其言"。庄子认为，圣人之言是"迹"，圣人之意是"所以迹"，"迹"并不等于"所以迹"。"迹"是"古人之糟粕"，是死去的东西，与此相对，"所以迹"应该是古人之精华；是活着的东西。由于现象与本体不可割裂，"迹"与"所以迹"，糟粕与精华，死去的东西与活着的东西，也是紧密联系在一起的。庄子并不否认有真正的理解，只是认为这种理解应该把圣人之意置于首位，而不应该在圣人之言上咬文嚼字，把死去的糟粕当作活着的精华。妄言并非不言，但唯有妄言才能得意，因为圣人之言未尽圣人之意。虽然言不尽意，高层次的理解仍然是可能的。表面上看来，庄子的这个观点与《系辞》的言尽意论似乎相反，其实并不矛盾，而是相一致的。《系辞》一方面认为"书不尽言，言不尽意"，指出语言文字有局限，不能完全表达圣人之意，另一方面又说，"圣人立象以尽意"，"系辞焉以尽言"，认为尽管如此，圣人之意不能悬空存在，还是要利用象与辞这种工具才能表达出来。就象与辞本身而言，诚然不能完全表达圣人之意，但为了理解圣人之意，又必须依赖于这种有缺陷的表达工具。这就是形式与内容的既对立又统一的关系。庄子与《系辞》从不同的侧面揭示了这种关系，都是对真正的理解的一种可贵的探索。但是，《系辞》的说法在曹魏时期却受到荀粲的怀疑。荀粲认为，"立象以尽意"，其所尽之意非"象外之意"，"系辞焉以尽言"，其所尽之言非"系表之言"。他援引庄子的思想，认为"六籍虽存，固圣人之糠秕"，至于"象外之意，系表之言"，那活着的精华，隐藏的意义，则有待于人们去认真发掘。（见《三国志·荀彧传》注引《荀粲传》）究竟应该通过一种什么途径才能把它们发掘出来呢？这是一个解释学的问题，应该立足于真正的理解，把言尽意论与言不尽意论辩证地统一起来。荀粲只看到二者的对立，虽然他对本体论的哲学怀着热切的期待，却不能构筑一个体系。王弼则发现了二者的相互联结之点，准确地把握了理解的本质。

王弼在《明象》中说，"尽意莫若象，尽象莫若言"，"意以象尽，象以言著"。这是根据《系辞》言尽意的观点立论的，强调表达形式与所表达的内容之间的同一，他又进一步指出："故言者所以明象，得象而忘言；象者所以存意，得意而忘象。犹蹄者所以在兔，得兔而忘蹄；筌者所以在鱼；得鱼而忘筌也。"这是根据庄子的言不尽意的观点立论的，强调表达形式与所表达的内容乃是一种手段与目的关系，二者之间存在着差别。王弼不像荀粲那样把这两种观点对立起来，而是认为真正的理解在于从二者的同一中看到差别，又从差别中看到同一。实际上，荀粲是不满于当时儒学理论上的浅薄，特别是象数派易学的理论上的浅薄，有所激而言的。象数派易学片面地强调形式与内容的同一，认为形式就是内容，因而倾注全力研究象数，以为圣人之意尽在此象数之中。荀粲的怀疑是很有道理的。他说："盖理之微者，非物象之所举也。"汉易的致命的缺陷就在于看不到形式与内容的差别。当时许多有识之士都立足于破，力求破除汉易的象数学的藩篱，比如钟会的"《易》无互体"说就是如此。但是为了全面地解释《周易》，以便从中引申出一种适合于正始年间时代需要的新的本体论哲学，问题的关键在于立。只有立了义理派易学之新，才能彻底破除象数派易学之旧。这种大破大立的双重任务，是通过王弼的《周易略例》完成的。

王弼指出，义理派易学的研究目的在于"得意"，这个意就是荀粲所说的"象外之意""系表之言"，也就是庄子所说的踏出"迹"来的"所以迹"，隐藏于形色名声之内的真正的活着的精华。象数派易学与此相反，他们误把手段当作目的，因而他们殚思极虑；却只做了一点"存言""存象"的形式主义的工作，把最本质的东西忘掉了。但意也不是离开言与象而悬空存在的，所以必须"寻言以观象"，"寻象以观意"。只是在"得意"之后，应该"忘言""忘象"以摆脱形式的束缚，使思维来一次飞跃，去领悟那飘浮游离于言象之外的意义本身。就表现在言象之中的圣人之意而言，这种意在象数派易学中是被完全淹没了。至于那尚未表现在言象之中的"象外之意""系表之言"，更是为象数派易学所忽视。因此，王弼所说的"得意"，其着眼点也是双重的，包含着继承与革新两个方面。即不仅恢复那被淹没之意，而且要把握那更为深刻的"象外之意"。实际上，这就是一种创造性的理解。这种理解不离开传统，同时又不囿于传统。"尽意莫若象，尽象莫若言"，王弼的这种言尽意论表现了他尊重传统的一面。"得意在忘象，得象在忘言"，这种言不尽意论又表现了王弼锐意革新的突破意识。传统与革新的统一，这正是理解的本质。

王弼根据他所确立的这种解释学的原则，立足于真正的理解，一方面以《老》解《易》，同时又以《易》解《老》。因而虽然这两部先秦的经典属于儒道两家，就其原文而言存在着许多矛盾，但是通过王弼的重新解释，却改变了原来的学派属性而结成一种互补的关系，共同构成贵无论玄学的有机组成部分。这种互补关系表现在各个层面上。就本体论的层面而言，《老子注》侧重于说无，《周易注》侧重于谈有，但前者说无并不离有，后者谈有也必归结到无。就价值观的层面而言，《老子注》侧重于道家的自然主义，《周易注》侧重于儒家的名教思想，但前者的自然主义并不排斥名教思想，后者的名教思想是以自然主义为依据，二者在名教本于自然的命题中获得了统一。再就谋略思想的层面而言,《老子注》,侧重于贵柔守雌,无为而治,《周易注》侧重于阳刚至健,奋发有为,王弼反复阐明,二者应该互相结合,共同维持社会的稳定和谐。从这个角度来看,王弼的《老子注》和《周易注》不仅完美地继承发展了蕴含于原文中的思想,也是值得后人仿效的解释学的典范。

(原载于《孔子研究》1990年第3期)

论《易传》和老子辩证法思想的异同

在先秦哲学史上，辩证法思想有两个完整的形态，一个是老子，一个是《易传》。这两个哲学思想体系都根据对立面的相互依存和转化的观点来概括人类所积累的关于自然和社会的知识，都把运动变化的原则看作是关于世界的普遍原则，因而辩证法思想也就成为它们的世界观的基础和核心。而在其他的一些哲学思想体系里，辩证法思想只是在某些个别的方面被接触到，还没有发展成为一种普遍原则，所以只表现为一些辩证法的因素、成分和片段，并不具有完整的形态。但是，《易传》和老子的辩证法思想有同有异。学术界对二者相同的一面已有很多论述，而对它们在内容和形式上的不同特点，似未引起应有的重视。本文试图从比较二者异同关系的角度提出一点粗浅看法，希望得到批评指正。

一

《易传》和老子一样，认为世界上没有永恒不变的东西。老子说："故飘风不终朝，骤雨不终日。孰为此者，天地。天地尚不能久，而况于人乎？"（《老子》第二十三章）《易传》说："日中则昃，月盈则食，天地盈虚，与时消息，而况于人乎？况于鬼神乎？"（《丰卦·彖传》）

关于事物运动变化的泉源，《易传》也和老子一样，认为是由于事物本身对立面的相互作用。老子说："祸兮福之所倚，福兮祸之所伏。孰知其极？其无正。正复为奇，善复为妖。"（《老子》第五十八章）《易传》说："一阴一阳之谓道"，"刚柔相推而生变化。"（《系辞上》）

关于事物运动变化的形式，《易传》也和老子一样，认为是循环往复的。老子说："万物并作，吾以观复。夫物芸芸，各复归其根。归根曰静，是谓复命，复命曰常。"（《老子》第十六章）《易传》说："日往则月来，月往则日来，日月相推而明生焉。寒往则暑来，暑往则寒来，寒暑相推而岁成焉。"（《系辞下》）"反复其道，七日来复，天行也……复，其见天地之心乎。"（《复卦·象传》）

《易传》的辩证法思想和老子的不同，突出地表现在这样一个问题上，在事物的对立面的相互转化中，究竟是柔弱的一面起决定性的作用，还是刚强的一面起决定性的作用。老子强调柔弱的作用，提出了一套以贵柔、守雌为特点的辩证法思想。他说："人之生也柔弱，其死也坚强。万物草木之生也柔脆，其死也枯槁。故坚强者死之徒，柔弱者生之徒。"（《老子》第七十六章）《易传》和老子相反，强调刚强的作用，提出了一套以自强不息为特点的辩证法思想。它说："天行健，君子以自强不息。"（《乾卦·象传》）

《易传》和老子的这两种不同形态的辩证法思想，不能简单地用消极倒退和积极进步这样一些断语来概括，而应当从认识论的角度把它们看作是人们观察现实、接近现实的两种不同的途径。

在现实生活中，事物矛盾着的两个方面，必有一方居于支配的地位，表现为刚强的性质，而另一方则居于被支配的地位，表现为柔弱的性质。《易传》和老子一样，都看到了这种刚柔的地位不是一成不变的，而是相互推移、不断转换位置的。但是，刚柔转化的具体情况错综复杂，有时确实是柔弱胜刚强，弱小的一方能够战胜强大的一方；有时又不尽然，如果刚强的一方不使自己走过了头，保持"刚健中正"，就能比较长久地居于支配的地位，而不致被柔弱所战胜。老子强调前者，《易传》则强调后者。他们都是根据各自所见，把刚柔转化的某一种具体情况发展成一种辩证法思想的形态，虽然都带有一定程度的片面性，但是应当承认，这两个形态都是观察现实、接近现实的成分，反映了活生生的、多方面的客观辩证法的不同侧面。

荀况曾经站在儒家的立场批评老子说："老子有见于诎，无见于信（伸）"，"有诎而无信（伸），则贵贱不分。"（《荀子·天论》）

荀况的第一句话是从认识论的角度说的，他一方面肯定了老子看到了柔弱（拙）的作用，同时也批评了老子没有看到刚强（伸）的作用。第二句话是从政治的角度说的，意思是如果只讲诎而不讲伸，贵贱就没有分别了。荀况的批评，代表了战国末年儒家一派对老子哲学的看法。当时儒家反映了新兴地主阶级的要求，积极地为建立新的封建等级制度做理论上的论证。老子哲学提倡贵柔、守雌，虽然也是一种观察现实、接近现实的途径，却只适合于处于柔弱地位的、无权无势的平民阶级以及隐士阶层保持自己有限的微薄的利益，而不能满足已经取得权势的、上升到刚强地位的新兴地主阶级区别贵贱的需要。《易传》也是属于儒家一派的，它的辩证法思想就是企图纠正老子的片面性，使之适应新兴地主阶级的需要发挥而成的。所以《易传》固然重视刚强，但是也吸收了老子的思想，肯定了柔弱在刚柔转化中的作用。为了区别贵贱，使贵者长久居于支配地位，它主张刚柔相应，合乎正中之道，避免向反面转化。从这个意义来说，《易传》的辩证法思想是对老子辩证法思想的一种扬弃，代表了人类认识螺旋上升的一个新的发展阶段。

当然，《易传》的辩证法思想也带有自己的片面性，它根据新兴地主阶级建立封建等级制度的需要，在事物矛盾着的两个方面中，把居于支配地位的一方确定为尊者、贵者，把居于被支配地位的一方确定为卑者、贱者。虽然它也认为二者的地位是可以相互转化的，但是它却力图避免这种转化，使尊者、贵者永远处于支配卑者、贱者的地位。这样一来，《易传》的辩证法思想就打上了鲜明的阶级烙印，成为新兴地主阶级处理阶级矛盾、调整内部关系、建立封建等级制度的理论工具。《易传》为了纠正老子的片面性，结果又使自己陷入了另一种片面性。古代的辩证法思想由于受到认识的和阶级的局限，从一种片面性过渡到另一种片面性的情形是经常发生的。《易传》所陷入的这种片面性也恰恰是它的辩证法思想的特点。

《易传》处处拿自然现象的矛盾对立和社会现象的矛盾对立做简单的比附，而确定它们所处的尊卑、贵贱的不同的地位。它说："天尊地卑，乾坤定矣。卑高以陈，贵贱位矣。"（《系辞上》）天尊于上，地卑于下，这种自然界的尊卑秩序就是社会上贵贱等级制度的依据。天之体是阳，阳是刚健，地之体是阴，阴是柔顺。在生成万物的过程中，天起着创始、施予、主动和领导的作用，地起着完成、接受、被动和服从的作用。联系到社会现象，阴就是"地道也，妻道也，臣道也"（《坤卦·文言传》），阳则与此相反，应该是天道、父道、君道。《易传》认为，"阴疑于阳必战"（同上），"疑"是比拟的意思。这是说，作为地道、妻道、臣道的阴，本来属于卑者、贱者，如果不安于自己的地位而求比拟于阳，就会引起斗争，这种情形是不吉利的。

《易传》通过解释六十四卦、三百八十四爻的变化发挥了这个思想，其中以解释泰、否、剥、复四卦的卦象表现得最为典型。它说：

"内阳而外阴，内健而外顺，内君子而外小人，君子道长，小人道消也。"（《泰卦·彖传》）

"内阴而外阳，内柔而外刚，内小人而外君子。小人道长，君子道消也。"（《否卦·彖传》）

"剥，剥也；柔变刚也。不利有攸往，小人长也。"（《剥卦·彖传》）

"复亨，刚反，动而以顺行……利有攸往，刚长也。"（《复卦·彖传》）

泰卦的卦象䷊是下乾上坤，内卦为阳，外卦为阴，象征君子之道盛长，小人之道衰退。否卦的卦象䷋是下坤上乾，内卦为阴，外卦为阳，象征小人之道盛长，君子之道衰退。剥卦的卦象䷖，五阴爻在下，一阳爻在上。阴为柔，阳为刚。此乃五柔之势力甚盛，一刚之势力甚微，柔正在改变刚，象征小人之道盛长。复卦的卦象䷗，虽然五阴爻在上，但初爻为阳爻，象征刚者复还，可自下而上，顺序上升，重新取得支配地位。《易传》分析了刚柔转化的几种不同的情形，认为泰、复两卦刚居于支配地位的情形是吉利的，否、剥两卦柔居于支配地位的情形是不吉利的。

有没有什么有效的办法趋吉避凶，使刚长久居于支配地位而不被柔所取代呢？《易传》的辩证法思想着重研究了这个问题，这就和老子恰恰相反。老子认为，委曲反能保全，屈枉反能伸直，卑下反能充盈，所以最好应该经常处在柔弱的地位，而不向刚强转化。如果转化为刚强，那就意味着死亡。《易传》吸收了老子的思想，是懂得刚强过头将会走向死亡的道理的。它说："亢龙有悔，盈不可久也。"（《乾卦·上九象传》）但是，由于《易传》的目的和老子不同，它要建立一个区别贵贱的封建等级制度，即令它懂得刚强过头会走向死亡的道理，它也要确保刚强所处的支配地位，找出一套虽刚强而又不死亡的有效的办法出来。

就刚的方面来说，《易传》认为，刚要与柔相应，合乎正中之道，保持谦逊的美德，在必要时，可以居于柔下，损刚益柔，以贵下贱，争取被统治者的顺从和拥护。它说："刚来而下柔，动而说，随。"（《随卦·彖传》）"以贵下贱，大得民也。"（《屯卦·初九象卦》）"损上益下，民说无疆，自上下下，其道大光。"（《益卦·彖传》）

就柔的方面来说，《易传》认为，柔是卑者、贱者，如果凌驾于刚之上而居于支配地位，就会导致不吉利的后果。它说："无攸利，柔乘刚也。"（《归妹卦·彖传》）"六二之难，乘刚也。"（《屯卦·象传》）相反，如果柔安于自己的被支配的地位而顺从刚，合乎正中之道，这就会导致吉利的后果。它说："柔皆顺乎刚，是以小亨，利有攸往，利见大人。"（《巽卦·彖传》）"柔得位得中，而应乎乾，曰同人。"（《同人卦·彖传》）

《易传》并不否认柔的作用，它认为刚柔虽相反而实际上是相成，二者的关系是辩证的，没有差别，也就没有同一。如果二者发生了斗争，在这种情况下就应该进行变革。变革的目的就是要达到一种刚柔相应的局面，使刚居于支配的地位来领导柔，柔居于被支配的地位而顺从刚。如果在各方面都做到了刚柔相应，这就合乎宇宙的永恒规律，使运动变化沿着一条恒久不已、终始循环的理想的轨道进行。《易传》通过解释睽、革、恒、豫四卦的卦象，系统地发挥了这个思想。

睽卦的卦象☲是下兑上离，离为火，兑为泽，离为中女，兑为长女。《易传》解释说："火动而上，泽动而下，二女同居，其志不同行……天地睽而其事同也，男女睽而其志通也，万物睽而其事类也。睽之时用大矣哉！"（《睽卦·彖传》）这是说，天地、男女、火泽，这些不等同的东西包含着同一。"二女同居"，虽然是自身等同的，但是"其志不同行"，却不包含着同一。因此，同一必须以对立面的差别为前提。

革卦的卦象☱是下离上兑，火在下，水在上。《易传》解释说："水火相息，二女同居，其志不相得曰革……革而当，其悔乃亡。天地革而四时成。汤武革命，顺乎天而应乎人。革之时大矣哉！"（《革卦·彖传》）革卦的卦象和睽卦相反。睽卦是"火动而上，泽动而下"，二者各自保持着自身的差剔，差别之中包含着同一。革卦却是"水火相息"，二者互相企图消灭对方，发生了斗争。斗争就会产生变化，变化就会出现吉凶悔吝种种不同的结果。《易传》认为，在这种情况下，应该主动地进行变革，如果变革得当，"其悔乃亡"。自然界有变革，社会也有变革，变革是事物发展的普遍规律。《易传》的这个思想和老子有很大的不同。老子认为："上善若水，水善利万物而不争。""以其不争，故天下莫能与之争。"（《老子》第八、第六十六章）《易传》却认为，在事物发展的一定情况下，斗争是不可避免的，人们应该"顺乎天而应乎人"，主动地进行变革以促进事物的发展。《易传》强调变革的思想纠正了老子被动、守柔的片面性，是对辩证法思想的一个重大贡献。

变革的目的不是为了使一方消灭另一方，而是要达到一种刚柔在各自所应处的地位上协同配合的局面。《易传》认为，只有这样，才能"恒久不已"，既能保持事物的永恒性，又能终始循环，变化不已。恒卦的卦象䷟是巽下震上，巽为风、为柔、为顺，震为雷、为刚、为动。卦的六爻，初六与九四相应，九二与六五相应，九三与上六相应。《易传》解释说："恒，久也。刚上而柔下，雷风相与，巽而动，刚柔皆应，恒。恒亨，无咎，利贞。久于其道也。天地之道，恒久而不已也。利有攸往，终则有始也。日月得天而能久照，四时变化而能久成，圣人久于其道而天下化成。观其所恒，而天地万物之情可见矣。"（《恒卦·彖传》）这是说，震为刚，巽为柔，刚上而柔下，尊卑所处的地位是正常的；震为雷，巽为风，雷和风是相互配合的，震为动，巽为顺，动作是顺应自然的；刚爻和柔爻全面相应，它们是协调一致的；这样就合乎恒久之道。恒久之道有赖于变通以维持。《系辞下》说："易，穷则变，变则通，通则久。"在事物矛盾着的两个方面发生斗争的情况下，旧的平衡和谐的局面被打破了，只有进行适当的变革才能通，必须通才能恒久。《易传》认为，这种恒久之道就是宇宙的永恒规律。

豫卦的卦象䷏是坤下震上，坤为阴、为柔、为顺，震为阳、为刚、为动。卦的六爻，九四为阳爻，上下五阴爻应之。《易传》解释说："豫，刚应而志行，顺以动，豫。豫顺以动，故天地如之，而况建侯行师乎！天地以顺动，故日月不过，而四时不忒。圣人以顺动，则刑罚清而民服。豫之时义大矣哉！"（《豫卦·彖传》）豫是悦乐的意思，这是一种理想的状态。《易传》认为，豫卦的卦象就象征着这种理想的状态。豫卦刚上面柔下，五柔应一刚，是刚柔相应之象。既然刚为柔应，对立着的两个方面协调一致，则刚之行动必然得到柔的顺从和拥护，因而做任何事情都能如意，动作顺应自然，上下都悦乐。悦乐的根本条件就是"以顺动"，刚能顺柔，柔能顺刚，刚柔的动作在各自所应处的地位上协同配合。天地以顺动，所以日月运行、四时变化不发生错乱。圣人以顺动，所以刑罚清明，人民悦服。

这种刚柔相应、协同配合的状态也叫作"太和"。"太和"就是最高的和谐，《易传》的辩证法思想就是致力于保持这种最高的和谐。它说："乾道变化，各正性命，保合大和，乃利贞。首出庶物，万国咸宁。"（《乾卦·彖传》）乾道即天道，天道是刚健中正的。由于乾道的变化，万物各得其性命之正，刚柔协调一致，相互配合，保持了最高的和谐，所以万物生成，天下太平。程颐解释说："天地之道，常久而不已者，保合大和也。"（《伊川易传》卷一）意思是，保持这种最高的和谐，是事物终始循环、恒久不已的必要条件。

由谁来保持这种最高的和谐呢？当然是由居于支配地位的刚而不是居于被支配地位的柔。《易传》说："牝马地类，行地无疆，柔顺利贞。君子攸行，先迷失道，后顺得常。"（《坤卦·彖传》）这是说，坤卦的卦象为牝马，牝马是阴性之物，与地同类，只有柔顺才能利贞，和乾卦的"保合大和乃利贞"不同。如果坤不安于柔而在前面领导，就会迷失道路，只有在后面顺从跟随，才能回到正道上来。

《易传》的这套辩证法思想显然是反映了新兴地主阶级建立封建等级制度的需要。当时，新兴地主阶级刚刚取得了权势，已经改变了原来所处的弱者地位而上升为强者，是能够理解老子的那种"柔弱胜刚强"的辩证法的。但是，既然他们现在不再是弱者而是强者，所以又处处以强者自居，为保持强者的地位而努力，不能容忍老子的那种"柔弱胜刚强"的辩证法。《易传》的辩证法思想企图把弱者和强者固定在各自所应处的地位上，使二者不再斗争而彼此配合，以"保合太和"作为自己所追求的目标。这个"太和"境界后来就成了历代封建统治者的最高理想。所谓"保合太和"，并不意味着使运动终结。照《易传》看来，刚上而柔下的封建等级制度是要恒久不已地运转下去的,这就和自然界的日月运行、四时变化的恒久不已一个样,只是这种运转不要改变天尊于上、地卑于下所规定的等级秩序,不要使二者的地位发生转化。

《易传》的辩证法思想同时也反映了依附于新兴地主阶级的士阶层的需要。这一部分士阶层和已经取得权势的新兴地主阶级不同,他们的地位不是固定的,在个人的遭遇上,经常会碰到各式各样穷通否泰、吉凶悔吝的复杂的情况。这一部分士阶层也和老子那种对统治阶级持不合作态度的隐君子不同,他们有着强烈的功名事业之心,力求改善自己的处境,得到统治阶级的赏识和重用,以实现他们的治国平天下的政治理想。所以他们不能满足于老子的那种只求保持现状的贵柔、守雌的辩证法,而需要一套重视主观能动性的自强不息的辩证法。《易传》说:"往者屈也,来者信(伸)也,屈信相感而利生焉。尺蠖之屈,以求信也。龙蛇之蛰,以存身也。"《系辞下》如果说老子看到了屈伸的相互转化,只是安于委曲以求保全,《易传》则是根据对这种转化规律的了解,屈以求伸,目的着重于进取。为了这个目的,《易传》站在这一部分士阶层的立场,研究了各种可能碰到的复杂的情况,为他们提供了一套应付环境的安身立命之道。

《易传》说:"《易》之兴也,其于中古乎!作《易》者,其有忧患乎!""《易》之兴也,其当殷之末世、周之盛德邪?当文王与纣之事邪?是故其辞危,危者使平,易者使倾。其道甚大,百物不废,惧以终始,其要无咎。此之谓《易》之道也。"(《系辞下》)这虽然说的是《易经》产生的时代背景,实际上也含蓄地暗示了《易传》自己所处的时代背景。殷周之际发生了一次社会变革,是一个充满着忧患的时代。战国时期的社会变革在深度和广度上大大超过了殷周之际,因而人们所体验到的忧患也就更为深重。在这样动荡的时代,人们的社会地位,贵贱等级秩序,随时处在运动流转之中,所以人们不能不警惕自危。《易传》认为,如果警惕自危就能得到平安,相反,如果掉以轻心,将会遭到倾覆。

人们可能碰到的复杂的情况大致可以区分为两种,一种是有利的,一种是不利的。《易传》研究了在这两种情况下所应采取的对策。

《易传》认为,明夷卦的卦象䷣象征着不利的情况。明夷是下离上坤,离为日、为明,坤为地、为柔。它解释说:"明入地中、明夷。内文明而外柔顺，以蒙大难，文王以之。利艰贞，晦其明也，内难而能正其志，箕子以之"。(《明夷卦·象传》)这是说，日没入地中，光明泯灭，天下一片黑暗。殷纣王的时代就是这个黑暗的时代。当时周文王被囚于羑里，遭蒙大难，但是文王内保文明之德，外用柔顺之道，终于应付了这个艰难困苦的处境，渡过了难关。昏君当道，贤臣遭殃，箕子被殷纣王贬为奴隶，又囚于牢狱，为了避免伤害，他披发佯狂以隐晦自己的贤明，内心虽然痛苦万分，然而却保存了自己的刚正不阿的意志和坚贞不屈的节操。后来武王灭纣，访问箕子，箕子献呈了他的洪范九畴。明清之际黄宗羲写的《明夷待访录》，就是用《易传》的这个意思作书名的。《易传》认为，如果碰到这种不利的情况，只有以柔顺的方式坚持正道，才能化险为夷。

晋卦的卦象☷下坤上离，和明夷卦相反，象征着有利的情况。《易传》解释说："明出地上，晋。君子以自昭明德。"(《晋卦·象传》)晋是进的意思。日出地上，阳光普照。一片光明景象，明君在朝，贤臣进用。《易传》认为，在这种有利的情况之下，君子更要自觉地发扬自己的明德。

不管是处于顺境还是逆境，《易传》认为，君子都应当谦虚谨慎，自强不息，重视一点一滴的积累，抓住事物发展的重要的契机，立即行动起来，不得稍有迟缓。由于《易传》强调自强不息，主张积极行动以促进事物向着有利的方面发展，这就和老子的那种放弃行动而静观、玄览的辩证法思想有很大的不同。

二

《易传》的辩证法思想还有着自己的形式上的特征。它把从观察自然现象和社会现象所提炼出来的辩证法思想完全纳入《易经》的框架结构之中，使这种辩证法思想披上了一件筮法的神秘的外衣。它说："《易》之为书也不可远，为道也屡迁，变动不居，周流六虚，上下无常，刚柔相易，不可为典要，唯变所适。"(《系辞下》)这是说，《周易》这部书，它所讲的道理经常在流动变化，没有一成不变的格式。因为刚柔两爻相互推移，在六个爻位上转流不息，上下易位，变动无常，没有固定在不动的位置上，而经常处于流动变化的过程之中。照这个说法，客观事物的辩证法就表现在卦爻变化的辩证法之中，或者卦爻变化的辩证法本身就是客观事物的辩证法。

诚然，客观事物的辩证法在人的认识中不能不具有一定的反映形式，但是这种反映形式只能是建立在语言基础之上的概念，筮法中的那种预示吉凶的神秘的卦画符号是绝对不能作为这种反映形式的。恩格斯把辩证法称作"运用概念的艺术"。列宁也曾指出："问题不在于有没有运动，而在于如何在概念的逻辑中表达它。"（《列宁全集》第38卷，第281页）因此，只有通过概念的永恒运动、相互转化、往返流动才能表达客观事物的辩证法。实际上，《易传》的辩证法思想也是通过概念表达出来的，它运用一系列成对的范畴，诸如阴阳、刚柔、吉凶、损益、穷通、否泰、剥复等等，和老子所运用的美丑、难易、高下、前后、有无、祸福、生死等等是一样的。但是，《易传》和老子不同，它除了这种和内容有机地联系着的反映形式以外，又生搬硬套，把《易经》的框架结构强加于辩证法之上。这种框架结构是一种宗教巫术的形式，而不是辩证法的反映形式。尽管框架结构中的刚柔两爻确实是在不断地流动变化，但是这种流动变化不是概念的流动变化，更不是客观事物的流动变化，它是没有概念和内在规定的空洞的模式。《易传》把这种框架结构硬套在辩证法的身上，结果不但没有起到表现辩证法的作用，反而窒息了活生生的辩证法，使自己走向一种机械的形式主义。

《易传》说："《易》之为书也，原始要终，以为质也。六爻相杂，唯其时物也。其初难知，其上易知，本末也。初辞拟之，卒成之终。若夫杂物撰德，辨是与非，则非其中爻不备。噫！亦要存亡吉凶，则居可知矣。知者观其彖辞，则思过半矣。二与四，同功而异位。其善不同，二多誉，四多惧，近也。柔之为道，不利远者。其要无咎，其用柔中也。三与五，同功而异位。三多凶，五多功，贵贱之等也。其柔危，其刚胜邪！"（《系辞下》）这一段话是用筮法中卦爻的变化来附会客观事物的变化。大意是说，客观事物都有一个由始至终的发展过程，每一卦的六爻就象征着这个过程。初爻是始，上爻是终，中间四爻是事物发展的中间阶段。在事物的发展中，开始难以预料后来的结果，有了结果，才容易了解事物的全局，决定事物的吉凶祸福在于中间阶段。所以每一卦的六爻，初爻拟议其始，上爻决定其终，中间四爻详尽辨别其是非，而卦辞是总论一卦的吉凶的。中间四爻，第二爻和第四爻为偶数，是为阴位，但二与四远近不同，二多誉，四多惧，因为第二爻以柔顺居下爻之中位，具有正中的美德。第三爻和第五爻为奇数，是为阳位。二者贵贱不同，第三爻居下卦之偏位，第五爻居上卦之中位，故三多凶，五多功。但因三与五皆为阳位，故柔爻居之危，刚爻居之则胜。《易传》认为，卦爻的这种变化表现了客观事物的变化，从卦爻的变化可以探求人事的吉凶祸福。

客观事物当然有着由始至终的发展过程，但是这种发展过程只有通过概念的相互联系才能近似地把握，而绝不像《易传》所说的那样，表现在卦爻变化的模式之中。至于二、四、三、五等爻所象征的吉凶祸福更是和客观事物本身毫无关系，完全是主观任意的规定，带有宗教巫术的神秘性质。

在《易传》的哲学思想体系里，本来有着对数的神秘崇拜的成分，就这一点来说，和古希腊哲学中的毕达哥拉斯派相似。他们把数看成一切事物的元素，企图根据数目关系来规定宇宙万物的秩序。黑格尔分析了毕达哥拉斯派的哲学，一方面肯定了他们把数作为思想范畴的哲学意义，同时又尖锐地批评了这种哲学的缺点。他说："在数目关系中进展的先天规律和运动的必然性，是完全暧昧不明的东西，头脑不清的人会在其中弄得颠颠倒倒，因为处处都表现着对概念的暗示，与表面的彼此谐和，但是随即又归消失"。"他们费了说不出的气力，用数的系统来表达哲学思想，并且去了解他们用来表达的那些观念的意义，这些观念是他们从别人那里找到的，并且赋予以一切可能的意义；——如果抛弃了概念的话，数就成为种种无聊肤浅的关系。"（《哲学史讲演录》第1卷）

《易传》和毕达哥拉斯派同样，也确实是费了说不出的气力，用《易经》的框架结构来表达它的哲学思想。但是由于抛弃了概念，结果反而成了一种暧昧不明的东西。两千多年以来，不少的易学家被这种暧昧不明弄得颠颠倒倒，皓首穷经，殚思竭虑，企图从中找到什么深刻的哲理，似乎找到了什么，随即又归消失。实际上，《易传》自有辩证法思想的合理的内核，但是只有打破《易经》的框架结构，剥掉那层蒙在上面的宗教巫术的神秘外壳，才能找到它。

新中国成立以来，人们研究《易传》的辩证法思想，是不大重视那种宗教巫术的神秘外壳了。但是，这种研究方法又走向另一个极端，忽视了《易传》的辩证法思想所具有的形式上的特征。既然《易传》的辩证法思想是通过《易经》的框架结构表现出来的，采用这种表现方式必然有着深刻的社会历史原因，对它的辩证法思想内容也必然起了一定程度的损害作用，在后来的发展中也必然产生种种消极的影响。所有这些，都应该联系哲学史的实际，进行深入具体的研究。剥掉外壳，并不意味着把《易经》的框架结构简单地撇在一边，不去管它。和老子的辩证法思想相比，《易传》除了在内容上不相同以外，还由于和宗教巫术结合在一起而具有形式上的特征。这种形式上的特征使得《易传》的辩证法思想成为哲学史上的一个极为特殊的形态。不研究这种形式上的特征，是很难对《易传》的辩证法思想做出符合实际的评价的。

（原载于《哲学研究》1983年第7期）

为天地立心

——张载的宇宙论思想

张载认为,知人而不知天,求为贤人而不求为圣人,此秦汉以来学者之大蔽。他在《经学理窟》中指出:"今之人灭天理而穷人欲,今复反归其天理。古之学者便立天理,孔孟而后,其心不传,如荀扬皆不能知"。《答范巽之书》说:"孟子所论知性知天,学至于知天,则物所从出当源源自见,知所从出,则物之当有当无莫不心喻,亦不待语而知"。因此,儒学的重建,道统的承传,首先必须进行哲学的突破,追求向上一路,着重于解决"知天""立天理""为天地立心"的问题。这是张载对当时儒学的困境及其发展前景的根本看法。基于这个看法,张载归宗于《周易》,企图依据易学的基本原理从事宇宙论的建构,来为天地立一个心。但是,由于佛道二教在这个问题上设置了重重的思想障碍,加上儒学本身对这个问题长时期的忽视,存在着一系列理论上的困难,要想得到妥善的解决,并不是很容易的。困难之一来自佛教的挑战。佛教以心法起灭天地,提出了种种似是而非的理论来论证天地虚幻不实,实际上是以空作为天地之心。困难之二来自道教的挑战。道教的宇宙论源于老子,老子提出了"天下万物生于有,有生于无"的理论,实际上是以无作为天地之心。佛道二教的这种异端邪说,甚嚣尘上,蛊惑人心,迫使儒学在宇宙论的领域,节节败退,甘拜下风。这种情形正如范育在《正蒙序》中所指出的:"若浮屠老子之书,天下共传,与六经并行。而其徒侈其说,以为大道精微之理,儒家之所不能谈,必取吾书为正。世之儒者亦自许曰,吾之六经未尝语也,孔孟未尝及也，从而信其书，宗其道，天下靡然同风，无敢置疑于其间"。面临着这种严峻的挑战，儒学不能不做出积极的回应，一方面要就何为天地之心立一个正面的说法，同时也要针对着佛氏之空、老氏之无进行有力的批驳，指出其谬误所在，使万世不惑。因此，张载本着这种对重建儒学的总体性的思考来从事易学研究，从一开始就自觉地承担了大破大立的双重任务，预先设定了明确的方向和目的，期望从《周易》中能够找到有关宇宙论的"大道精微之理"来与佛老展开论战，辩一个是非曲直。张载对《周易》的基本理解之所以不同于只关心人事之用的李觏、欧阳修，也不同于主张三教合流的苏轼，是和他的这种预先设定的方向和目的分不开的。

《横渠易说》是张载早期的易学著作，其风格与汉唐注疏完全不同，往往经文数十句中一无所说，末卷更不复全载经文，载其有说者而已，实际上是一部读书笔记，着重于阐发义理而不注意解释经文。在《易说》中，张载特别重视《系辞》。他指出：

> 《系辞》反复惟在明《易》所以为易，撮聚众意以为解，欲晓后人也。

> 不先尽《系辞》，则其观于《易》也，或远或近，或太艰难。不知《系辞》而求《易》，正犹不知礼而考《春秋》也。

> 《系辞》所以论《易》之道，既知《易》之道，则《易》象在其中，故观《易》必由《系辞》。

《系辞》是《周易》的通论，集中论述了易学的基本原理。张载主张读《易》应先从《系辞》入手，说明他研究《周易》的目的和兴趣所在，主要是求得对易学的基本原理能有一个全面的理解，提高自己的哲学思维的水平。为了达到这个目的，他又进一步对《易》之书和《易》之理做了区分，提出了"天易"的概念。他指出：

> 《系辞》言《易》，大概是语《易书》制作之意，其言"易无体"之类，则是天易也。

"天易"的概念，相当于邵雍所说的"先天之学""画前之《易》"。指的是客观的世界，造化的本身，比后天而有的《易》之书更为根本。张载提出这个概念，强调他所从事的不是对《易》之书的研究，而是对"天易"的研究。以《易》之书作为研究对象只能做一个汉唐以来的注疏家，这是张载所鄙而不为的，他的抱负乃是追求向上一路，做一个"为天地立心"的哲学家。按照这种区分，于是张载点明了自己的易学研究的主题，表述了他通过《易》之书对所谓"天易"的基本理解。他接着指出：

  《易》与天地准，此言《易》之为书也。易行乎其中，造化之谓也。

  《易》之为书与天地准。易即天道。

  易，造化也。圣人之意莫先乎要识造化，然后其理可穷。彼惟不识造化，以为幻妄也。不见易则何以知天道？不知天道则何以语性？

  不见易则不识造化，不识造化则不知性命，既不识造化，则将何谓之性命也？

  易乃是性与天道，其字日月为易，易之义包天道变化。①

张载把"天易"理解为"造化"。这种造化，无方无体，变化莫测，生生不已，还可以用很多的词语来形容。他解释说：

  以其兼体，故曰"一阴一阳"，又曰"阴阳不测"，又曰"一阖一辟"，又曰"通乎昼夜"。语其推行故曰"道"，语其不测故曰"神"，语其生生故曰"易"，其实一物，指事而异名尔。②

根据这种理解，张载在《易说·复卦》中对"天地之心"的外延与内涵做了明确的界定。他说：

  复言"天地之心"，咸、恒、大壮言"天地之情"。心，内也，其原在内时，则有形见，情则见于事也；故可得而名状……大抵言"天地之心"者，天地之大德曰生，则以生物为本者，乃天地之心也。地雷见天地之心者，天地之心惟是生物，天地之大德曰生也。雷复于地中，却是生物。《象》曰："终则有始，天行也"。天行何尝有息？正以静，有何期程？此动是静中之动，静中之动，动而不穷，又有甚首尾起灭？自有天地以来以迄于今，盖为静而动。天则无心无为，无所主宰，恒然如此，有何休歇？

这是认为，所谓"天地之心"，其外延是指以天地为匡廓的整个的世

---

① 《易说·系辞上》。
② 《正蒙·乾称篇》。

界，其内涵是指这个世界化生万物的功能，功能内在于实体，表现于外则为有形可见的大化流行的过程，也就是造化的本身。这是一个客观的自然的过程，无所主宰，恒然如此，不以人的主观意志和思虑忖度为转移。就这一点来说，天地并不具有如同人那样的心，也可以说天地本无心。但是，就天地以生物为本而言，阴阳交感，运行不息，也确实有一个生物之心，这是客观的规律，自然的功能，也就是宇宙之心。如果通过人的认识把宇宙的这种规律和功能如实地揭示出来，就是为天地立心了。因此，张载反复强调，应该对何为天地之心有一个正确的理解。他指出：

> 观书当不以文害辞，如云义者出于思虑忖度，《易》言"天地之大义"，则天地固无思虑。"天地之情""天地之心"皆放此。①

> 太虚之气，阴阳一物也，然而有两体，健顺而已。亦不可谓天无意。阳之意健，不尔何以发散和一？阴之性常顺，然而地体重浊，不能随则不能顺，少不顺即有变矣。有变则有象，如乾健坤顺，有此气则有此象可得而言。②

由此可以看出，张载对天地之心的界定，是以自然主义的哲学思想为依据的。这种自然主义肯定天地阴阳的实体性的存在，虽然与佛教的那种"以山河大地为见病"幻灭思想尖锐对立，却与老子的"天地不仁"的道家思想划不清界限。先秦时期，荀子曾批评道家"蔽于天而不知人"，秦汉以来的儒家之蔽则反是，知人而不知天。这就是表明，儒道两家各执一端，从不同的方面割裂了天人关系。道家强调天地不仁，天本无心，对自然主义的天道观做了充分的研究，可谓之知天，但却忽视了人文主义的价值理想，不可谓之知人。儒家一直执着人之所以为人的名教理想，可谓之知人，但却没有认识到天道是一个受一阴一阳的规律所支配的自然运行的过程，不可谓之知天。既然如此，那么张载为儒家去蔽补偏，站在儒家的立场认同了道家的自然主义的天道观，就必须沟通天人，把自然主义与人文主义有机地结合起来，决不能让这种"天地不仁"的思想仅仅作为一种冷冰冰的自然律来敌视儒家所坚持的名教理想。但是，这个问题是不容易解决的。

---

① 《易说·恒卦》。
② 《易说·系辞下》。

从张载的一些言论来看,他曾经表现出很大的困惑,在理论上常常是显得顾此失彼,左支右绌,找不到一个恰当的结合点。比如他说:

  老子言"天地不仁,以万物为刍狗",此是也。"圣人不仁,以百姓为刍狗",此则异矣。圣人岂有不仁?所患者不仁也。天地则何意于仁?鼓万物而已。圣人则仁尔,此其为能弘道也。

  《系》之为言,或说《易》书,或说天,或说人,卒归一道,盖不异术,故其参错而理则同也。"鼓万物而不与圣人同忧",则于是分出天人之道。人不可以混天,"鼓万物而不与圣人同忧",此言天德之至也。

  天惟运动一气,鼓万物而生,无心以恤物。圣人则有忧患,不得似天。①

这是把天人分为两截,天归天,人归人,天无心,人有心,在天道观方面认同道家的"天地不仁"的思想,在人道观方面坚持儒家的人文价值理想。按照这种说法,天地之心有体而无用,圣人之心有用而无体,不仅天人异道,与《系辞》之所言的天人合一的思想发生直接的抵触,而且在处理体用关系上也是破绽百出,扞格难通。就儒道两家本身的思想系统而言,从来也没有存心去割裂天与人、体与用的关系,始终是在追求一种不二之理,建构一种自圆其说的理论把二者有机地结合起来,只是由于这两家的逻辑前提不同,哲学思路不同,价值关怀不同,其所推导出的具体的结论也就大相径庭。拿道家来说,其整个思想系统的逻辑前提是自然主义的天道观,故由"天地不仁"推导出"圣人不仁"的结论自是顺理成章,由此而提出不以人灭天、不以故灭命的自然无为的主张也是题中应有之义。这是一种以人合天的思路,强调人应该放弃自己主观设定的价值理想去服从冷冰冰的自然律的支配。虽然如此,道家言天未尝不及于人,言体必达于用,仍然是一种天人体用之学。儒家以名教理想作为自己的逻辑前提,遵循以天合人的思路,首先肯定圣人之仁,然后由圣人之仁推导出天地之仁,反过来又用天地之仁来论证圣人之仁,使之成为名教理想的宇宙论的本源依据。因而儒家言人必上溯于天,言用必归宗于体,也是一种天人体

---

① 《易说·系辞上》。

用之学。张载的问题关键在于割裂了儒道两家本身所固有的那种天人体用的关系，以道家的天道观为体，以儒家的人道观为用，未能进行创造性的转化，形成有机的结合。这是理学开创时期所遇到的一个普遍性的问题，周敦颐和邵雍二人也曾为此而感到困惑。比如周敦颐的"无极而太极"的命题源于老子的"有生于无"，实际上是以道为体，其所立之"人极"，"定之以仁义中正"，这就是以儒为用了。邵雍表述得更为直率坦诚，以老子为得《易》之体，以孟子为得《易》之用，在物理之学上推崇道家，在性命之学上推崇儒家。就周、邵的学术背景而言，与道教有着很深的渊源关系，他们的这种立论以及对道家的认同，在感情上十分自然，不会有丝毫的为难之处。至于张载的学术背景则与他们不相同。早在青年时期，张载就听从了范仲淹的劝告，执意"以《中庸》为体"。他曾说："某观《中庸》义二十年，每观每有义，已长得一格。六经循环，年欲一观"。这就是表明，从价值取向和理论追求两方面来说，张载都是下定了决心，要以儒为体的。但是现在由于种种原因被迫认同了老子的"天地不仁"的思想，转向于以道为体，从而违反了初衷，这在理论上是不会满足，在感情上也是难以接受的。于是张载不能不回到儒家的那种以天合人的旧的思路上来，立足于名教理想来界定天地之心，致力于把道家的"天地不仁"的命题转化为儒家所期望的"天地之仁"，使得冷冰冰的自然律能够更多地渗透一些人文价值的浓郁的情怀。比如他说：

> 天无心，心都在人之心。一人私见固不足尽，至于众人之心同一则却是义理，总之则却是天。故曰天曰帝者，皆民之情然也。

> 大抵天道不可得而见，惟占之于民，人所悦则天必悦之，所恶则天必恶之，只为人心至公也，至众也。民虽至愚无知，惟于私己然后昏而不明，至于事不干碍处则自是公明。大抵众所向者必是理也，理则天道存焉，故欲知天者，占之于人可也。

> 礼即天地之德也……天地之礼自然而有，何假于人？天之生物便有尊卑大小之象，人顺之而已，此所以为礼也。学者有专以礼出于人，而不知礼本天之自然。

天本无心，及其生成万物，则须归功于天，曰：此天地之仁也。①

张载的这种哲学探索是进行得十分艰苦的，非亲历其境者很难有实际的体会。史称他"终日危坐一室，左右简编，俯而读，仰而思，有得则识之，或中夜起坐，取烛以书。其志道精思，未始须臾息，亦未尝须臾忘也"。在《自道》一文中，张载表述了他在探索过程中的心态。这是一篇感人肺腑的文字，我们可以由此窥见一位伟大的哲学家的风范，他的那种执着的追求和坚韧不拔的精神，从而对他在理论上所感到的困惑能有一个同情的理解。他说：

某学来三十年，自来作文字说义理无限，其有是者皆只是亿则屡中。譬之穿窬之盗，将窃取室中之物而未知物之所藏处，或探知于外人，或隔墙听人之言，终不能自到，说得皆未是实……比岁方似入至其中，知其中是美是善，不肯复出，天下之议论莫能易此。譬如既凿一穴已有见，又若既至其中却无烛，未能尽室中之有，须索移动方有所见。言移动者，谓逐事要思，譬之昏者观一物必贮目于一，不如明者举目皆见。此某不敢自欺，亦不敢自谦，所言皆实事。

思虑要简省，烦则所存都昏惑，中夜因思虑不寐则惊魇不安。某近来虽终夕不寐，亦能安静，却求不寐，此其验也。

家中有孔子真，尝欲置于左右，对而坐又不可，焚香又不可，拜而瞻礼皆不可，无以为容，思之不若卷而藏之，尊其道。②

在北宋五子中，张载是一个极为重要的中间环节，处于承上启下的地位，实际上是理学的真正的奠基人。理学的主题首先是由周敦颐揭示出来的，他的由太极以立人极的思想，目的在于追求天道与性命的贯通。邵雍对先天之学与后天之学的探索，也是围绕着这个主题而展开的。就这个主题的理论层面而言，天道为本，人道为末，但就其价值层面而言，却是人道为本，天道为末。因而对这个主题的探索，必须进行双向的思维，循环的论证，一方面要依据天道来规定人道，另一方面要依据人道来规定天道。张载曾用简洁的语言表述了这个主题，他说："天道即性也，故思知人者不

---

① 《经学理窟》。
② 《经学理窟》。

可不知天，能知天斯能知人矣"。① 这就是说，理学的主题要求建构一个天人合一、体用不二的思想系统，在天道中蕴含人道的内容，在人道中蕴含天道的内容，能够同时满足人们理论层面和价值层面的双重需要，知天即可知人，知人即可知天。这既是理学所追求的共同目标，也是判定一个理学系统是否臻于成熟之境的客观标准。拿这个标准来衡量周敦颐和邵雍的理学系统，可以看出其中存在着明显的漏洞，体与用、天与人常常分为两截，并没有合而为一，做到圆融无滞。比如周敦颐的"无极而太极"的命题，其所谓的"无极"，洁净空阔，阒其无人，必须通过一系列的演化阶段才能落实到"人极"，只可作为一种宇宙生成的本源，并不是如同《周易》所说的那种"显诸仁，藏诸用"的道体，因而这个命题有真际而无实际，天人二本，体用殊绝，理论上的漏洞是十分明显的。再比如邵雍的先天之学，也是一种宇宙生成论的图式，而不是一种成熟的本体论的结构。邵雍把宇宙的生成区分为三个井然有序的阶段。其所谓的"天开于子"，有天而无地，"地辟于丑"则是有地而无人，人文的价值理想乃后天所生，非先天而有。这种理论上的漏洞与周敦颐是完全相同的。张载的理学承接周、邵，因而周、邵探索的终点也就是张载探索的起点，他们所遗留下来的理论问题就成为张载思考的中心。如果说周、邵作为理学思潮的开拓者，其所建构的体系属于从生成论到本体论的过渡形态，那么张载的问题就是极力争取建构一个成熟的本体论的体系，朝着天人合一、体用不二的目标迈进。在这种情况下，所以张载的探索不能不感到格外的困难，进行得十分艰苦。但是，张载所创造的业绩下启二程，为二程的进一步的探索奠定了一个本体论的理论基础。程颐晚年所提炼而成的"体用一源，显微无间"的命题，实际上是服从于理学主题的内在要求，对张载思想的一种继承和发展。程颐在《答横渠先生书》中对这种继承和发展的双重关系做了很好的表述。他指出：

> 观吾叔之见，至正而谨严。如"虚无即气则无无"之语，深探远赜，岂后世学者所尝虑及也？（然此语未能无过。）余所论，以大概气象言之，则有苦心极力之象，而无宽裕温厚之气。非明睿所照，而考

---

① 《易说·说卦》。

索至此，故意屡偏而言多室，小出入时有之。（明所照者，如目所睹，纤微尽识之矣。考索至者，如揣料于物，约见仿佛尔，能无差乎？）更愿完养思虑，涵泳义理，他日自当条畅。

程颐肯定了张载的"虚无即气则无无"之语，这是张载通过长期的易学研究所提炼而成的一个命题，也是张载的本体论的理论基础。就这个命题的哲学含义而言，与程颐的"体用一源，显微无间"并无实质性的不同，只是由于这个命题独创新意，发前人所未发之覆，目的在于克服周、邵的理论上的困难，所以免不了"有苦心极力之象，而无宽裕温厚之气"。张载本人对这个缺点是有着清醒的认识的，他曾说他所建构的体系，"譬之枯株，根本枝叶，莫不悉备，充荣之者，其在人功而已"。程颐以张载探索的终点作为自己的起点，在考索所至的基础上追求明睿所照，这就是理学发展下一个阶段的任务了。

张载在《正蒙·太和篇》中阐述了这个命题的哲学含义。他指出：

知虚空即气，则有无、隐显、神化、性命通一无二，顾聚散、出入、形不形，能推本所从来，则深于《易》者也。

气之聚散于太虚，犹冰凝释于水，知太虚即气，则无无。故圣人语性与天道之极，尽于参伍之神变易而已。诸子浅妄，有有无之分，非穷理之学也。

太虚无形，气之本体，其聚其散，变化之客形尔；至静无感，性之渊源，有识有知，物交之客感尔。客感客形与无感无形，惟尽性者一之。

太虚为清，清则无碍，无碍故神；反清为浊，浊则碍，碍则形。

由太虚，有天之名；由气化，有道之名；合虚与气，有性之名；合性与知觉，有心之名。

二程把张载的这个思想概括为"以清虚一大名天道"，"立清虚一大为万物之源"，一方面做了肯定，认为"至正而谨严"，"岂后世学者所尝虑及"，同时又指出"然此语未能无过"，认为提法不够完善，可以进一步商榷。后来朱熹也针对着张载的"清虚一大"的提法进行了批评。这是理学史上的一大公案。近人常常是见异而不见同，过分地强调理学中的不同的思想倾向之间的对立，称张载的哲学为气本论，程朱的哲学为理本论，认为程朱对张载的批评是一场意识形态之争，学派门户之争，争论天地万物究竟是以气为本还是以理为本的问题。其实这是对理学主题的一种误解，也是对中国传统的天人之学的一种误解。理学的主题在于追求天道与性命的贯通，也就是所谓"究天人之际"，着眼于探讨天与人、主与客、自然与社会的相互关系，企图通过这些探讨来找到某些带规律性的东西，用来指导人事，实质上是一种天人之学。这种天人之学在中国的传统思想中源远流长，理学则把天人关系问题转化为一个体用问题，提到哲学的高度来探讨，因而关于怎样才能更好地建构一个体用不二、天人合一的体系就成了各派理学家所关注的共同的主题。就北宋五子而论，可以依据这个共同的主题排出一个逻辑的发展序列，周、邵开创于前，张载继起于后，二程则是对张载的探索成果的进一步的充实完善。到了南宋时期，朱熹作为理学思潮的集大成者，博采众长，不主一家，对各派理学家的思想都有所肯定，有所批评。从这个角度来看，程朱对张载的批评并不是什么理本论与气本论之间的对立面的斗争，而是同一个话语系统内部的善意的商量讨论，目的在于加深对理学主题的理解，表现了一致而百虑、殊途而同归的良好的学风。如果我们不存心去误读他们的批评言论，可以看出事实的真相也确实是如此。比如二程说：

> 子厚以清虚一大名天道，是以器言，非形而上者。①

> 立清虚一大为万物之源，恐未安，须兼清浊虚实乃可言神。道体物不遗，不应有方所。②

朱熹批评说：

> 或问："横渠先生清虚一大之说如何"？曰："他是拣那大底说话来该摄那小底，却不知道才是恁说，便偏了，便是形而下者，不是形而上者。须是兼清浊、虚实、一二、小大来看，方见得形而上者行乎其间。

> 横渠清虚一大却是偏。他后来又要兼清浊虚实言，然皆是形而下。盖有此理，则清浊虚实皆在其中。

---

① 《程氏粹言》，卷一。
② 《河南程氏遗书》，卷二上。

横渠说气清虚一大,恰似道有有处,有无处。须是清浊、虚实、一二、大小皆行乎其间,乃是道也。其欲大之,乃反小之。"

问:"横渠清虚一大,恐入空去否"?曰:"也不是入空。他都向一边了。这道理本平正,清也有是理,浊也有是理,虚也有是理,实也有是理,皆此理之所为也。他说成这一边有,那一边无,要将这一边去管那一边。

清虚一大,形容道体如此。道兼虚实言,虚只说得一边"。①

程朱对张载的批评,其实也就是张载对周、邵的批评。张载曾批评周、邵之学为体用殊绝,天人二本,现在程朱用这个考语来批评张载本人,都批评得非常中肯,并不过分。后来陆象山、王阳明也用这个考语来批评程朱,可见程朱之学也没有达到体用不二、天人合一的标准。事实上,在中国哲学史上,不管是哪一种类型的本体之学都没有达到这个标准。这是因为,所谓本体之学无非是一种捕捉世界之网,而世界是一个无限运动的过程,人们绝不可能把世界的整体捕捉到手,至多只能捕捉到某一个片段。虽然如此,人们还是要把那个无法达到的客观标准树立为最高理想,并且朝着最高理想进行无限的追求。这就是所有从事本体之学的哲学家,包括儒释道三教在内,为什么都一致根据这个客观标准来互相指责的原因所在。但是,这只是一个抽象的标准,除此以外,还有一个历史的标准。由于后人的探索是在前人的基础上起步的,因而评价一个哲学家的本体之学,应该联系到具体的历史条件,看他是否相对于前人做出了某种推进,是否为后人提供了某种必须凭借而不可超越的思想成果。拿这个标准来衡量张载的本体之学,可以看出他以清虚一大形容道体的思想是理学史上的一次重大的哲学的突破,不仅彻底消解了周、邵之学中所残存的"有生于无"的宇宙生成论的思想,完成了向本体论理论形态的转化,而且为程颐的"体用一源,显微无间"的思想做了重要的铺垫,其哲学意义是不可低估的。

张载在《易说》与《正蒙》中曾反复申言,"《大易》不言有无,言有无,诸子之陋也"。"故圣人仰观俯察,但云知幽明之故,不云知有无之故"。他的哲学探索,目的在于建构一种本体论的理论形态,把有无、隐

---

① 《朱子语类》,卷九十九。

显、神化、性命以及清浊、虚实、一二、大小统统整合在一起，就他本人的主观意图而言，是要同时照顾到两边，做到通一无二，并非如同程朱所批评的，只说了形而下而未说形而上，偏于一边，要将这一边去管那一边。但是，张载以清虚一大来形容道体，这种说法也确实有很大的毛病，容易使人们把道体本身误解为有清而无浊，有虚而无实，有一而无二，有大而无小。其实，在张载的心目中，清虚一大只是对道体的形容，并非道体的本身。关于道体的本身，张载是十分明确地用《周易》中的两个重要范畴即"太极"和"太和"来指称的。《正蒙》以"太和"开篇，开宗明义即提出"太和所谓道"的命题，用"太和"来指称道体。他指出：

> 太和所谓道，中涵浮沉、升降、动静、相感之性，是生絪缊、相荡、胜负、屈伸之始。其来也几微易简，其究也广大坚固。起知于易者乾乎！效法于简者坤乎！散殊而可象为气，清通而不可象为神。不如野马、絪缊，不足谓之太和。语道者知此，谓之知道；学《易》者见此，谓之见《易》。不如是，虽周公才美，其智不足称也已。

在《易说·说卦》中，他用"太极"来指称道体，规定"性命之理"的内涵。他说：

> 一物而两体者，其太极之谓欤！阴阳天道，象之成也；刚柔地道，法之效也；仁义人道，性之立也；三才两之，莫不有乾坤之道也。《易》一物而合三才，天地人一，阴阳其气，刚柔其形，仁义其性。
>
> 阴阳、刚柔、仁义，所谓性命之理。
>
> 一物两体者，气也。一故神，（两在故不测。）两故化，（推行于一。）此天之所以参也。两不立则一不可见，一不可见则两之用息。两体者，虚实也，动静也，聚散也，清浊也，其究一而已。有两则有一，是太极也。若一则有两，有两亦一在，无两亦一在，然无两则安用一？不以太极，空虚而已，非天参也。

这是张载关于道体思想的一个总纲，其他的一些命题如"知太虚即气则无无"以及清虚一大之语只不过是对道体的某一个方面的特性的说明。因此，为了全面地窥见张载所见之道体，不能纠缠于清虚一大这几个形容词，而应该依据他对太极和太和这两个范畴所做的诠释。

前面说过，张载从事"为天地立心"的工作，在理论层面和价值层面都曾感到很大的困惑,进行得十分艰苦。这种困惑主要表现在未能确立一个通一无二的道体把天与人、体与用整合在一起。如果分而言之,天归天,人归人,天无心,人有心,由此而推导出的结论则是人不可以混天,天地不仁与圣人之仁毫不相干,在天道中看不见人道,在人道中看不见天道。这条思路扞格难通,处处抵触,当然为张载所不取。他所追求的是合而言之,用一个整合性的范畴来合天人,兼体用。其实,《周易》中的"太极"就是一个最好的整合性的范畴,周敦颐和邵雍就是把这个范畴确立为道体,用来合天人、兼体用的。但是,照张载看来,他们对太极的诠释仍然不够圆融,存在着天人二本、体用殊绝的理论上的漏洞。《系辞》说:"易有太极,是生两仪,两仪生四象,四象生八卦"。太极之名,始见于此,抑仅见于此,就其本意而言,是指宇宙生成的本源。这几个命题说的是宇宙生成的程序。邵雍把太极诠释为一,以一为本源,按照一分为二、二分为四、四分为八的数的推演,提出了一个"天开于子,地辟于丑,人生于寅"的宇宙生成的图式。周敦颐的"无极而太极"的命题,"入老氏有生于无自然之论,不识所谓有无混一之常",也是把太极诠释为宇宙生成的本源。从哲学上来看,本源与道体的含义是不相同的。道体是指当下呈现的大化流行的本身,囊括天人,即体即用,也就是宇宙的本体,统一的世界。本源则是指产生世界的最初的依据,当世界未产生前,孤悬于世界之上,有体而无用,有虚而无实,当世界既已产生以后,也就完成了自己的使命,成了一个毫无内容的空壳,退居于世界之外了。因此,尽管张载明知太极是一个最好的整合性的范畴,但在"易有太极"条下却没有直接援用来指称道体。这可能是由于他有意避免《系辞》所原有的那条生成论的思路,至于如何把生成论转化为本体论,一时还没有想得十分清楚明白。张载自称他的探索是一个艰苦的过程,并非一蹴而就,"不如明者举目皆见",而是如同昏者进入暗室一样,必须举着烛光不断地移动,"逐事要思","方有所见"。他用太极来指称道体,这个思想是通过对《说卦》的"参天两地而倚数""将以顺性命之理"两个命题的诠释,才最终确立下来的。"性命之理"也是一个整合性的范畴,指的是合天地人为一的三才之道。"参天两地"指的是世界本身内在的逻辑结构,这种逻辑结构表现为天之参与地之两的数理,是世界的本体和运行的机制。张载按照他的思维习惯,"逐事要思",

"方有所见",在《系辞》的"易有太极"条下对太极无所言说,现在从《说卦》并无太极字样的这两条下受到启发,豁然贯通,悟到了"《易》一物而合三才""一物而两体"说的就是太极的外延与内涵,从而解决了他多年的困惑,可以想见,他思想上必定产生出一种沛然而莫之能御的欣喜之情。哲学家通常都会有这种体验。比如程颢曾说:"天地万物之理,无独必有对,皆自然而然,非有安排也。每中夜以思,不知手之舞之,足之蹈之也"。① 张载完成了哲学的突破,终于把太极确立为道体,则表述得比较朴实,只是指出,"此某不敢自欺,亦不敢自谦,所言皆实事"。《易说》是张载早期的著作,到了晚年作《正蒙》时,则发展为用"太和"来指称道体,这可以说是第二次哲学的突破。"太和"一词出于《乾·象》,张载在《易说》中对此无所言说。就这个词的本义而言,指的是天人整体的最高的和谐,保合此太和,乃能各正性命而利贞,因而既是一个本体论的范畴,同时又渗透着浓郁的价值理想,是一个目的论的范畴。张载独具慧眼,在易学史上第一次把太极归结为太和,用这两个范畴来指称道体,使得他的道体的思想能够同时满足"为天地立心"的理论层面和价值层面的双重需要。王夫之在《张子正蒙注》中对张载的这个思想做了最高的评价。他指出:

> 太和,和之至也。道者,天地人物之通理,即所谓太极也。阴阳异撰,而其絪缊于太虚之中,合同而不相悖害,浑沦无间,和之至矣。未有形器之先,本无不和,既有形器之后,其和不失,故曰太和。②

> 《大易》之蕴,唯张子所见,深切著明,尽三才之撰以体太极之诚,圣人复起,不能易也。③

关于天道的和谐,自然的和谐,道家的老庄曾经做了充分的研究。比如老子说:"万物负阴而抱阳,冲气以为和。"④ 庄子说:"至阴肃肃,至阳赫赫。肃肃出乎天,赫赫发乎地,两者交通成和而物生焉。"⑤ 儒家则是致力于研究人道的和谐,社会的和谐,强调"礼之用,和为贵,先王之道斯为美"。由此而在中国哲学史上形成了"天地不仁"与"圣人之仁"两种思

---

① 《河南程氏遗书》,卷十一。
② 《张子正蒙注·太和篇注》。
③ 《张子正蒙注·大易篇注》。
④ 《老子》,四十二章。
⑤ 《庄子·田子方》。

想的对立，这也就是自然主义与人文主义的对立。张载根据他对《大易》之蕴的深刻理解，用"太极"这个范畴来指称天人合一的道体，用"太和"这个范畴来表述天人整体的和谐，这就消除了二者的对立使之达于统一。因而这两个范畴就成为张载的整个思想系统的理论基石，与其把他的思想归结为气一元论或气化论的哲学，不如说成是"尽三才之撰以体太极之诚"。诚然，"太虚"和"气"也是张载的重要的哲学范畴，在《太和篇》中，他曾反复论证，"太虚即气"，"太虚无形，气之本体"，"气之聚散于太虚，犹冰凝释于水"，阐述了一种气一元论或气化论的哲学。但是，这种哲学完全是本于道家的自然主义，并没有显示儒家的人文主义的特色。"太虚"这个范畴首先是由庄子提出来的，关于气之聚散的思想也是首先由庄子提出用来论证天道的和谐，而未涉及人道的和谐。比如《庄子·知北游》说："游乎太虚""通天下一气耳""人之生，气之聚也。聚则为生，散则为死。若死生为徒，吾又何患？故万物一也。"张载并不反对天道的和谐，也十分赞赏庄子所谓"生物以息相吹"和"野马"的说法，认为与《易》所谓"絪缊"的说法相同，"不如野马、絪缊，不足谓之太和"。但是，张载作为一个儒家，主要是关注人道的和谐，如果仅仅重复道家的这种自然主义，停留于论证天道的和谐，那就丧失了儒家的立场，也背离了理学的主题。因此，在张载的思想系统中，诸如"太虚即气"这一类的命题只是对太和道体的某一个方面的特性的说明，并不能孤立地抽取出来代表他的基本思想。张载的着眼点在于论证天人整体的和谐，立足于儒家的名教理想对道家的自然主义进行创造性的转化，他的基本思想是通过一系列天人合一的命题体现出来的。比如他说：

  天道四时行，百物生，无非至教；圣人之动，无非至德，夫何言哉！

  天体物不遗，犹仁体事无不在也。"礼仪三百，威仪三千"，无一物而非仁也。[1]

  天人异用，不足以言诚；天人异知，不足以尽明。所谓诚明者，性与天道不见乎小大之别也。

---

[1]《正蒙·天道篇》。

性与天道合一存乎诚。

天所以长久不已之道，乃所谓诚。仁人孝子所以事天诚身，不过不已于仁孝而已。故君子诚之为贵。①

诚则实也，太虚者天之实也。万物取足于太虚，人亦出于太虚，太虚者心之实也。

虚者，仁之原，忠恕者与仁俱生，礼义者仁之用。

虚则生仁，仁在理以成之。

阴阳者，天之气也；（亦可谓道。）刚柔缓速，人之气也。（亦可谓性。）生成覆帱，天之道也；（亦可谓理。）仁义礼智，人之道也；（亦可谓性。）损益盈虚，天之理也；（亦可谓道。）寿夭贵贱，人之理也，（亦可谓命。）天授于人则为命，（亦可谓性。）人受于天则为性；（亦可谓命。）形得之备，（不必尽然。）气得之偏，（不必尽然。）道得之同，理得之异。（亦可互见。）此非学造至约不能区别，故互相发明，贵不碌碌也。②

由此可以看出，这些命题都是紧紧围绕着理学的主题，并不脱离天道而孤立地探索人道，也不脱离人道而孤立地探索天道，而是言天必及于人，言人必上溯于天，把世界的统一性看作是一个自明之理，着重于探索天与人之间的关系。实际上，这些命题也是张载对《中庸》的"天命之谓性"的一种新的诠释和发挥，只是比较起来，思想内容更为丰满，理论基础更为坚实，价值层面也更为凸显。"天命之谓性"作为儒家心性之学的一个基本命题固然十分重要，但是抽象晦涩，含有歧义，自汉魏以来，一直没有确解。佛家依据缘起性空的理论来曲解，道家把"天命"解释为"天地不仁"，把"性"归结为自然之性。这种错误的解释为张载所不取。他指出："释氏不知天命而以心法起灭天地"，"释氏妄意天性而不知范围天用"。③ "以生为性，既不通昼夜之道，且人与物等，故告子之妄不可不诋"。④ 因此，为了回应佛老的挑战，张载必须进行双向的思维，对"天命之谓性"

---

① 《正蒙·诚明篇》。
② 《张子语录》。
③ 《正蒙·大心篇》。
④ 《正蒙·诚明篇》。

的含义做出明确的界定，一方面要用"太虚即气"的自然主义的哲学来对治佛家的幻灭思想，另一方面还要立足于儒家的名教理想对道家的"天地不仁"的思想进行转化。值得注意的是，在这些命题中，张载把儒家之仁提到本体论的高度进行论证，以太虚作为仁之原，用仁来界定天。这是张载对理学所做出的最大的理论贡献，代表了他的基本思想。朱熹曾反复讨论了张载的这个思想，做了充分的肯定。他说：

> 横渠谓"天体物而不遗，犹仁体事而无不在"。此数句，是从赤心片片说出来，荀扬岂能到！

> 问："天体物而不遗，犹仁体事而无不在也。以见物物各有天理，事事皆有仁"？曰："然。天体在物上，仁体在事上，犹言天体于物，仁体于事。本是言物以天为体，事以仁为体。缘须著上说，故如此下语"。

> 问："仁体事而无不在"。曰："只是未理会得仁字。若理会得这一字了，则到处都理会得。今未理会得时，只是于他处上下文有些相贯底，便理会得；到别处上下文隔远处，便难理会。今且须记取做个话头，（千万记取此是个话头！）久后自然晓得。或于事上见得，或看读别文义，却自知得。"①

朱熹特别强调"仁"字是个话头。话头这个词来自禅宗。禅宗常以某一句话或某一个字作为话头，认为其中蕴含着佛教思想的全部的精髓，是参悟的最简捷的门径。长期以来，儒学一直缺少一个话头，现在张载拈出了一个"仁"字，这在儒学史上是一件了不起的大事，完全可以用来和佛教相抗衡了。程颢在《识仁篇》中曾说："学者须先识仁。仁者浑然与物同体"。这就是参悟这个话头所得来的体会。就理学的演变而言，达到程颢的这种悟境，是经历了一个过程的。比如周敦颐曾从《周易》的"天地之大德曰生"的命题悟出了自然的生意，邵雍也悟出了"天地之心者，生万物之本也"，但却没有把这种生物之心归结为一个仁字。张载的探索也不是一步到位的，虽然他也悟出了"以生物为本者，乃天地之心也"，但是由于找不到天与人之间的联结点，而被迫认同了老子的"天地不仁"的思想。由

---

① 《朱子语类》，卷九十八。

此可见，用一个仁字来体现儒学思想的全部的精髓，把天地生物之心理解为"天体物而不遗"的一片仁心，这个历程是进行得多么艰难。拿张载和程颢来相比，程颢的"仁者以天地万物为一体"的体会可以说是"明睿所照"，表现了一种"宽裕温厚之气"，而张载则是"考索至者，如揣料于物，约见仿佛"，"有苦心极力之象"。但是，尽管如此，也不能不承认，这是张载作为一个理性思维的英雄所创造的伟大的业绩，撇开其他方面仅就他为理学拈出一个话头而论，也能确立他在理学史上的不朽的地位。

张载的这一系列天人合一的命题都是从他的道体的思想中自然引申出来的。照张载看来，太极作为道体，其外延是"一物而合三才"，分而言之，有天、地、人三个不同的子系统，合而言之，则归于太极之一元，故道体既可分开来说，也可合起来说，分中有合，合中有分。易学的本质不在于分而在于合，是对道体的一种全面的把握。他指出："天人不须强分，《易》言天道，则与人事一滚论之；若分别则只是薄乎云尔"。①就道体的内涵而言，则是"一物而两体"。"两体"是指虚实、动静、聚散、清浊等等对立的两个方面，概括说来也就是阴阳之两端。"一物"即太和絪缊合同之体，也就是阴阳两端对立的统一。絪缊太和，合于一气，而阴阳之体具于其中，故一中有两。其阴阳两端循环不已，虽聚散攻取百途，必推行于一而趋向于太和，故两中有一。一与两为参，此参是表示一中有两，统一中蕴含着对立，两中有一，对立中蕴含着统一。张载认为，此参既为天之性，亦为人之性。他指出：

地所以两，分刚柔男女而效之，法也；天所以参，一太极两仪而象之，性也。②

参天两地，此但天地之质也……得天地之最灵为人，故人亦参为性，两为体。③

由于天与人皆以参为性，此参即"一物而两体"之对立的统一，故"天人不须强分"，而合一于太极一元之道体及其本质属性。张载根据这种认识进行哲学的抽象，把参归结为宇宙的本体，指出其中存在着一种体用

---

① 《易说·系辞下》。
② 《易说·说卦》。
③ 《易说·系辞上》。

相依的关系。他说：

> 一物两体，气也。一故神，（两在故不测。）两故化，（推行于一。）此天之所以参也。①（《参两篇》）

> 神，天德，化，天道。德，其体，道，其用，一于气而已。②

神者气之神，化者气之化，神为体，化为用，体用相依，归于一气，故神化乃是过程与实在的统一，也就是以气为载体的大化流行的道体本身。张载由此而提出了"太和所谓道"以及"太虚无形，气之本体"的许多命题，并且用了"清虚一大"之语来形容这个道体。但是，张载所说的"太虚"不同于庄子所说的"太虚"，他所表述的"一于气"的思想也与庄子的那种"通天下一气耳"的思想有很大的不同。这种不同突出表现为两点：第一，就理论层面而言，庄子关于气的思想不具有张载所表述的"一物两体"的体用相依的哲学含义。第二，就价值层面而言，庄子所谓的"气"完全属于自然主义的范畴，而张载所谓的"气"乃是通天地人三才而言之，带有厚重的人文价值的色调。他指出：

> 《易》一物而三才备，阴阳气也，而谓之天；刚柔质也，而谓之地；仁义德也，而谓之人。③

> 推而行之存乎通，所谓合德；确然隤然，所谓有体。乾于天为阳，于地为刚，于人为仁；坤于天则阴，于地则柔，于人则义。④

在张载的思想系统中，气是一个抽象的普适性的范畴，指的是统摄万有的实在，包括宇宙人生在内，也就是统一的世界及其运行的机制和内在的本性。他指出：

> 所谓气也者，非待其蒸郁凝聚，接于目而后知之，苟健、顺、动止、浩然、湛然之得言，皆名之象尔。⑤

> 凡可状，皆有也；凡有，皆象也；凡象，皆气也。气之性本虚而神，则神与性乃气所固有。⑥

---

① 《正蒙·参两篇》。
② 《正蒙·神化篇》。
③ 《易说·说卦》。
④ 《易说·系辞下》。
⑤ 《正蒙·神化篇》。
⑥ 《正蒙·乾称篇》。

象即法象，法象为可状之有，即统摄万有的具体的感性的实在，此象与有皆本于一气。气一物而两体，名之为太极，也可名之为太和，"中涵浮沈、升降、动静相感之性，是生絪緼、相荡、胜负、屈伸之始"。中涵者其体，是生者其用也。体发而为用，阴阳之气，循环迭至，聚散相荡，升降相求，动静相感，由此而展现为一个动态的历程，产生了包括人在内的五光十色林林总总的世界。在这个世界的运动的过程中，由于阴阳和合之气分化为两端，其必然之理势是相互之间的对立和斗争，于是有盈有虚，有消有息，有胜有负，有屈有伸，从而形成了万事万物的种种衰旺死生之成像。但是，这种对立和斗争并不像伊朗的琐罗亚斯德所说的那样，使整个世界形成一种善与恶、光明与黑暗的无休无止不可调和的对立和斗争，以一方消灭另一方作为最终的结局。而是相反相成，协调配合，在一阴一阳相互推移激荡的过程中，使整个世界焕发出蓬勃的生机，最终必然是用而还成其体，趋向于太和。这就是张载所说的"推行于一"。在《太和篇》中，张载把这个思想概括成四句话：

有象斯有对，对必反其为；有反斯有仇，仇必和而解。

照张载看来，就太和未分之本然而言，其所涵阳健阴顺之性本无不和，既分之后，阴阳各成其象，则相为对，有对必相反而相为仇，但其究也，互以相成，无终相敌之理，故必和解而复归于阴阳合德之太和。因而以太和这个范畴来指称道体，其深层的哲学意蕴，既是过程与实在的统一，又是起源与目标的统一。所谓"仇必和而解"，就是宇宙自然的目标，人类社会的目标，也是个人身心修养的目标。张载并不否认现实的世界存在着对立和斗争，但却坚持认为，这只是一种暂时的现象，因为世界是以太和为起源，也是以太和为目标的。这个目标就是阴与阳和，气与神和，乾健与坤顺的两性之异的协调配合。目标表示方向，表示理想，表示价值，内在地蕴含于太和道体之中。据此而论，太和道体既是一个无心而自然的气化运行的过程，也与人的价值理想息息相通。故天之性即人之性，生成覆帱之天道即仁义礼智之人道，"天体物不遗，犹仁体事无不在也"，"天人不须强分"，自然主义与人文主义也消除了对立而紧密地结合在一起，构成了太和道体的本质属性的两个方面。

由此可以看出，张载的这种理学思想与先秦的孔孟相比，有同有异。

其所同者在于完美地继承了孔孟的以仁义礼智为内容的人文价值理想，其所异者在于援引了道家的自然主义的天道观来作为这种人文价值理想的宇宙论的依据。他在《大心篇》中指出：

> 大其心则能体天下之物，物有未体，则心为有外。世人之心，止于闻见之狭。圣人尽性，不以见闻梏其心，其视天下无一物非我。孟子谓尽心则知性知天以此。天大无外，故有外之心不足以合天心。

此处所说的"天心"，即"天地之心"，其大无外，囊括宇宙，通贯天人，也就是太和道体的本身。此太和道体以健顺之性为性，具有自然主义与人文主义的双重规定，称之为"天性"。"天性在人，正犹水性之在冰，凝释虽异，为物一也"。"天所性者通极于道，气之昏明不足以蔽之；天所命者通极于性，遇之吉凶不足以戕之"。"性者万物之一源，非有我之得私也"。① 就内涵方面而言，天性即人性，天心即人心，但就外延方面而言，则天性大而人性小，"有外之心不足以合天心"。因而张载主张，人必须由穷理以尽性，观乎天地以见圣人，先扩大自己的心量体认天心，由知天道而后知性命。这种主张是和孟子所谓尽心则知性知天的主张不相同的。

张载通过这一番艰难的探索，终于为天地立了一个心，建构了一个合天人、兼体用的宇宙论的体系。这种宇宙论在儒学史上是一个创造，"有六经之所未载，圣人之所不言"，在理学史上也是一个新的发展阶段。张载的这种探索，目的在于站在重建儒学、继承道统的立场对佛老二氏的挑战做出积极的回应，因而针对性极为强烈，每一个论点的确立都是在与佛老进行论战。范育在《正蒙序》中对张载的这种良苦的用心做了很好的说明。他指出：

> 浮屠以心为法，以空为真，故《正蒙》辟之以天理之大，又曰："知虚空即气，则有无、隐显、神化、性命通一无二"。老子以无为为道，故《正蒙》辟之曰："不有两则无一"。至于谈死生之际，曰"轮转不息，能脱是者则无生灭"，或曰"久生不死"，故《正蒙》辟之曰："太虚不能无气，气不能不聚而为万物，万物不能不散而为太虚"。夫为是言者，岂得已哉！

---

① 《正蒙·诚明篇》。

这是一场哲学的辩论，世界观的辩论，儒家只有在这场辩论中取得决定性的胜利，才能维护自己的名教理想，进一步展开内圣心性之学。基于这种考虑，所以张载也就把"为天地立心"的工作置于首位，作为他的哲学战略的重要的突破口。

（原载于《国际儒学研究》第一辑，人民出版社1995年版）